教科指導法シリーズ
改訂第2版

小学校指導法
算 数

守屋誠司
編著

玉川大学出版部

改訂第2版まえがき

　本書は，小学校教員を目指す学生が初めて算数科の指導法を学ぶときや，現職の教員が数学教育を復習するときなどに自学自習できるよう編集・執筆された。第1章から順に読まれることが望ましいが，それぞれの章が独立しているので，必要な章から読み進めてもよい。

　さて，算数科指導法は，数学教育学と呼ばれている学問を背景とし，その中の初等教育における数学教育を対象としている。数学を教育してきた歴史は古い。しかし，数学教育が学問の数学教育「学」として認識されたのは日本でも60年ほど前からである。数学教育学は歴史が浅く発展途中の学問ではあるが，多くの研究成果が蓄積されつつある。算数科では，これら研究成果を生かしながら指導することが望ましい。改訂第2版では，学習指導要領に準拠しながらも，この成果を生かした構成となっている。また，学習指導要領の改訂と現在の教育課題にあわせて，数学的活動やプログラミング教育，幼児教育・特別支援教育，STEAM教育を新たに取り上げた。さらに，各領域での子どものつまずきとその解決策を示すように努めた。

　算数科の指導は，小学校の算数科の内容だけを勉強すれば済むというものではない。それは，算数・数学が持っている内容の系統性と発展性，国際性にある。また，明治以降，中心的教科として指導されてきた歴史も現在の教育を考える上で重要である。そこで，本書では，小学校の算数教育に限定せず，中学校・高等学校も含めた数学教育を射程に入れて算数科の指導を俯瞰することとした。第Ⅰ部では，算数・数学教育の歴史と国際的潮流を取り上げている。歴史的・国際的視野で，教科書や目の前の子ども達を捉え，適切な指導を試みるための糧として欲しい。また，第Ⅱ部の各章では，高等学校までの教育内容の系統性と社会での利用例を紹介してある。小学校で教える内容がどのように発展していくかを知るのは，教材の意義を理解する上で重要である。

　本書を読むには，学習指導要領や学習指導要領の解説，さらに，小学校で実際に使われている検定教科書を傍らに置き，本書の内容をすぐに確認できるようにしておくとよい。また，各章の終わりに，「課題」が示されている。参考文献などを参考にしながら，個々の課題に取り組んで深い学修をしてほしい。

2019年9月　執筆者一同

目次

まえがき

I 算数科教育の理論と方法
　——意義と役割，目標と内容，歴史，世界の算数・数学教育—— ………… 1

第1章　数学教育学入門 ……………………………………………… 3
　第1節　算数の指導と数学教育学 ………………………………… 3
　第2節　数学教育の目的と目標 …………………………………… 7
　第3節　数学教育とほかの教科との関わり ……………………… 9
　第4節　実践的な数学教育学の研究 ……………………………… 10

第2章　算数・数学教育の歴史 ……………………………………… 15
　第1節　変動してきた数学教育 …………………………………… 15
　第2節　日本の数学教育の黎明と敷衍
　　　　　　—奈良時代，江戸時代から明治まで— ……………… 16
　第3節　数学教育改造（改良）運動の時代 ……………………… 20
　第4節　皇国への道と終戦 ………………………………………… 22
　第5節　復興と独立の時代（新教育と単元学習）……………… 24
　第6節　民間教育運動と単元学習からの脱却 …………………… 28
　第7節　数学教育の現代化運動と科学化運動 …………………… 30
　第8節　ゆとりと情報化の時代へ ………………………………… 31
　第9節　学力回復とSociety 5.0への対応へ ……………………… 34
　第10節　教材研究の復活のために ………………………………… 36

第3章　世界の算数・数学教育 ……………………………………… 38
　第1節　コンピテンシーに基づく教育改革の世界的潮流 ……… 38
　第2節　STEM教育 ………………………………………………… 40
　第3節　国際バカロレア …………………………………………… 45
　第4節　開発途上国の数学教育 …………………………………… 46

第4章　幼児教育と特別支援教育 …………………………………… 50
　第1節　数学教育学における幼児期の数量活動 ………………… 50
　第2節　数学教育学における特別支援教育 ……………………… 54

II 算数科教育の実践
　——数と計算，図形，測定（量），変化と関係，データの利用，数学的活動，授業づくりと指導の方法—— ……………………………… 63

第5章　数と計算（1） …………………………………………… 65
　第1節　目標と系統性 ……………………………………………… 65
　第2節　数理解と四則計算におけるつまずきと課題 ……………… 70
　第3節　数の概念理解から整数内の四則計算 …………………… 73

第6章　数と計算（2） …………………………………………… 88
　第1節　分数と小数の導入とその計算 …………………………… 88
　第2節　分数と小数のつまずきと課題 …………………………… 91
　第3節　式の表現と文字式 ………………………………………… 98

第7章　図形 ……………………………………………………… 105
　第1節　目標と系統性 …………………………………………… 105
　第2節　図形におけるつまずきと課題 …………………………… 110
　第3節　認識の発達と幼児教育の例 ……………………………… 113
　第4節　平面・立体の幾何 ………………………………………… 114
　第5節　面積と体積 ……………………………………………… 118
　第6節　発展的な幾何教育 ……………………………………… 131
　第7節　論理の指導 ……………………………………………… 141

第8章　測定（量） ……………………………………………… 151
　第1節　目標と系統性 …………………………………………… 151
　第2節　つまずきと課題 ………………………………………… 153
　第3節　長さ・重さ ……………………………………………… 154

第9章　変化と関係 ……………………………………………… 159
　第1節　目標と系統性 …………………………………………… 159
　第2節　つまずきと課題 ………………………………………… 163
　第3節　単位量当たりの大きさと割合 …………………………… 166
　第4節　比例と反比例 …………………………………………… 179

第10章　データの活用 ………………………………………… 184
　第1節　目標と系統性 …………………………………………… 184
　第2節　つまずきと課題 ………………………………………… 187

  第3節　グラフと統計（代表値・散布度）……………………………　190
  第4節　順列と組み合わせ ……………………………………………　193
  第5節　確率の教育（発展）……………………………………………　196

第11章　数学的活動 …………………………………………………………　199
  第1節　数学的活動とは ………………………………………………　199
  第2節　数学的活動の意義 ……………………………………………　202
  第3節　数学的活動の授業実践例 ……………………………………　206
  第4節　子どもの生き方に意義のある活動を ………………………　212

第12章　授業づくりと指導の方法 …………………………………………　215
  第1節　授業設計と学習指導案 ………………………………………　215
  第2節　授業方法 ………………………………………………………　227
  第3節　ICTの活用とプログラミング教育 …………………………　231

 索引 …………………………………………………………………………　245

I 算数科教育の理論と方法

――意義と役割,目標と内容,歴史,世界の算数・数学教育――

第1章

数学教育学入門

　算数科指導法や数学科指導法の背景となる数学教育学について学ぶ。算数・数学を子どもたちに教える目的は何か、また、目標はどのような背景で決められるのか、算数・数学と関わる分野は何かを学ぶ。さらに、どのように指導すると効果があるかなどを調べる研究方法を説明する。

キーワード　数学教育学　研究分野と方法　実践研究

第1節　算数の指導と数学教育学

　小学校で学ぶ数学のことを算数と呼び、中学校以降で学ぶ数学をそのまま数学と呼んでいるが、これは、日本独特の区別で、世界の多くは、就学前の教育も含め数学と呼んでいる。なお、高等学校までの数学を学校数学と呼び、大学以降で学ぶ純粋数学などと区別する場合もある。

　算数科や数学科は小学校・中学校・高等学校で使われる教科名であり、これらの指導を算数科指導・数学科指導と言ったり、算数教育・数学教育と言ったりしている。しかし、算数教育を含め、幼稚園や塾、企業内などで数学が教授・学習されているあらゆる場面を表現する言葉として、一般的には「数学教育」が使われる。

　数学教育を対象として学問的に研究しているのが「数学教育学」である。ただ、4000年に迫る歴史のある数学とは違い、数学教育学の歴史は浅く、現時点では学問として確立するために進行中である。なお、日本で「数学教育学」を前面に打ち出した組織は1959年創立の数学教育学会（現：一般社団法人　数学教

育学会）であった。

　さて，我々は病気になったとき医師に診てもらうことで，適切な治療を受けられることを信じている。医師は医学の研究成果の蓄積を基にして適切な診断や治療を行っていると，考えているからである。医師と医学の関係が，数学教師と数学教育学の関係となる。数学教育学の歴史は，医学のそれにまったく及ばないため，数学教育学に完璧な依存を望むことは難しいが，数学教育学の成果を取り入れながら日々の教育に生かすことはできる。数学教育学の成果が学習指導要領に生かされ，教科書の内容として学校現場に伝わるまでには相当な時間がかかる。そのために，教師は，数学教育学に関心をもちながらそこでの成果を勉強して，日々の実践に生かすための努力が必要となる。さらに，自分たちが工夫したり発見したりした教材や指導法などを，数学教育関係の各学会や研究会などで発表して，数学教育学の成果の蓄積に貢献してほしい。このことで，さらに数学教育学が発展し，学校現場での指導にその成果が生かされることになる。したがって，教師は，視野を広くして数学教育学のなかで，算数科の指導方法を考えていくようにしたい。

1．数学教育学の研究分野と研究方法

　まず，数学教育学とはどんな学問なのかを説明したい。数学教育の研究は，横地（1978）が述べるように，「数学教育の実践に認められる一般性を見いだすことである」に尽きると考えられる。この数学教育の研究が，学問としての数学教育学となるためには，独自の研究分野と研究方法をもつ必要がある。大まかには，(1) 数学教育の目的・目標を含めた教育課程，(2) 何を教えるかの教育内容，(3) どのように教えたらよいかの教育方法，となるが，さらに細かい研究分野として，横地（2001）は次を挙げている。

　　1.目標, 2.数学教育史, 3.数学教育と文化, 4.認知と活動, 5.教育内容, 6.教育課程, 7.福祉的問題, 8.学習指導, 9.評価, 10.市民の数学教育, 11.情報機器の発展と数学教育, 12.国際交流と協同学習

　なお，4年ごとに開催されている数学教育国際会議（ICME, International Congress on Mathematics Education）では，さまざまな分科会が設定されている。たとえば2020年の会議では，62種類の分科会が設けられた。教育内容や

指導法の開発，ICTの利用という内容のほかに，日本ではあまり馴染みがないが，「才能ある生徒のための数学教育」「神経科学と数学教育 / 認知科学」「数学授業における言語とコミュニケーション」「多文化の環境における数学教育」「数学と数学教育の哲学」などが設定されている。このように，数学教育学の研究分野は広く，小学校での算数科の指導方法だけではないことがわかる。

　数学教育学の究極の目的は，すべての学習者が今以上に数学を理解し，学んだ数学の有効性や価値を自覚でき，そして，数学を勉強して本当によかったと思える子どもや大人をどうしたら育てられるかについて，個々の事例の収集やその一般化を図ることであると考える。そのために，次に示すような，数学教育学でよく使われる研究方法がある。

(1) 文献・理論研究

　今までに実施され，まとめられてきた先行実践や先行研究の文献（論文，書籍，辞典，事典，指導記録や学習指導案，新聞，映像，録音等）を調べて，これまでの成果や残された課題を明らかにしたり，メタ的にそれらの資料を俯瞰して論理的にまとめたりする。また，歴史的な文献などを調べて，当時の数学教育の様相を明らかにするなどがある。文献・理論研究自体は，研究そのものになるが，以下で示すそれぞれの研究方法を実施するために，事前の準備として行う研究方法でもあり，この場合はレビュー研究ともいう。

　なお，「論文」は，研究成果を文章にまとめ，発表されたもので，一般には学会誌と呼ばれ，数学教育学会や日本数学教育学会などの学術団体が発行している学会員のための学術論文誌に掲載されている。また，各大学や学部・学科・研究所などの研究機関が発行する「研究紀要」，たとえば，「数学教育研究」（大阪教育大学数学教育講座）のような論文誌もある。これら論文誌の入手は難しいこともあるが，近年は，各研究機関によるデータベース（リポジトリ）から検索・閲覧できる場合が多い。また，書店で販売されている専門雑誌として，「数学教育」（明治図書出版）や「新しい算数研究」（東洋館出版社）などがある。

(2) 実験研究

　個人や少人数を対象に，教材・教具の有効性や理解の仕組みとその過程をいろいろな条件のもとで試して，新しい指導Aを行ったら，今までよりよい成果Bとなるかを確かめる研究である。教授学習場面を対象とした数学教育におけ

る実験研究では，教育実験と教育実践を使い分ける場合が多い。1名から数名を対象に，一般の教室環境とは異なった環境下で，特定の主題に対して行われるのが教育実験である。これに対して，通常の1学級を対象にした研究は教育実践という。

教育実験は教育実践の前に予備的に行われる場合が多い。新たな教育内容や教材，教育方法の開発では，いきなり一般の学級で実践するにはリスクが大きく，学習者を混乱させる可能性がある。そのために，まずは数名を対象にした教育実験を繰り返し，教育内容・指導方法などの有効性を検討しながら，それらの改良を行うのである。教育実験から，教育実践での成果を期待できることが十分に確認されたならば，諸準備を整えたうえで教育実践を試みることになる。

(3) 調査研究

アンケートや数学問題による質問紙調査，さらに，直接に授業などを観察調査したり関係者から直接に聞き取る面接調査をしたりすることによって，学校現場や子どもたちのようすを調べる研究方法である。質問紙調査では統計的な処理をすることが多いため，調査対象の偏りをなくしたうえで標本数を多くする必要がある。集計や分析では統計処理ソフトを使うことになるが，統計処理にはさまざまな手法があるため，実際の処理などでは専門知識が必要となる。

(4) 比較研究

外国の数学教育の歴史や現状などを文献や現地調査で調べて明らかにし，日本と比較しながら日本の数学教育の発展に生かす研究方法である。たとえば，諸外国ではICTをどのように利用しているのか，アメリカの統計教育のカリキュラムはどうなっているのかなどである。インターネットを駆使すれば相当数の文献が集まるが，実際はどうなっているのかを確かめるために現地調査は欠かせない。また，日本と同じように教育は社会の変化に対応しているため，継続的に調査する必要がある。

(5) 事例・実践研究

学校現場向きの研究方法で，個人でも学校全体でも取り組める研究方法である。学校全体で取り組む場合は校内研究といわれ，学校内で研究テーマを設定し，それに沿って教員による研究授業が行われる。授業の後では教員同士で反省会

などの授業研究が行われ，成果をまとめることになる。第4節で事例を説明する。

第2節　数学教育の目的と目標

「数学をなぜ学ぶのか」「なぜ数学を教えなくてはいけないのか」という問いに対して，「教科書にあるから」とか「法的拘束力をもった学習指導要領にあるから」「受験に必要だから」と答えるだけでは心許ない。教師ならば自分なりの答えをまとめておく必要がある。

たとえば答えの一つは，まず，「子どもたちが生きているまさにその現在の生活をよりよくし，たくましく生きさせるため」である。数学が身の回りに潜んでいて，数学を知ることで，身の回りをよりはっきりと認識でき，理解できるからである。さらには，「将来への夢を実現させ，充実した人生を送るため」である。現実の事象や自然・社会現象を正しく捉えたり，理解したりする場合には，どうしても数学が必要となり，数学を駆使しなくてはならない場面が多い。とくに，生産的活動に関わりながら新たなハードウェアやソフトウェアを開発するときには，対象を数量化したり，仕組みや関連性を分析したりすることになり，数学を駆使することを避けて通れない。また，現実に起こった問題を解決する際には，その問題を数学の問題に変換して解くという数学的モデリング作業が必要である。そして，数学的発想と思考方法では，物事やその仕組み，それらの関係について，数量化や「数学的な考え方」（片桐 2017に詳しい）といわれてきた抽象化，単純化，記号化，一般化などを行い，類推的，帰納的，演繹的に考えを巡らす必要があるからである。これらは数量化リテラシー，数学的リテラシーと呼ばれ，これからの一般市民に必要な知識と技能とされる。

情報化やAIの発展にともない，これらの数学的発想や思考方法が，一般市民の教養，言い換えると数学的リテラシーとして従来に増して必要になっていると考えられる。

数学を学ぶために，学校教育では学習の目標が決められる。学習指導要領では，教育基本法第1条に示された「人格の完成を目指す」ことを目的として，国が今後の社会状況や児童・生徒の実態などを考慮して目標を設定している。そのほかにも，ここまでの数学を学校で教えようという世界水準もある程度存在するため，国際的見地から目標が設定されることもある。さらに，数学界や数学

教育学界,さらには,産業界からの要請も考慮されることになる。
　2017(平成29)年告示学習指導要領の算数科の目標は,次のようになっている。

> 数学的な見方・考え方を働かせ,数学的活動を通して,数学的に考える資質・能力を次のとおり育成することを目指す。
> (1) 数量や図形などについての基礎的・基本的な概念や性質などを理解するとともに,日常の事象を数理的に処理する技能を身に付けるようにする。
> (2) 日常の事象を数理的に捉え見通しをもち筋道を立てて考察する力,基礎的・基本的な数量や図形の性質などを見いだし統合的・発展的に考察する力,数学的な表現を用いて事象を簡潔・明瞭・的確に表したり目的に応じて柔軟に表したりする力を養う。
> (3) 数学的活動の楽しさや数学のよさに気付き,学習を振り返ってよりよく問題解決しようとする態度,算数で学んだことを生活や学習に活用しようとする態度を養う。

この目標の詳細は,「小学校学習指導要領解説　算数編」を参考にするとよい。

　これらの目標の下に,数学をより理解した市民の育成を目指しているが,さらに,数学の価値や大切さを理解する市民の育成も重要である。図1-1は,ドイツのあるギムナジウム(日本の小学校5学年からを対象とした,高校に相当し,大学進学を目指す生徒が通う中等学校)で行われた校内数学コンクールの小6年部門の表彰式である。全校生徒の前で成績上位者が皆に祝福されている。コ

図1-1　校内数学コンクール表彰式

図1-2　射影変換の実験場面

ンクールの運営や記念品などの経費は，保護者や地域企業の寄付で成り立っているという。数学ができる子に対して惜しみなく大人が援助しているのである。図1-2は，ドイツのギーセン市（Gießen）にある数学博物館（Mathematikum）でのようすである。日曜日にもかかわらず子ども連れで若い人たちも数学展示を楽しんでいる。これらのことから数学に対して親や市民が親しみをもっていることがわかる。日本でも数学に対して好意をもち，このような援助が行われたり施設が設立されたりするようになってほしい。数学に対する社会の意識を変えるためにも，小学校からの算数指導は大変重要である。

第3節　数学教育とほかの教科との関わり

数学教育を「数学＋教育」と単純に分けられない。数学教育は，もちろん，数学と教育学とに依存している部分が大きいが，学校で算数・数学を教える場合には，図1-3で示すように，ほかの領域や教科との関わりがある。たとえば，数学といっても純粋数学のほかに応用数学や情報科学，数理科学，データ科学，レクレーション数学，日常のなかの数学場面，数学史とさまざまな内容を含んでいる。理科では，日時計が時刻と時間，図形と関係が深い。また，美術では，

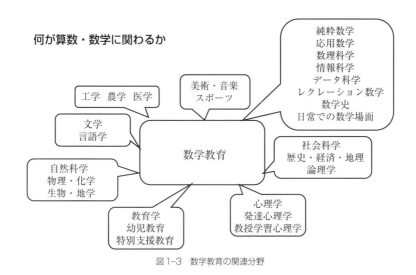

図1-3　数学教育の関連分野

遠近法やトリックアート，曲線と関係がある。他分野の関連については姉妹書の守屋編著『教科力シリーズ　小学校算数』が参考になる。

　このように，純粋数学だけを知っていれば，よい授業ができるとは限らないため，教材研究ではさまざまな分野の知識が必要となる。

　学習者のことをよく知るためには，教授学習心理学や特別支援教育，幼児教育についての知識も必要になったりする。また，教育課程や算数のつまずきを調べるためには，数学教育史を紐解くことになる。さらに，国際的学力評価を調べるためには，外国の教育課程や教科書と日本のそれらを比較する比較数学教育学で調べたりする。このように，算数科指導の際に，教科書の内容をわかりやすく教えるためには，学習指導要領やその解説，教師用指導書を読むだけでよいと狭く捉えず，貪欲に幅広い範囲を学びながら，教材研究と授業をしてほしい。

第4節　実践的な数学教育学の研究

1．教育実験・実践研究のプロセス

　現場での実践事例を生かし，成果を数学教育学に寄与させるためには，蓄積性，汎用性，普遍性，敷衍性を目指した，再現性がある教育実践研究の実施とまとめ方が必要である。たとえば，次のような①から⑦までのプロセスが必要となるであろう。

①文献・理論研究：できるだけオリジナル研究に当たりながら先行研究や先行実践を精査・精読することで，これまでの成果と残された課題を明らかにして，研究・実践の目的とそれらの位置づけを示す。

②認識調査・事前テスト：学習者がもつ当該課題に関連する知識や認識を明らかにする。

③教授学習過程：授業のビデオを撮ったり，学習者の会話を録音したりして，どのような授業が行われたかを記録しておきながら，教育実験や教育実践を通して，実証的に行う。

④記録：実験・実践の内容を，他者が再現できるほどに詳しく記述する。教師と学習者のやりとりであるプロトコルを取ることがとくに大切である。

⑤事後テスト・評価：実験・実践の成果を学習者の作品やレポート，事後テストなどにより，なるべく成果を数値データとして示す。
⑥考察とまとめ：実験・実践結果を考察して，解決できた点と残された課題を知見として示す。
⑦　次の授業者・研究者のために，参考・引用文献を明記する。

　しかし，多忙な学校現場で，この過程を授業者一人で単元ごとに行うことは不可能であろう。そこで，とくにつまずきが問題となっている単元に焦点を当てて，学年の先生方と協力しながらふだんの授業をしつつ研究を行うことになる。

2．実践研究の例

　1年生の2学期に指導される繰り上がりや繰り下がりのある引き算は，子どもがつまずきやすい教材である。1学期に学んだ10までの数の分解と合成や，それを生かした足し算と引き算を念頭でしっかりできないと，どうしても子どもは指を使ってしまう。たとえば，9＋4＝の答えを，9と言ってから指を折りながら10，11，12，13と数える，「数え足し」といわれる方法で見つけてしまう。なかなかこの指使いから卒業できない子どもが少なからず存在する。

　そこで，授業に先立って，これから学習する繰り上がりのある足し算と繰り下がりのある引き算について子どもがどのようにして解くのか，ペーパーによる事前テストを試みた。

[問題1]　9にんであそんでいます。そこへ3にんきました。みんなでなんにんになりましたか。

式の正答者96％，答えの正答者84％であった。さらに，この問題をどのようにして解いたかを問うた。

[問題2]　9＋3のけいさんのしかたを，ずやことばでせつめいしましょう。

正しい説明者は64％で，全員が9個の○にそのまま3個の○を足す図をかいて説明していた。減法の調査も同時に試みた。

[問題3]　12にんであそんでいます。9にんかえりました。のこりは，なんにんになりましたか。

式の正答者80％，答えの正答者68％であった。

[問題4]　14－8のけいさんのしかたを，ずやことばでせつめいしましょう。

正しい説明者は80％で、やはり、14個の○をかいて、8個を取ったり消したりする図であった。

この事前調査から、未習事項である繰り上がりや繰り下がりのある計算であっても、かなりの子どもが正しく答えられるという実態であることがわかる。ただし、子どもがかいた図を見ると、10の塊は意識されておらず、○を1つずつ数えて答えを出していることがわかった。

繰り上がりや繰り下がりのある計算は、10の塊を意識しながら計算できるようにする必要がある。それは、数の十進構造や十進位取り記数法、縦書き筆算の基礎となるからである。

そこで、指導方針として、10の塊を意識させる指導を行い、最初から数え足しや数え引き以外の方法を考えさせるようにした。そして10の塊を意識させるため、教具として図1-4のように卵が10個入る卵パックを用意して導入した。

繰り上がりのある足し算、「ゆかさんは、たまごを9こ、ひろこさんは4こもらいました。あわせて、なんこもらいましたか」の指導では、図1-5のように子ども自身で図をかき、10の塊をつくりながら答えを求めていた。この繰り上がりのある足し算の単元を修了した直後に、未習である繰り下がりのある引き算の問題3をもう一度解かせた結果、式では92％、答は77％が正答した。問題4でも図をかいて説明する子が増えた。足し算で10の塊を意識させる指導をしたことが、未習の引き算にも生かされたと考えられる。

図1-4　　　　　　　　　　　　　　図1-5

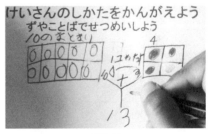

繰り下がりのある引き算では、10個を隠して数えられないようにした図1-6を示しながら「たまごが13こあります。9こつかいました。たまごは、なんこのこっていますか」と問うた。すぐに4個という声が上がるが、計算の仕方は予想通りの数え引きの図をかいていた。

数学教育学入門

図1-6

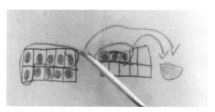

図1-7　減減法

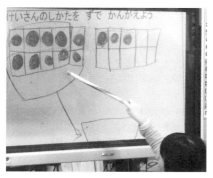

図1-8　減加法

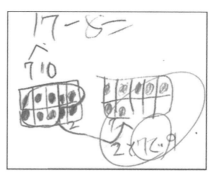

図1-9

　そこで，足し算のときと同じように10の塊を意識させる方法で考えさせると，図1-7や図1-8のように減減法と減加法が発表された。

　授業がすべて終わった後で，授業の成果を検証するために事後テストを実施した。事前テストでは正解率50％であった子どもも，この単元の終わりでは，図1-9のような図をかけるようになり，事後テストでは全問正解できるようになっていた。また，クラス全体の点数は，表1-1と表1-2のように満足できる結果を得られた。

　以上で示したように，新しい単元を指導するにあたっては，まず事前テストを行い，それに基づいて指導計画を立てる。授業後には，事後テストを実施して，授業成果を確認・検討するという一連の授業を実施したい。

表1-1　技能と数学的考え方の点数

点数	100	～90	～80	75	65
人数	14	5	4	2	1

表1-2　技能のみの点数

点数	50	45	40
人数	18	7	1

学校現場での教材研究は，教師用指導書を中心に行われ，児童の実態も教師による思い込みで記述されることが多い。先行研究や児童の実態の調査は，丁寧に調べるのに手間と時間がかかるため，なかなか実行されない傾向にある。しかし，この手間を惜しまず，課題や児童の実態をはっきりさせ，教科書の問題点にも切り込みながら，指導計画を立案することの大切さを現場に浸透させる必要もある。

課　題

1. 何のために数学を学ぶのか，学ぶべきか，自分の意見をまとめなさい。
2. 「小学校学習指導要領解説　算数編」を読んで，算数科指導の目標をまとめなさい。
3. 図1-3に示された各分野から1つを選んで，数学教育とどのように関連するかをいろいろと調べ，それを生かした算数の指導内容を考えなさい。
4. 4年生で面積の指導を始める前に調べておくべき既習事項や面積に関する認識事項を列記し，事前テスト問題を作成しなさい。

引用・参考文献・より深く学ぶための参考文献

長田紀美「第1学年1組　算数学習指導案」甲斐市立双葉東小学校校内研究会資料より，2015年
片桐重男『名著復刻　数学的な考え方の具体化』明治図書出版，2017年
守屋誠司編著『教科力シリーズ　小学校算数』玉川大学出版部，2015年
守屋誠司・長田紀美・丹洋一・詫摩京未「1年生の繰り下がりのある引き算の指導改善を目指した研究―事前調査の徹底と図表現の利用―」『数学教育学会誌』58（1・2），2017年，pp. 49-60
文部科学省『小学校学習指導要領（平成29年告示）解説　算数編』日本文教出版，2018年
横地清『算数・数学科教育』誠文堂新光社，1978年
横地清「数学教育学の形成について」『数学教育学会誌』42（1・2），2001年，pp. 17-25
横地清「教員養成系大学の任務・継続的研究の意義」『現代教育科学2月号』No.593，明治図書出版，2006年，pp. 111-115

第2章
算数・数学教育の歴史

　文献研究を行うにあたって，知っておくべき日本の算数・数学教育の歴史について扱っている。現在の算数・数学が学校で一般的に教えられるようになったのは明治になってからであり，外国からの影響も受けながら現在まで続いている。まず，これら歴史の全体の流れを把握したうえで，個々の教材にかかわる問題については，これ以後に続く各章の内容を参考にしながら，さらに詳しい専門書に当たるとよい。

キーワード　和算　国定教科書　単元学習　現代化　ゆとり　Society5.0

第1節　変動してきた数学教育

　数学を好きではないという傾向は，子どもだけではなく，日本人全体に当てはまると思える。なぜ数学は好かれないのだろう。原因の一つとして日本人が数学を学んできた歴史のなかに問題が潜んでいる。実は，日本人全体が現在学校で教えられている数学を勉強し始めて，まだ150年程度しかたっていない。西欧のように何千年の歳月をかけて数学や科学を創ってきた国と，ごく短期間にそれらの成果を輸入し，普及とその応用に力を入れてきた国とでは，数学や科学に対する思い入れが違っているのではないかと思われる。日本人が西欧の文化を輸入し始めて以来，数学に対する基本的な考えが西欧と異なったままで，数世代にわたり負のイメージの拡大再生産を繰り返しながら現在に至っている。その諸々の詰まりが，理数科離れや数学嫌いとなって現れたと考えられるのである。
　学校で教えられている数学の内容は昔も今も変わっていないと思っている方も多いであろう。しかし，1872（明治5）年以来何回も変わっているし，たと

第2章

え内容は変わらなくても，それを教える意味づけは変化してきた。日本における数学教育は第二次世界大戦を境に大きく分けられる。戦前・戦中では，旧制中学校や高等女学校などの中等教育を修了する者は少なく，中等教育はいわば一握りのエリートのための教育機関であった。そのため，尋常小学校や国民学校と呼ばれた初等教育の修了が一般的市民の最終学歴であった。したがって，日常生活で必要となる数学的な基礎知識と計算などの基本技能の習得が初等教育での教育目標となっていた。しかし，戦後は，中学校までが義務教育となり，戦前ではエリートが学んでいた文字を使った計算である代数や，図形の性質を証明する幾何などを全員が習得することになった。小学校から中学校への系統性がスムーズになっているとはいえ，この伝統は現在でも続き，記号を使った計算や論証は中学校から始められるようになっている。

　小学校で方程式は教えられないのか，子どもは方程式を理解できないのか，そもそも文字はいつごろから使えるようになるのかなどの疑問をもつが，現在のカリキュラムのベースを知るには，明治以降の数学教育の歴史を知る必要がある。そのうえで，現在の子どもの実態に合わせた，内容とカリキュラムを考え，指導法を工夫したらよい。

第2節　日本の数学教育の黎明と敷衍—奈良時代，江戸時代から明治まで

1. 和算

　かけ算九九は奈良時代に中国から輸入され，普及していたことが，万葉集の歌や遺跡から発掘される木簡などの遺物から確認できる。安土桃山時代になると，日本には知られていなかった西欧の数学が，宣教師を介して徐々に輸入されてきたといわれる。江戸時代になると，この流れにあった数学が鎖国を境に

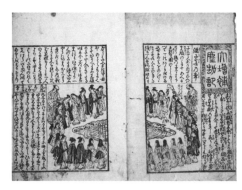

図2-1　『大増補塵劫記』江戸時代

して，日本独自でより発展した数学となった。この日本独自の数学のことは「和算」と呼ばれている。吉田光由『塵劫記』（1627年初版）がベストセラーになり，明治期までこの書名を冠した本が出版されていた。

しかし，和算の内容は現在我々が学んでいる数学とは違う。現在の数学は，「洋算」と呼ばれ，西欧から江戸後期に輸入された数学である。洋算が教科として正式に学校で教えられたのは，長崎海軍伝習所（1855年〜1859年）であろう。そこでは，オランダ人の教師によって，算術，代数，三角法が教授されていた。明治に入り，1872年の学制発布により，学校では洋算を正式に教えることになり，そのため和算は廃れていくこととなった。

2．洋算の輸入

明治初期の教科書は，欧米の数学書を翻訳・翻案したものが検定教科書として使われた。図2-2は，引き算の導入である。減数はまず1として，1から10までの数から1引いた数を示すことから導入される。筆算の書き方，1引いた数を求める問い，具体的な絵が示された問い，最後に文章だけの問いと続く。次に2を引く引き算で，繰り下がりのある11引く2が導入される。減数が1つずつ増え，最後は10引く10から，19引く10で終わる。

足し算では，被加数を1として，それに1加える，2加えるとなって加数が1ずつ増え，1と10は11と，繰り上がりまで扱う。「加える」という添加が中心で，時々「合わせる」という合併が出てくる。

かけ算の導入の特徴は，加減と同じようにまず結論が示される。「一一が，一」，

図2-2 『小学算術書巻之二』文部省，1873（明治6）年

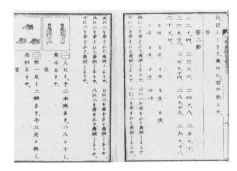

図2-3 『小学校算術書巻之三』文部省，1874（明治7）年

「一二が，二」と一の段の九九から導入されている。しかし，「二一が，二」はなく，「二二が，四」から始まる。「九九，八十一」，「九十が，九十」で終わる，半九九である。図2-3の絵柄を見ると「単位当たりの量×個数」であるが，筆算では，洋式で「個数×単位当たりの量」と読める。

明治10年代になると欧米に渡った官費留学生が次々に帰国し，留学先での数学教育を紹介する。とくにエリートの養成過程であった中等教育では特徴ある数学教育が展開された。イギリスに留学し，後に文部大臣にもなる東京帝国大学数学教授の菊池大麓は，ユークリッド原論に則った幾何学を紹介した（図2-4）。厳密な論理で幾何学を展開する内容であり，単に諸定理の習得だけでなく，ユークリッド流に公理，定義，定理と，体系的に数学を展開する方法自体の重要性も習得させようとしたと考えられる。作図などを直観的に行い，幾何学への素地をつけさせてから本格的な幾何学を学ばせる方法を排除し，就学年齢を遅らせても最初から厳密な幾何学を教えることにした。この考えをもとにして菊池は幾何教科書を編集し，出版した。

また，ドイツに留学し，東京帝国大学数学教授となった藤澤利喜太郎は，算術，代数学の教科書を著す。それまでの三千題流や理論算術を批判し，「数え主義」を基礎にした藤澤流の算術教育を敷衍させていく。図2-5には1ずつ数えながら，足し算をする方法が説明されている。

ここに，数学教育において，昭和初頭まで続く，藤澤の算術・代数学，菊池の幾何学という教科書の系譜ができあがる。

図2-4　菊池大麓『初等幾何學教科書・平面幾何學全第二版』
　　　　大日本圖書，1889（明治22）年

図2-5　藤澤利喜太郎『算術教科書上巻第三版』
　　　　大日本圖書，1907（明治40）年

3. 国定教科書へ

初等教育では，それまでの教科書検定制度が廃止され，1905（明治38）年に教科書国定制度による教科書が使用される。表紙が黒かったので「黒表紙（教科書）」と呼ばれている。

算術の目標は「算術は日常の計算に習熟せしめ，生活上必須の知識を与え，兼ねて思考を正確ならしむるを以て要旨とす」であったため，計算技術の教授が中心となり，応用問題での単位は，金銭や枚，俵，里などが扱われ，単位換算も扱われる。難しい数学を勉強すると，頭を使うので頭がよくなり，数学以外のこともよく考えられるようになると，数学学習の目的の一つとして思考訓練を挙げる人は，現在でも少なくないであろう。このルーツが，形式陶冶を目標の一つに挙げていた，この時代にある。

最初は，小学校第1学年から第4学年は教師用教科書のみで児童用教科書はなかった。図2-7を見ると，1加えるといくつになるかから始まり，記号の＋，－，×，÷は第2学年で教えることになっている。

3＋1＝は，まず，「ひとつ，ふたつ，みっつ」と数え，次に「よっつ」と数えて答えは4となる。このように数を数えることが基本となっている。足し算は数を数え足す，引き算は数を数え引くことで計算している。あくまで，加減は，1の増加と減少の繰り返しの結果である。繰り上がりは，9＋2＝9＋1＋1と，加数を被加数の10の補数と残りに分解して，残りを10に加えるように指導する。繰り下がりは，減加法を指導している。

かけ算では，1＋1＝ 1×2＝と，2倍，次に3倍を同数累加の簡便法として導入している。九九は第2学年からであり，半九九である。割り算は，かけ算と対照して教え，等分した結果を表す計算を意味している。第2学年では，かけ算2×3＝ ，かけ算の

図2-6 文部省，『小学尋常算術第1學年教師用』日本書籍株式會社，1925（大正14）年

図2-7 同，p.2

逆6＝2×　，割り算6÷2＝となり，かけ算の逆を扱うところが特徴である。

図形の内容はほとんどなく，高等小学校第1学年（現在の小学校第5学年に相当）からの児童用教科書に，長さ，面積，体積の計算が指導されるので，そのときに正方形，短形（長方形のこと），円，三角形が扱われる。

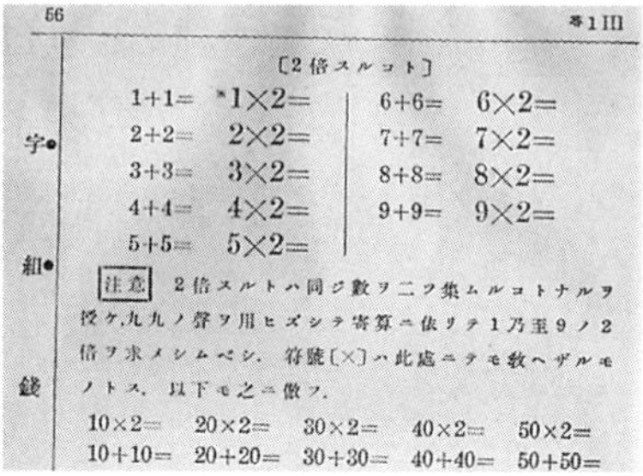

56　巻1Ⅲ

〔2倍スルコト〕

1+1=　*1×2=　6+6=　6×2=
2+2=　2×2=　7+7=　7×2=
3+3=　3×2=　8+8=　8×2=
4+4=　4×2=　9+9=　9×2=
5+5=　5×2=

注意　2倍スルトハ同ジ數ヲ二ツ集ムルコトナルヲ授ケ，九九ノ聲ヲ用ヒズシテ寄算ニ依リテ1乃至9ノ2倍ヲ求メシムベシ。符號〔×〕ハ此處ニテモ教ヘザルモノトス。以下モ之ニ倣フ。

10×2=　20×2=　30×2=　40×2=　50×2=
10+10=　20+20=　30+30=　40+40=　50+50=

図2-8　同，p. 56かけ算の導入

第3節　数学教育改造（改良）運動の時代

1．改造（改良）運動の影響

黒表紙教科書は，1910（明治43）年，1918（大正7）年，1925（大正14）年と3回改訂された。計算の内容に関してはほとんど変わらなかったが，1918年の改訂では，第5学年に棒グラフや折れ線グラフ，第6学年に円グラフが登場した。図形では展開図から表面積や体積を求める問題があり，平行六面体の展開図も登場する。これは，工業化社会への対応として20世紀初頭にイギリスから始まった中等学校における数学教育改造（改良）運動の影響を受けている。この運動は，ドイツ，フランス，アメリカへと広まり，それらの成果は日本にも影響を及ぼした。デー・ベレンドゼン，エー・ゲッチング編・森外三郎（もりそとさぶろう）訳『新主義數學』（1915（大正4）年）が出版され，ドイツでの改造運動の成果が日本でも公になった。

1918年に「全国師範学校中学校高等女学校数学科教員協議会」（日本数学教育学会の前身）が開催された。そこでは，関数やグラフの指導時期や内容，幾何学入門や実験の方法などが検討され，日本にも数学教育改造運動が浸透してきたことが伺える。これ以後，1920（大正9）年から昭和初頭にかけて，新しい考えでの中等教育用の検定数学教科書が多く出版される。この時期，東北大学数学教授の林鶴一（はやしつるいち）はグラフを扱った代数学や実測を取り入れた幾何学の教科書を出版した。この幾何学の教科書は，戦後の数学教育復興時の見本ともなる。

1899（明治32）年に「高等女学校令」が公布され，1920年の改訂からは，

算数・数学教育の歴史

郡市町村および学校組合による高等女学校設立が許可され，女子教育の充実を示した。

2．緑表紙教科書へ

1918年の前記の協議会の精神は，学習指導要領に該当する1931年の教授要目に生かされ，同年中学校令施行規則の改訂が行われた。また，尋常小学校でも，世界的な新教育思潮の影響で，国定教科書の編集作業が進められ，1935（昭和10）年に「緑表紙（教科書）」と一般に呼ばれる『尋常小學算術第1學年兒童用上・下』が発行された。この教科書は学年進行で逐次発行された。

内容は，生活上必要，数理思想の発展に役立つもの，児童の心理技能に適応するものが選択され，図形が低学年から扱われた。また，実測や数列，場合の数，確率の考え，統計的処理，函数の考え，天文学・力学の初歩なども扱われ，黒表紙では計算技術と数量の知識の教授に限られていた内容が大幅に広がった。それは，「児童の数理思想を開発し，日常生活を数理的に正しくするように指導することに主意を置いて編集してある」ことによる。

第1学年上で，数え方，数の読み方，書き方を扱い，下で，足し算と引き算が扱われる。集合数をもとにした導入であり，黒表紙のような数え主義に基づく，1加える，1引くからの導入で

図2-9 デー・ベーレンドセン，エー・ゲッチング編，森外三郎訳，文部省，『新主義數學・上巻』I版，國定教科書共同販賣所，1921（大正10）年

図2-10 方程式とグラフの融合

図2-11 林鶴一『中等教育幾何教科書[基本]』東京開成館，1931（昭和6）年，p.5

図2-12 同，p.31

図2-13 文部省『尋常小學算術第1學年兒童用上』日本書籍株式會社，1935年

図2-14 同，p.7

はない。

「繰り上がり・繰り下がりなしの100以下の加減」→「一桁同士の繰り上がり、20未満から一桁を引く繰り下がり」の順であり、現在と逆の順序である。

第2学年上で、かけ算を扱う。倍をもとにし、5の段から導入され、その後2, 4, 3, 6, 7, 8, 9の順に全九九を扱う。図2-15, p.51のように、割り算となる問題も各段で扱っていて、第2学年下で学ぶ割り算の布石ともなっている。

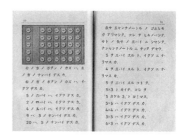

図2-15 文部省『尋常小學算術第2學年兒童用上』日本書籍株式會社, pp.50-51

図2-16のように、平面図だけでなく、立体図形の構成要素の学習が第1学年から行われる。第3学年上では位相的な考え方となる迷路が扱われ、第6学年下の最後には、図2-17の極限の問題もある。緑表紙の内容と学年配当は、現在の教科書におおむね踏襲されており、さらに、現在よりも高度な内容が掲載されている。緑表紙の背景と特徴、優秀さを論じている松宮（2007）が参考になる。

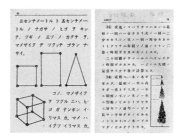

図2-16 同, 第1學年兒童用下, p.20　図2-17 同, 第6學年兒童用下, p.76

第4節　皇国への道と終戦

日中戦争の影響で教育に対する国家統制も強くなっていった。1941（昭和16）年より、それまで尋常小学校と呼ばれていた小学校は、国民学校となり、「皇国民の基礎的訓練」を目的とするようになる。教科の編成が行われ、算術と理科は統合されて「理数科」となる。この教科のもとに「算数」と「理科」の科目が設けられた。このときから、小学校の数学を算数と呼ぶようになり、現在へ続く。小学校第1・2学年は「カズノホン」、小学校第3学年〜第6学年は「初等科算數」の教科書が発行された。表紙が水色だったので「水色表紙（教科書）」

と呼ばれる。内容は，緑表紙を踏襲しており，かけ算の導入もほぼ同じである。図形教材では，メビウスの帯の作成など新しい内容が入っている。また，理科との関連がより強くなり，図2-21のように力学の内容がある。

緑表紙が完成した1940（昭和15）年に，中等学校の数学教育再構成運動も始まる。1942（昭和17）年に中学校・高等女学校の数学教授要目が改訂され，算術，代数，幾何，三角法と科目が分かれていたそれまでの分科主義から，科目を融合し，学年別に教科書を分冊する融合主義へと変わった。中学校は，1943年から検定教科書『數學』が発行される。検定といっても数学の教科書は1種類しかなかったので実質は国定教科書であった。数量的方面を中心にする第一類，空間的方面を中心とする第二類があり，それぞれが1から5の5冊の構成になっている。「5第一類」では，この年齢で扱うことが少ない積分が扱われている。ただし，数学的な厳密さは薄れ，実用，応用的な教科書となっていた。ドイツの作業書の考えを取り入れ，授業のまとめのために生徒自身が要点を書き込むようになっていた

図2-18 文部省『カズノホン一』日本書籍株式會社 1941年

図2-19 同，p. 37，メビウスの帯

図2-20 文部省『初等科算數八』日本書籍株式會社 1943（昭和18）年

図2-21 同，p. 33，「斜面」から

図2-22 『數學高等女學校五年制用3』中等學校教科書株式會社，1943年，p.8

（図2-22）。しかし，授業もままならない戦時下においては，このユニークな発想を生かすことは困難であったと思われる。

1943年の学制改革で中学校や高等女学校は1年短縮され4年制となり，それに対応する教科書も発行される。すなわち，

図2-23 文部省『中等數學二第二類』中等學校教科書株式會社，1944年

図2-24 『中等數學四』（謄写版）（版元不明），推定1945（昭和20）年

それまでの検定教科書から国定教科書『中等數學』（1944（昭和19）年）に変更された。明治以来の中等教育で初めての国定教科書である。この時期には戦争が激化し，出版状況などの悪化のために，教科書が間に合わない地域も出てきた。そんななかで，謄写版刷り教科書も作られた。長崎（1993）には京都で印刷された教科書が確認されている。図2-24の謄写版刷り教科書には，発行日や発行所を表すデータはないが，おそらく同じ時期に発行されたものであろうと思われる。『中等數學四』は未刊であったため，謄写版『中等數學四』および四（図法トソノ基礎）は，1943（昭和18）年の教授要目の内容に合わせて学校独自で謄写版刷りした教科書ではないかと考えられる。

第5節　復興と独立の時代（新教育と単元学習）

1945（昭和20）年8月に終戦を迎えた。それまで使用していた教科書をとりあえず利用するのだが，戦争にかかわる内容には，墨を塗ったり，紙を貼ったりして使用していた。いわゆる「墨塗り教科書」である。1946（昭和21）年になると，旧教科書から戦争関係部分を削除した「暫定教科書」が出版される。一枚の大判の用紙に印刷された教科書を自分で裁断し製本して使用するのである。

6・3・3制が導入され，1947（昭和22）年4月から，国民学校は「小学校」となり，新制中学校もスタートし，小学校6年間と中学校3年間が義務教育と

なった。

「学習指導要領算数科数学科編」が1947年に発行され，教科書が学習指導要領に基づいて編集される流れが現在まで続くことになる。

乗法九九は2学年で扱い，二の段と五の段，三の段と六の段，四の段と八の段，最後に七の段と九の段を指導する。二の段では，「2，4，6，8と数えて，……」とあり，唱えることで全体の数を求めるが，倍を基本としている。

図2-27のような帯模様や平面模様を扱ったり，6学年ではxを使った式や3項の比，図2-28のように現実事象からの関数の導入と区間変化率を扱ったりしており，現在と比べて高度な内容が含まれている。1949（昭和24）年度は，それまでの内容の程度が高いということで，指導内容が1年繰り下げられた。前年に第4学年用の教科書を使った児童は，進級して第5学年になったが，教科書は表紙だけ第5学年用と書かれているものの，中身は第4学年用の教科書そのままだった。さらに，第6学年の内容は，中学校に移り，分数の四則演算の大部分も中学校に移された。

1947年の学習指導要領で小学校・中学校を連続したカリキュラムができたことで，旧制中学校がエリート養成の使命をもち，小学校と質的に違った教育内容を扱っていた伝統は崩れることになるはずだった。しかし，1949年の改訂で，文字の利用は中学校からとなり，戦前の算術と数学の区分けが再登場し，現在に続いている。

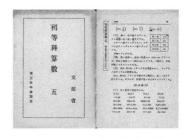

図2-25　暫定教科書，文部省『初等科算数五』大阪書籍株式会社，1946年，p. 29

図2-26　文部省『さんすう二』大阪書籍株式会社，1947年，pp. 53-54

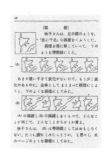

図2-27　文部省『算数第5学年下』大阪書籍株式會社，1948（昭和23）年

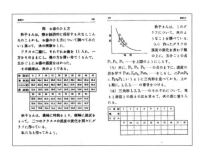

図2-28 文部省『算数第6学年下』大阪書籍株式會社，1948年，pp. 178-179

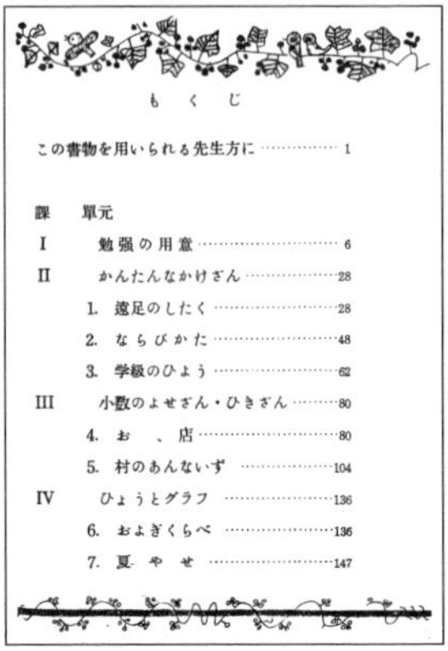

図2-29 文部省『小学生のさんすう第四学年用　1』東京書籍株式会社1949年，目次より

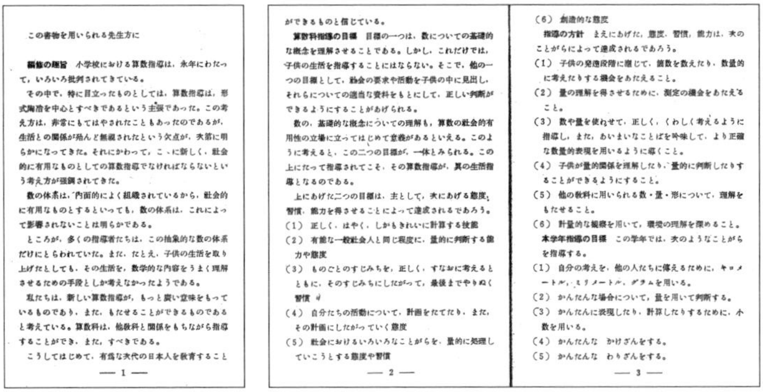

図2-30 同，p. 1-3，「この書物を用いられる先生方に」より

　1949年から教科書検定制度が実施されるが，この年発行された文部省著作教科書『小学生のさんすう　第四学年用　1・2・3』は，戦後に行われていた教育内容をよく表している。

　図2-29の目次のように，「Ⅱ課　かんたんなかけざん」の下に，「1. 遠足のしたく」，「2. ならびかた」，「3. 学級のひょう」が単元として並ぶ。前2つの単元は遠足を題材に時刻と時間，2位数×1位数，乗法の交換法則を扱っているのだが，p. 30の遠足の計画からp. 48の出発，p. 53並びかえ遊びの研究まで，

実に24ページをかけている。これが，アメリカの進歩主義教育派の教育哲学に基づいた,「単元学習」である。生活のなかに存在する問題を教材にして，それを解決するなかで数学を教えようとしたのである。

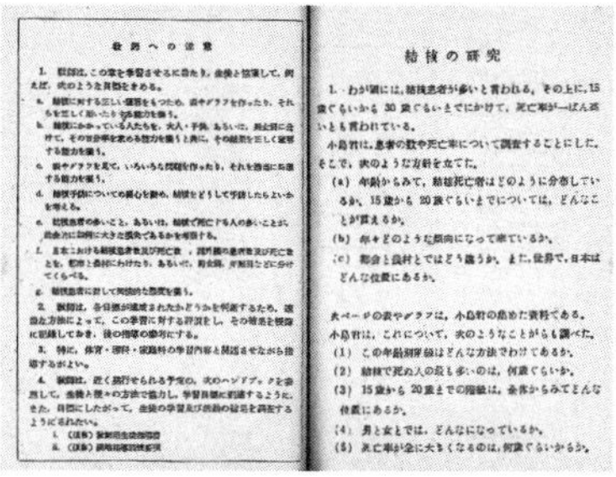

図2-31　文部省『中等数学・第三学年用⑵』，1948年，pp. 16-17，教師への注意と結核の研究

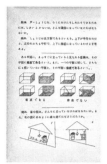

図2-32　文部省『中学生の数学第一学年用⑴』，1949年，p. 24「第Ⅰ単元　住宅　第1章　生活と住居　2. 現在の住居とその必要」

1948年4月からは新制高等学校がスタートした。それにあわせて，高等学校用は，検定教科書の『解析Ⅰ』，『解析Ⅱ』，『幾何⑴』，『幾何⑵』が，中学校用は，国定教科書の『中等数学』が発行された。『中等数学第三学年用⑵』の目次には，稲作の研究，家計の研究，結核の研究といった生活事象を対象とした単元名が続く。

1948年の学習指導要領改訂で，小・中学校の単元学習は本格化し，1949年

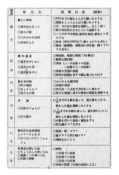

図2-33　文部省『改訂版小学算数四年上』，二葉，1951（昭和26）年，p. 139，単元内容一覧表

この教科書を使われる皆様へ

小学校の算数教育の目標は，日常生活に必要な数・量・形について，正しく理解させ，生活を数量的に処理する能力と，社会的で自主的科学的な態度・習慣を養うことである。

この目標を達成するために，この教科書を作るにあたっては，算数数学科学習指導要領に示されてある具体的な目標のほかに，特につぎのような点について注意をはらった。

⑴事前に計画をたててそれに従ってものごとをする態度習慣。
⑵自分の考えを数量や図表を使って，正しく，かんけつに発表したり，相手の意見を正しく理解したりする態度。
⑶真理を愛し，ものごとをさいごまでやりぬく態度。
⑷いろいろな資料を使う時には，それが適切であるか，信頼できるかというような点について，批判的にみる態度，習慣。
⑸努力しだいでもの事を正しく処理することができるものだということを自覚させ，更に自信をもってもの事をする態度。
⑹新らしいものをくふうし創造する能力。

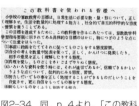

図2-34　同，p. 4より，「この教科書を使われる皆様へ」

図2-35　同，pp. 92-93，単元Ⅳ　水泳

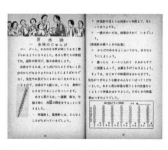

から実施された。また,「新制高等学校教科課程の改正について」の通達により,高等学校にも単元学習で構成された「一般数学」が導入された。

1949年になると,小学校と中学校の教科書を国定制度から検定制度へ移行するために,文部省は,単元学習で構成された見本の文部省著作教科書『中学生の数学』第一学年用(1),(2)を刊行した。そして,1949年からは,検定教科書での授業が始まる。

図2-32～2-34は,検定教科書の例である。目次には,単元とそこで扱われる数学の内容が併記されている。また,水泳の単元の内容を見ると,現在の教科書に比べて,状況を説明する長い文章であったり,体温計の使い方のように保健と見間違える内容であったりする。

第6節 民間教育運動と単元学習からの脱却

1951(昭和26)年に学習指導要領(試案)が改訂されて,単元学習色は一層強まった。しかし,国立教育研究所・久保舜一は,学力テストを実施し,戦前に比べて学力が低下していることを示すなどこれ以後,いくつかの調査が行われて学力低下が明らかになっていった。単元学習の目標は,子どもが数学を利用して,生活の諸課題を解決するようにし,その過程で,数学を学ぶものであった。しかし,数学を体系的にまとめて学べないという欠点をもっていた。それが,学力低下という形で表面化してきたのである。

日本を復興させるには,まず科学技術を支えるための数学と学力が必要だった。次に,生活上の諸課題を解決する数学教育を行うべきであることに気づき,徐々に単元学習は批判されるようになった。そこで,戦前のように数学を系統的に指導しようという運動が文部省側と民間教育団体側から始まり,まず,高等学校の学習指導要領の改訂から着手された。当時の教材等調査研究会数学小委員会のメンバーには,文部省側と日本教職員組合側の双方の研究者が入っている。日本の将

図2-36 文部省『数学Ⅰ・幾何』大阪教育図書,1955年,p.32

来のために官と民とが協力して学習指導要領を作成していたことがわかる。

　1955（昭和30）年の年末に高等学校の新学習指導要領が告示され，1956（昭和31）年4月からは，一般数学をやめ，数学を系統的に学べるよう数学Ⅰ，数学Ⅱ，数学Ⅲ，応用数学という科目群での学習が始まった。数学Ⅰの教科書は，代数編と幾何編の2分冊になっており，現在では中学校でおもに扱っている論証幾何も入っている。数学小委員会は，学習指導要領を作成する際，平面幾何や立体幾何を体系的に扱い，レベルと範囲を決めるために，昭和初期に林が著した『新制平面幾何教科書』（1929（昭和4）年）や『中等教育幾何教科書［基本］』（1931（昭和6）年），『中等幾何教科書（立体）』（1925（大正14）年）から，定理を抜き出し，教育上必要の程度を検討する作業を行っていた。このことからも，単元学習を批判し，日本の数学教育を立ち直らせるために，昭和初期のレベルの高い体系的な幾何学を導入しようとしていたことがわかる。

　高等学校の指導要領の改訂に続いて，1958（昭和33）年には小学校と中学校の学習指導要領が改訂された。学校数学は単元学習から完全に決別し，その内容は戦前のレベルに戻った形になる。それまで高等学校で扱われていた論証幾何は中学校に移行されたため，それに合わせて高等学校の学習指導要領も1960（昭和35）年に改訂となり，集合やベクトルを扱うようになった。

　図2-37のように，乗法九九は，同数累加の場面から，倍，かけ算の定義，九九へと2ページでまとめられている。現行教科書と比較して「倍」が強調されている。九九は5の段，2の段から，3，4の段までがそれぞれ小単元になり，6の段から9の段は，ひとまとまりの小単元で扱っている。現在でもそうだが，九九を完全に覚えるのはたいへんであり，6年生でも間違える子がいる。この当時，九九を全員が完全に覚えるための指導法

図2-37 『小がくしんさんすう2ねん下』啓林館，1964（昭和39）年

図2-38 九九の指導順序，横地（1961），p. 63より

第2章

の研究が学校現場では繰り返し行われ，独自の指導法も編み出されることとなる。

たとえば，横地（1961）に紹介されている例では，第6学年における九九のつまずきが調べられ，6，7，8，9の段の九九の誤答が多いことが示された。また，難しい7の段を最初に教える教育実験を行い，図2-48に示すように，7の段を初期に指導したクラスの成績が教科書通りに指導したクラスよりよかったという例もある。このような教師による研究が盛んになり，数学教育実践研究会や数学教育協議会などの民間教育団体や日教組全国教研による活動が活発となった。

第7節　数学教育の現代化運動と科学化運動

1952（昭和27）年ごろからアメリカで数学教育の新たな改革が始まり，1958（昭和33）年になると本格化し，ヨーロッパにも波及する。科学技術の向上に寄与するための数学や集合論に代表される20世紀に進歩した現代数学の内容を取り入れて，学校数学を刷新しようとしたのである。これを数学教育の現代化と呼んでいる。昭和40年代になると日本でも数学教育の現代化運動が起こる。1968（昭和43）年，1969（昭和44）年，1970（昭和45）年にそれぞれ小学校，中学校，高等学校の学習指導要領が改訂となり，小学校では，図2-39や図2-40のように1970年から，位相的な考えや集合，確率を取り入れた教科書が登

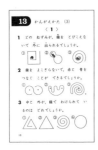

図2-39　『小学校算数2年下』学校図書，1971年，p.10

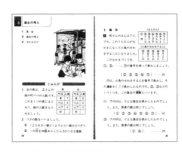

図2-40　『小学校新算数4年1』大日本図書，1972（昭和47）年，pp. 38-39

図2-41　『新しい数学3』東京書籍，1972年，PP. 168-169, 175

場する。

　図2-41のように1971（昭和46）年からは，集合や位相，確率などを取り入れた中学校の教科書も登場した。また，その翌年からは高校で，行列や一次変換が取り入れられた。

　図2-42を見ると，九九では，「倍」がまず指導されてから，九九の定義に入っている。

　現代化は，科学・技術の養成から，大学の数学教育の改革，

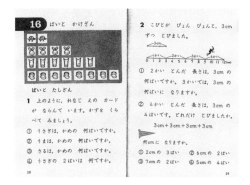

図2-42 『小学校さんすう2年下』学校図書，1971年，pp. 28-29

さらに高等学校・中学校・小学校の数学教育の改革へと，上からの要請で行われた。しかし，そこでは，子ども自身の認識と実践が置き去りにされていた。この点を改善して，民間教育団体の数学教育実践研究会では，横地清を中心に次のことを目指して数学教育の科学化運動が進められた。

> 第1は，子ども自身の数学の認識と実践を大切にすることです。第2は，将来の一般市民，一般労働者として役に立つ数学を用意することです。第3は，第1，第2の点に着目しながら，レベルの高い体系的な教育課程を編成することです。第4は，数学教育は，幼児から始まるということです。第5は，数学を生かす将来の専門家を養成するだけの教育を準備することです。（横地 1980，p. 26）

第8節　ゆとりと情報化の時代へ

　昭和50年ごろになると，学校数学を急速に現代化させてきたしわ寄せが始まる。「落ちこぼれ」といわれる，授業についていけない子どもの存在が教育問題としてマスコミで取り上げられるようになった。アメリカでも行き過ぎた現代化は批判され，「Back to Basics!」が叫ばれていた。そのなかで，1977（昭和52）年に小学校と中学校の学習指導要領は改訂され，「ゆとりと充実」を

テーマとして，現代化で取り入れた内容を削除し，教育内容の精選を行うようになった。現在まで続く「ゆとり教育」の始まりである。

図2-43の教科書では，同数累加が使えない場面と，同数累加が使え，九九に発展する場面の違いを最初に考察することから九九の導入が始まる。それまでの，九九に直接結びつく場面だけを扱う場合と比べ，かけ算の適用場面の理解が九九に先行して指導される。これは，学校現場で研究・工夫されてきた指導方法が教科書に生かされた例でもある。

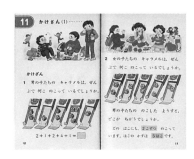

図2-43 『小学校さんすう2年下』学校図書, 1980（昭和55）年, PP. 10-11

1978（昭和53）年には高等学校の学習指導要領も改訂され，数学Ⅰ，基礎解析，代数・幾何，微分・積分，確率・統計の科目群になる。しかし，校内暴力，いじめ，不登校，自殺など，教育現場での問題は増加していった。そのようななか，これらの問題を解決すべく，学校現場では現実場面から数学を見つけ出し，数学と現実世界との関連を重視して指導される「総合教育・総合学習」を試みていた。ただし，単元学習の轍を踏まないように，高度な数学をコンパクトで体系的に指導して学力の向上も目指していた。呼び方は似ているが後の「総合

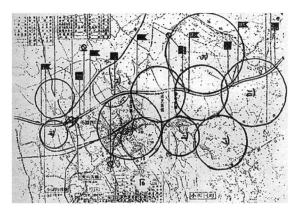

図2-44 曲率を利用した曲線の指導，JR中央線小淵沢駅付近の計測（守屋 1989）

2008（平成20）年3月に，2011（平成23）年から完全実施される，小・中学校の学習指導要領が告示された。内容が増され，ほぼ1989（平成元）年の学習指導要領の内容に戻っている。算数的活動のもと基礎的・基本的な知識・技能の習得と思考力・判断力・表現力の充実を目指した。

　2013（平成25）年6月に，2020（令和2）年までに世界最高水準のIT利活用社会の実現とその成果を国際展開することを目標にした「世界最先端IT国家創造宣言」が閣議決定された。この宣言のなかには，初等・中等教育段階からプログラミングなどのIT教育を行い，IT人材を育成することが盛り込まれている。このことから，次期学習指導要領では小学校にプログラミング教育が入ることが想定されていた。

　2017（平成29）年3月の改定では，従来の数学的な考え方に加え，事象を数学という視点から見ることも含めて「数学的な見方・考え方」が用いられた。さらに，算数的活動は「数学的活動」と表現が変わり，算数科の学びの過程をより明確化させ，アクティブ・ラーニング（主体的・対話的で深い学び）による授業改善を目指した。内容では，統計分野の充実が図られ，「データの活用」が領域として設けられた。

　プログラミング教育との関連では第5学年で扱う正多角形が適用事例として紹介されている。ところで，1980年初頭にはPC上で動くBASIC言語やLOGO言語を子どもに教える実践が始まり，コンピュータ・リテラシー教育と数学教育の相乗効果を生かす研究が進められていた。そこで，当時の資料をもう一度調べて，今後のプログラミング教育の参考にする必要がある。

　数学教育の歴史は，児童・生徒の生活に近い内容と数学的な体系を重視した内容との間を行き来してきた。そのなかで，2019（平成31）年3月には経済産業省から，「理数系人材の産業界での活躍に向けた意見交換会」の報告書「数理資本主義の時代〜数学パワーが世界を変える〜」が発表された。その冒頭には「第四次産業革命を主導し，さらにその限界すら超えて先に進むために，どうしても欠かすことのできない科学が，三つある。

　それは，第一に数学，第二に数学，そして第三に数学である！」(p. 2) と書かれている。1950年代前半にアメリカの産業界からの要請によりスタートした数学教育の現代化と同じ様相になってきている。

　20世紀初頭に工業化社会に対応して行われた数学教育の改造運動に相当する，電子黒板・一人1台のモバイルPC・デジタル教科書・AI・プログラミン

グ教育などSociety5.0に対応した数学教育の改造運動は，このように産業界がリードしながら手探りの状態で始まったばかりである．大変ではあるが，教師もコンピュータサイエンスなどを勉強して，この変化に対応しなければならない．

第10節　教材研究の復活のために

　子どもたちが使う教科書を中心にした数学教育の歴史を紹介してきたが，鈴木（2008）からもわかるように「教科書の歴史（学習指導要領の歴史）＝日本の数学教育の歴史」とは必ずしもいえない．ごくごく一般の教員が日々実践を繰り返しながら積み上げてきた学校数学の創造や教育課程・教育方法の開発などは，教科書に反映されていない場合が多い．また，たとえば集合のように学習指導要領で内容が削除されると，実践的研究も行われなくなり，それまで積み上げられていた成果も無視されてしまう傾向がある．指導内容は学習指導要領に準拠したとしても，研究内容までが振り回されてしまうことは避けたい．

　昭和時代の授業研究の中心は教材研究にあった．たとえば，学習者の認識調査や誤答調査などが行われ，かけ算は何の段から始めるとよいか，割り算の導入は等分除にするか包含除にするかなど，まさに学習者の数学的認識と教材そのものを研究することが多かった．しかし今日の授業研究では，ICTの利用，思考力・判断力・表現力の育成，個を生かす，アクティブ・ラーニングなど，数学内容より授業方法などの研究が中心になっている場合が多い．

　指導方法と教育内容は車の両輪である．子どもが授業に消極的な場合は教材研究を行い，教材自体の改良の効果について授業実践を通しながら実証したい．今後は，これら日々の教育研究の成果を積み重ねる努力が必要である．

課　題
1. 明治期から現在までの，九九の導入についてまとめなさい．
2. 数学教育の歴史を踏まえて，現行小学校学習指導要領（算数）の内容を考察しなさい．
3. 戦後の単元学習のメリットとデメリットをまとめなさい．さらに，単元学習と生きる力や数学的活動との関連，それらの方向性を自分の視点で考察しなさい．

引用・参考文献・より深く学ぶための参考文献

小倉金之助『数学教育史』岩波書店，1932年

小倉金之助・鍋島信太郎『現代数学教育史』大日本図書，1957年

海後宗臣ほか編『日本教科書大系　近代編　第十三巻　算数（四）』講談社，1962年

海後宗臣ほか編『日本教科書大系　近代編　第十四巻　算数（五）』講談社，1964年

経済産業省，理数系人材の産業界での活躍に向けた意見交換会報告書「数理資本主義の時代〜数学パワーが世界を変える〜」2019年，https://www.meti.go.jp/press/2018/03/20190326005/20190326005-2.pdf（2019年4月22日確認）

高度情報通信ネットワーク社会推進戦略本部「世界最先端IT国家創造宣言工程表」（改定版），https://www.kantei.go.jp/jp/singi/it2/kettei/pdf/20160520/koteihyo_kaitei.pdf（2019年4月13日確認）

鈴木正彦「数学教育史」，黒田恭史編著『数学科教育法入門』共立出版，2008年，pp. 220-294

長崎栄三「数学第一類・第二類の検定教科書の使用と教科書国定化—戦時下の中学校数学教育—」，国立教育研究所『国立教育研究所研究集録』第26号，1993年，pp. 53-66

松宮哲夫『伝説の算数教科書〈緑表紙〉—塩野直道の考えたこと』岩波書店，2007年

守屋誠司「小学校における曲率概念を生かした円の指導について」，兵庫女子短期大学『研究集録』22，1989年，pp. 44-50

守屋誠司「昭和31年告示高等学校学習指導要領の改訂作業について」，北京師範大学・内蒙古師範大学・大阪教育大学発行『中日近現代数学教育史』第一巻，ハンカイ出版印刷，1997年，pp. 177-190

横地清「乗法と除法」大矢真一・加藤国雄・横地清『算数の思考　上』明治図書出版，1961年

横地清『数学科教育法』誠文堂新光社，1963年

横地清「日本における数学教育現代化の動向」，数学教育学会『研究紀要』20(3・4)，1980年，pp. 21-32

横地清監修『新版　21世紀への学校数学の展望』誠文堂新光社，1998年

第3章

世界の算数・数学教育

　本章では，世界的潮流になりつつあるコンピテンシーに基づく教育改革について述べた後に，アメリカから世界に広まりつつあるSTEM（Science, Technology, Engineering and Mathematics）教育，世界共通の大学入学資格のために考案された国際バカロレア，世界的潮流と自国の現状を踏まえ教育を展開する開発途上国の算数・数学教育について考察する。
　なお我が国においては，小学校では「算数」，中学校以降では「数学」と呼ぶが，多くの諸外国においては，小学校から大学まで一貫して「数学」（Mathematics）である。

キーワード　STEM教育　国際バカロレア　開発途上国

第1節　コンピテンシーに基づく教育改革の世界的潮流

　地球規模で人，物，情報などが流通する変化の激しい現代社会では，従来の知識・技能に加えて，それらを習得し活用するための学び方や思考力，社会や他者に関わる実践力が求められている。そこでは「何を知っているか」だけではなく，知識を活用して「何ができるのか」への転換が求められている（松尾2015）。このような流れから，コンピテンシーに基づく教育改革が世界的に広がりつつある。国立教育政策研究所の調査によると，世界的なコンピテンシーに基づく教育改革の特徴は表3-1のように示され，次の4点にまとめられている。
①どの目標も，言語や数，情報を扱う基礎的なリテラシーと，思考力や学び方の学びを中心とする高次認知スキル，社会や他者との関係やその中で自律的に関わる社会スキルの3層に大別できる。

表3-1 諸外国の教育改革における資質・能力目標

		DeSeCo	EU	イギリス	オーストラリア	ニュージーランド	アメリカほか
		キーコンピテンシー	キーコンピテンシー	キースキルと思考スキル	汎用的能力	キーコンピテンシー	21世紀スキル
基礎的なリテラシー	相互作用的道具活用力	言語, 記号の活用	第1言語 外国語	コミュニケーション	リテラシー	言語・記号・テキストを使用する能力	
		知識や情報の活用	数学と科学技術のコンピテンス	数字の応用	ニューメラシー		
		技術の活用	デジタル・コンピテンス	情報テクノロジー	ICT技術		情報リテラシー ICTリテラシー
高次認知スキル		反省性（考える力）（協働する力）（問題解決力）	学び方の学習	思考スキル（問題解決）（協働する）	批判的・創造的思考力	思考力	創造とイノベーション
							批判的思考と問題解決
							学び方の学習
							コミュニケーション
							協働
社会スキル	自律的活動力	大きな展望	進取の精神と起業精神		倫理的行動	自己管理力	キャリアと生活
		人生設計と個人的プロジェクト					
		権利・利害・限界や要求の表明		問題解決 協働する	個人的・社会的能力 異文化間理解	他者との関わり 参加と貢献	個人的・社会的責任
	異質な集団での交渉力	人間関係力	社会的・市民的コンピテンシー				
		協働する力	文化的気づきと表現				シティズンシップ
		問題解決力					

国立教育政策研究所（2013）を参考に筆者作成

②従来の領域や教科名が直接現れるのは基礎的なリテラシーに集中し，認知スキルや社会スキルは教科を越えた汎用的な能力を規定したものとなっている。
③全体のバランスとして，認知スキルと社会スキルに重みが置かれており，社会スキルは，社会の中で「生きる力」に直結するものになっている。
④社会スキルは，各国の社会・文化・歴史的背景の影響を一番大きく反映するためか，国や機関ごとにより用語や内容が異なり，多様である。

　いずれの国や地域においても，汎用的な能力を構造的に定義して，全体的能力を育成しようとしている（国立教育政策研究所 2013）。また，教科名としての数学は基礎的なリテラシーに表れ，数学を通して認知スキルおよび社会スキルも育成することになる。さらに，認知スキルおよび社会スキルでは，教科などを横断する汎用的なスキルが取り上げられているため，教育を包括的に捉える必要がある。つまり，世界的潮流になりつつあるコンピテンシーに基づく教育改革では，従来の教科に基づく学習だけでなく，教科の統合に着目する必要がある。そこで，第2節では教科の視点から教育を包括的に捉えるSTEM教育を，第3節ではコンピテンシーの視点から教科が位置づけられている国際バカロレアについて見ていく。

第2節　STEM教育

1．STEM教育の概要

　教科の視点から教育を包括的に捉えた取り組みとして，近年アメリカを中心にSTEM教育が広がりつつある。STEMとは科学（Science），技術（Technology），工学（Engineering），数学（Mathematics）の総称である。1990年代にアメリカ国立科学財団（NSF）は，科学，数学，工学，技術を表す語として"SMET"を使い始めたが，発音が"smut（すす）"に似ていたため，"STEM"が用いられるようになった（Sanders 2009）。そこでは，科学者，技術者，エンジニア，数学者が力を結集しより強力な政治的発言を生むための戦略的判断として"STEM"が用いられた（STEM Task Force Report 2014）。
　その後STEM教育は国家，州，地方レベルのさまざまなプログラムで導入さ

れ，教育改革と米国の国際競争力を取り戻すための重要な焦点として導入されている（Breiner, Harkness, Johnson & Koehler 2012）。さらにオバマ政権においては，STEM教育の充実が米国の科学技術分野での優位性を維持する方策であるとされ，STEM分野で輩出すべき人材数まで明確に設定されていた（千田 2013）。

このようにSTEM教育はトップダウンのアプローチによって広まった概念であり，そこでは科学，技術，工学，数学の各教科を表す用語としてSTEMが用いられた。そのため，STEMに含まれる4教科をどのように扱うかは，州や地方に委ねられることになった（Johnson 2012）。その結果，そこには多様な定義が見受けられる。とくに，科学，技術，工学，数学の4教科の総称としてSTEMが用いられた背景から，多くの場合統合的なアプローチを伴わない伝統的なコースワークであると捉えられてきた（Breiner et al. 2012）。

一方近年では，各教科を個別に捉えるのではなく，統合的に見る動きが進みつつある。STEM教育を統合的に捉えた定義として，たとえばVasquez, Sneider & Comer（2013）は「STEM教育は科学，技術，工学，数学の教科を分断する伝統的境界を取り除き，それら4教科を実世界の，厳密な，意味のある生徒の学習体験へ統合することである」としている。

また，我が国ではSTEM教育が普及する以前から，教科等横断的な学習として，「日時計」をテーマとした実践が展開されてきた。そこでは，算数の「時刻と時間」と理科の「太陽の動き」によって両教科が関連づけられている（守屋 2012）。さらに，緯度によって日時計の作り方が異なることから，日時計を題材とした国際遠隔協同学習が実施されてきた。

2. STEM教育における教科統合の度合い

STEM教育を統合的に捉える動きが進みつつあるが，そこには4つの統合の度合いがあることが知られている（Vasquez et al. 2013）。もっとも分化的な段階として，個別に概念と技能を各教科で学習する"Disciplinary（分化）"。次に，共通のテーマに関して行うが，個別に概念と技能を各教科で学習する"Multidisciplinary（総合）"。次に，深い知識と技能となるように，概念と技能が深く結びついた2つ以上の教科から学習する"Interdisciplinary（統合）"。もっとも統合的な段階として，現実世界の問題やプロジェクトに取り組むことで，2つ以上の教科からの知識や技能を活用し，学習経験を形成する

第3章

"Transdisciplinary（学際）"が挙げられる。

表3-2　STEM教育における教科統合の度合い

統合の度合い	各段階	概要
低い ↕ 高い	Disciplinary	生徒は各教科で個別に概念とスキルを学習する。
	Multidisciplinary	生徒は各教科で個別に概念とスキルを学習するが、共通の主題やテーマに関して行う。
	Interdisciplinary	生徒は2つ以上の深く結びついた教科から概念とスキルを学習し、知識とスキルを深める。
	Transdisciplinary	実世界の課題やプロジェクトを扱うことで、生徒は2つ以上の教科の知識やスキルを活用し、学習経験を形成する。

Vasquez et al.（2013）の図8.6を参考に筆者作成

　各段階における具体例としてVasquez et al.（2013）は、太陽系を用いて次のように説明している。"Multidisciplinary（総合）"では、太陽系というテーマのもと、数学では月との距離と太陽との距離を比較する際に大きな数の除法の学習をし、科学では星の性質を学習する（図3-1）。

　"Interdisciplinary（統合）"では、数学における比と科学における太陽系が、サイズや縮尺という共通する概念によって統合される（図3-2）。さらに、"Transdisciplinary（学際）"では、惑星Xの天候を気象学者はどのように予測するのか？という問いに対して、科学では惑星を実際の場所として想像することができ、数学では現実の問題解決のために数学的モデルを用いることができる（図3-3）。

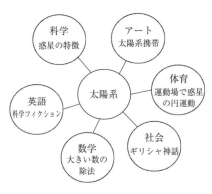

図3-1　Multidisciplinary
松原・高阪（2017）より

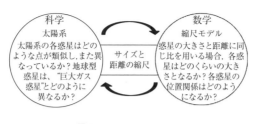

図3-2 Interdisciplinary

松原・高阪（2017）より

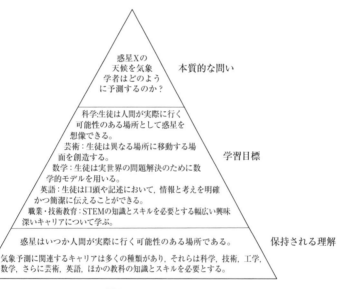

図3-3 Transdisciplinary

松原・高阪（2017）より

3. STEM教育の単元例：未来の輸送機関

　ここではアメリカの小学校3年生向けに開発された，STEM教育の単元例として，未来の輸送機関を取り上げる（Johnson, Walton & Peters-Burton 2017）。

　この単元を通して，児童はアメリカ大陸の地形を学び，国家の発展における鉄道の役割を調査し，21世紀における鉄道旅行について考察する。児童はリニアモーターカーに関する鉄道技術の革新に関する概念理解を深め，科学的探究を通して磁気相互作用を理解し，数学を用いて距離や時間間隔を計算する。児

童はこれらの知識を休暇旅行のためのリニアモーターカーの計画に応用し、エンジニアリングデザインを用いて試作品を創造する。

本教材は4つの単元，1コマ45分×25コマで構成されている。各単元の概要は表3-3のとおりである。前半ではMultidisciplinary（総合）によって，社会科や理科，数学が関連づけられている。そこでは，リニアモーターカーの目的地や鉄道の変化というテーマによって，地図や磁性，鉄道時刻表における時間経過が関連づけられる。一方，後半ではTransdisciplinary（学際）によって，各単元において学習した内容を用いて，リニアモーターカーをデザインすることになる。

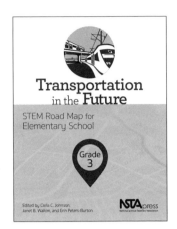

図3-4

表3-3　未来の輸送機関の各単元の概要

単元名	概要	時数
磁気浮上，地図と磁石	単元全体の紹介と，ビデオを用いた児童の興味関心の喚起，鉄道に関する既習事項との関連づけを行う。社会科において，リニアモーターカーの目的地を選ぶために，地図の読み取りとアメリカの地理に関する基礎的理解を，理科において磁石に関する探究を行う。	4
鉄道の変化	アメリカにおける西部未開拓地への人口移動と鉄道の発展との関連について認識する。社会科において，アメリカの拡大と鉄道の歴史を学習し，また鉄道をデザインする鉄道エンジニアを紹介する。この学習内容を21世紀の鉄道旅行への理解に活用し，磁性に関する探究をデザインする。数学においては，鉄道時刻表を用いて時間経過を調査し，時間帯への学習の理解へとつなげる。	4
ポータブルな人々	旅客列車について調査し，ほかの輸送機関と比較する。旅行代理店として，自動車，航空機，鉄道の長所および短所から単元1で選択したリニアモーターカーの目的地への最適の輸送機関を決める。目的地に関するパンフレット作成のために，地形，気候，文化について調査する。理科においては，電磁石に関して調査し，独立変数および従属変数について学習し，仮説を立てる。エンジニアリングデザインへの理解を用いて，風船車を作成し，重さと加速度の関係を調べる。数学では，目的地までの予算を立てる。	7

| リニア
モーター
カーの
挑戦 | 地図作成，地形，鉄道，磁性や速さに関する科学的概念を用いて，リニアモーターカーをデザインする。それぞれの生徒が鉄道をデザインし組み立て，デザインの特徴および長所，磁性に関する理解の説明，目的地に関するマーケティングに関するビデオを準備する。 | 8 |

Johnson et al.（2017）を参考に筆者作成

このように教科の統合を考える際には，すべての授業において統合の度合いが高いことが必要とされるのではなく，授業の目的に応じて適宜適切な統合の度合いを選択する必要がある。

第3節　国際バカロレア

1．国際バカロレアの概要

　国際バカロレア（IB, International Baccalaureate）は1968年に創設された17〜18歳対象のディプロマプログラムから始まり，高度でバランスが取れた教育を提供し大学への入学資格として国際的に認められることで，世界のどのような場所や文化圏においても継続して受講可能な教育プログラムとして考案された。その後，国際バカロレア試験を目指す教育が普及するにつれて，1994年には11〜16歳対象の「国際バカロレア中等教育プログラム」を，そして1997年に3〜12歳対象の「国際バカロレア初等教育プログラム」を設置し，3歳から19歳までの幼児および児童生徒を対象とした一貫プログラムを確立した（国際バカロレア機構 2017）。

　国際バカロレアは，多様な文化の理解と尊重の精神を通じて，よりよい，より平和な世界を築くことに貢献する，探究心，知識，思いやりに富んだ若者の育成を目的としている（国際バカロレア機構 2017）。そこでは，国際バカロレアが価値を置く10の学習者像が示されており，「全人」の形成が目的とされている。10の学習者像とは，探究する人，知識のある人，考える人，コミュニケーションができる人，信念をもつ人，心を開く人，思いやりのある人，挑戦する人，バランスのとれた人，振り返りができる人である。

2. 国際バカロレア初等教育プログラムにおける算数

初等教育プログラムでは従来の教科の枠をこえた学習が展開され，児童は以下の6つの教科横断的テーマを探究する（国際バカロレア機構2017）。「私たちは誰なのか」「私たちはどのような場所と時代にいるのか」「私たちはどのように自分を表現するのか」「世界はどのような仕組みになっているのか」「私たちは自分たちをどう組織しているのか」そして「この地球を共有するということ」。児童はこれらの地球規模で重要な課題を，「探究の単元」の文脈のなかで探究し，学習する。加えて，それぞれが価値をもち，6つの教科の枠をこえたテーマを探究するためのスキルと知識を児童に提供する，6つの教科（言語，算数，理科，社会，体育，芸術）が規定されている（国際バカロレア機構2018）。

初等教育プログラムでは算数の学習を，「私たちの取り巻く世界を理解できるグローバルな言語を提供し，探究を支援する手段である」とおもに見なしている。そのため，関連性が高く，現実的な「探究の単元」の文脈で教えるべきとされている。また，算数の知識の構成は，データ処理，測定，図形と空間，パターンと関数，数の5つの学習要素に分けられている（国際バカロレア機構2018）。したがって，国際バカロレアの初等教育プログラムにおける算数では，探究の文脈を通し5つの学習要素を学ぶことが強調されている。国際バカロレアにおいては，10の学習者像の育成を見据え，教科が位置づけられているといえる。

第4節　開発途上国の数学教育

1. 開発途上国における数学教育の状況

先進国の状況は広く紹介されているため，ここでは普段あまり目にすることの無い，開発途上国の状況について説明する。コンピテンシーに基づく教育改革は開発途上国におけるカリキュラムに対しても変化を迫るものであり，経済的な競争力向上のため，知識や技能の取得だけでなく，それらを用いて直面する課題に対応できる能力（コンピテンシー）の獲得を重視したカリキュラムの採用を行う国が増えつつある（JICA 2015）。たとえばミャンマーにおいて開発

されている。初等から後期中等を含む基礎教育段階のフレームワークでは，「21世紀型スキル」の習得が強調されており，アメリカの21世紀型スキルパートナーシップ（P21）によって開発された枠組みを取り入れようとする試みが行われている（田中2015）。

　学校現場の状況に目を向けると，1990年の万人のための教育世界宣言以降，世界の教育関係者の注目は「2015年までに初等教育の完全普及」に注がれ，多くの開発途上国において初等教育へのアクセスが大幅に改善された。その一方で，2億5千万人の子どもたちは，学校に最低4年間通っても，簡単な計算能力さえ獲得していないことが報告されている（UNESCO 2014）。

　このような状況の改善を目指し，我が国は国際協力機構（JICA）を中心として，理数科分野の国際協力を実施している。当初は1966年の理数科教師隊員派遣に始まる青年海外協力隊事業が中心であったが，その後1990年代から教員研修や教材開発を中心とするプロジェクトが数多く実施されている（JICA 2007）。

2. ザンビアの数学教育——足し算を事例に

　実際にどのような数学教育が実施されているのか，ザンビアの数学教科書における足し算の単元を通して見ていく（図3-5）。まず10までの足し算として，葉や本などの数を数え，合計の数を求める。次に18までの足し算として半具体物を用いて10のかたまりをつくって答えを求める方法と数直線を用いて答えを求める方法が扱われている。その後，10の足し算として，ドット図およびブロックで答えを求め，最後に文章題を解く構成になっている。

　子どもたちのようすに目を向けると，多くの子どもたちが棒を使って足し算を行っている（図3-6）。このような状況の改善に向けて，子どもたちがつまずく要因を調べ，効果的な教材を開発するための取り組みや，授業研究を通した教師の専門職学習コミュニティの構築が目指されている。このように，多くの開発途上国では，世界的潮流と自国の現状の狭間で，その状況の改善に向けて日々努力が行われている。

第3章

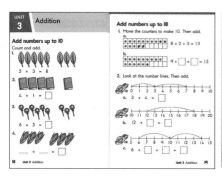

図3-5　ザンビアの数学教科書より

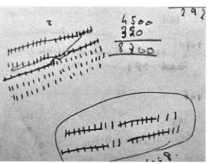

図3-6　子どもたちの計算のしかた

課　題

1. 世界の国や地域から1か所選び，その国の算数・数学教育について調べなさい。
2. 学習した算数・数学教育の内容は国や地域によって異なる。STEM教育，国際バカロレア，開発途上国の算数・数学教育から1つ選び，日本の算数教育と比べ，どこが同じで，どこが違うか考察しなさい。
3. 未来の日本を担う子どもたちのために算数・数学教育の内容や教科書はどうあるべきか考察しなさい。

引用・参考文献・より深く学ぶための参考文献

国際バカロレア機構『国際バカロレア（IB）の教育とは？』国際バカロレア機構，2017年
国際バカロレア機構『PYPのつくり方―初等教育のための国際教育カリキュラムの枠組み―』国際バカロレア機構，2018年
国立教育政策研究所『教育課程の編成に関する基礎的研究 報告書5 社会の変化に対応する資質や能力を育成する教育課程編成の基本原理』国立教育政策研究所，2013年
JICA『JICA理数科教育協力の理念・意義』国際協力機構，2007年
JICA『JICA教育協力ポジションペーパー』国際協力機構，2015年
千田有一「米国における科学技術人材育成戦略―科学，技術，工学，数学（STEM）分野卒業生の100万人増員計画―」『科学技術動向』133，2013年，pp. 17-26
田中義隆『21世紀型スキルと諸外国の教育実践 求められる新しい能力育成』明石書店，2015年
松尾知明『21世紀型スキルとは何か―コンピテンシーに基づく教育改革の国際比較―』明石書店，2015年
松原憲治・高阪将人「資質・能力の育成を重視する教科横断的な学習としてのSTEM教育と問い」

『科学教育研究』41（2），2017年，pp. 150-160

守屋誠司「数学教育における教材「日時計」の教育的意義と利用例」『論叢　玉川大学教育学部紀要』2012年，pp. 97-111

Breiner, J. M., Harkness, S. S., Johnson, C.C. & Koehler, C. M., "What Is STEM? A Discussion About Conceptions of STEM in Education and Partnerships", *School Science and Mathematics,* 112(1), 2012, 3-11.

Choonya S. & Tembo, P. *Let's do Mathematics Grade1 Learner's Book,* Cape Town: Oxford University Press, 2015.

Johnson, C. C., "Implementation of STEM Education Policy: Challenges, Progress, and Lessons Learned", *School Science and Mathematics,* 112(1), 2012, 45-55.

Johnson, C. C., Walton, J. B. & Peters-Burton, E. (Eds.), *Transportation in the Future,* VA: National Science Teachers Association, 2017.

Sanders, M., "STEM, STEM Education, STEMmania", *The Technology Teacher,* 68(4), 2009, 20-26.

STEM Task Force Report, *Innovate: A Blueprint for Science, Technology, Engineering, and Mathematics in California Public Education,* Californians Dedicated to Education Foundation, 2014.

UNESCO, *Teaching and Learning: Achieving quality for all.,* Paris: UNESCO, 2014.

Vasquez, J., Sneider, C., & Comer, M., *STEM Lesson Essentials, grades 3-8: Integrating Science, Technology, Engineering, and Mathematics,* Heinemann, 2013.

第 4 章

幼児教育と特別支援教育

　数学教育は，幼児期の数量活動や算数教育を含み0歳児からスタートしている。したがって，小学校教諭は，入学してきた子どもたちがゼロから学びをスタートすると捉えることは誤りとなる。そして算数教育では，幼児期の数・量・形に対する育ちを基として，どのような考え方をどのように価値づけていくのかが重要となる。また一方で，小学校教育のなかでは，特別な支援を必要とする子どもたちが在学し，算数の学習に困難を抱えている場合がある。そこで本章では，幼児期の数量活動と特別支援教育について，数学教育との関わりを述べていく。

キーワード　幼児期の数量活動　幼児の数理認識　学習障害（LD）　個に応じた指導

第1節　数学教育学における幼児期の数量活動

1. 幼児期の数量活動に対する目標と保育観

　幼児教育は，学校教育の基礎を培うものであり，幼児の健やかな成長のために適切な保育環境のなかで，その心身の発達を豊かに育むことが目標である。長年幼児教育に携わってきた横地（1981）は，知的な面の保育として，情緒や他者との交流，思考などの基本として言語があり，自然や社会の仕組みを理解するための基本として数学（科学）があると捉えている。さらに，幼児期は，自立した生活習慣や社会生活のルール，学びに向かう力などの非認知能力を育むことが，知的な学びの原動力となる。そして，小学校教諭としては，幼児期に育まれてきた数量の気づきや図形の美しさ，きまりへの感性を価値づけ，子

どもたちが意識的に用いられるようにすることが大切である。

では，小学校，とりわけ第1学年の入門期では，数学教育として保幼小連携をどのように捉えることが望ましいのであろうか。小学校入門期の算数科の学習は，「数と計算」領域の内容が大半を占めている。たとえば，1桁の数の計数や数字の読み書き，順序を表す数（順序数），数の分解と合成，1桁同士の足し算引き算などが学習内容である。実は，これらの学習は，子どもたちにとって，授業で教わる前に，すでに理解していることが多い。それは，幼児期の遊びや生活のなかで，おやつや動植物の数を数え，絵本や掲示物などから数字を見聞きし，友達と遊ぶ際に人数の増減を考えるなどを体験しているからである。したがって，入門期の算数の授業では，計数できる技能や数字の読み書きの知識などの基礎力を得ることだけを到達目標とするのではなく，数学的な考え方への思考力や態度を育むことが大切なのである。たとえば，落ちなく数えるために，数えた物に印をつけようとしたり，2種類の物の数の違いを線で結ぶことで確認する方法を考え出そうとしたりすることが思考力としての重要な学習内容だといえる。

また，第1学年の入門期では，学びへの意欲の接続も重要である。幼児期の子どもたちは，興味あることを友達と協力しながら学んでいる。幼児期に育まれた数・量・形に対する興味や関心をもとに，小学校では，できる喜び，考える楽しさを自覚的に味わい，自分自身の考えを交流する達成感など，非認知能力の接続が重要である。学校種による学習方法の違いを強調するあまりに，学習規律を守らせることのみに終始するのではなく，学びへの意欲を高める声かけが求められる。つまり，計算技能だけを学力と捉えるのではなく，思考力や関心・意欲などの情意面も学習内容であると学力観を広げることが求められる。

2. 幼児の数理認識の育ちと小学校での学習

本節では，幼児期の数量活動を通して育まれる姿を述べることで，小学校での学びとのつながり，発達の過程について検討する観点を紹介する。

(1) 数や計算に関わる育ち

数や数字は，日常生活にあふれている。街中を歩けば，自動車のナンバープレート，道路標識，時計など，いたる所で数字を目にする。子どもたちは，数詞を理解し，物の数を計数できるようになってから，計算ができるようになる

第4章

と推測するかもしれない。しかしながら，アメリカの心理学者であるウィン（Wynn 1992）は，生後数か月の赤ちゃんにも，簡単な足し算や引き算ができるという驚くべき事実を明らかにしている。その実験方法は，紙芝居のようなスクリーンを準備して，乳児が提示物を見る注視時間の増減により調査された。はじめに，通常の1+1=2の状況を数回乳児に提示すると，乳児は，次第に同じ状況に慣れ注視時間が短くなる（馴化）。次に，スクリーンの裏で意図的に和が1や3になる状況をつくり提示すると，乳児は通常起こらない状況に驚き，注視時間が増大する（脱馴化）。つまり，乳児は，1+1の結果が1や3ではなく，2であることに気づいていることとなる。やはり，小学校から数学を学び始めるのではないことがわかる。

　次に，小学校低学年の重要な学習の1つに数の分解と合成と関わりのある数理認識も紹介しよう。たとえば，7を5と2の集まりとみるような，数の構成を捉える考え方である。この考え方は，四則演算の素地となり，とくに繰り上がり繰り下がりのある加法・減法の重要な素地となる（第5章参照）。その理解に繋がる幼児期の学びとして，サビタイジングと呼ばれる数を瞬時に認識できる能力がある。たとえば，幼児は，ドットの数が1〜5個までだと瞬時に判断することができる。しかし，より多数の7個や8個以上の数では，1つずつ計数する必要があり1個増えるごとにより多くの時間がかかる。ただし，7個を3個と4個の集まりと捉えられる場合は，部分と部分の和として7個を認識可能となることがある。このような物のまとまりを捉える力は，十進位取り（じっしん）や九九などの学習につながり，重要な数の数理認識が，幼児期から育まれているといえる。

(2) 量に関わる育ち

　量に関する数理認識は，どのように育まれているであろうか。乳児から3歳児頃には，日常生活や遊びを通して，長さや広さ，かさ（体積）の大きさ，重さや温度を体感したり，それぞれの量の大小を比較したり，量が変化することを直観的に理解している。子どもたちの言語表現では，「長い・短い」「大きい・小さい（面積や体積）」などの形容詞が，周りの人の言葉を見聞きするなかで乳児期より使われ始めている。たとえば，秋の収穫期には，園で栽培した野菜などの長さ比べや重さ比べを楽しむ活動を行うことができる。また，興味・関心を喚起したうえで，天秤やはかりを準備しておけば，大きさ比べをしたり計

量したりしていくであろう。

4歳児頃からの保育では、より一層意識的に計量的な活動を行っている保育事例もある。たとえば、横地（2009）では、2cm幅の目盛りをつけた定規を自作し動植物の成長記録をつけ、5歳児では普遍単位であるcmの読み取りをする保育が実践的に提案されている。普遍単位による測定の保育活動は、定規を用いる技能が育まれるため、子どもたちの制作活動が精確になり豊かになる。

また、意図的な保育実践のみならず、日常の保育活動のなかで育まれる量の認識に、交友関係が大きく関わっていることを明らかにした研究も見られる。小谷（2005）は、保育活動に見られる量に関する言葉を用いた場面の事例をもとに、量の捉え方、言葉の表現方法、交友関係による発達という3観点から考察している。その結果、3歳児当初には、量の比較において「大きい」がよく使われ、「長い」「高い」は3歳児中頃から、「広い」は4歳児中頃から使われる傾向を明らかにしている。また、それらの認識を高めるのに、交友関係による共感や比較、目的意識のある伝達が強く影響していることを明らかにしている。

以上のように、幼児期の生活や遊びを通して、インフォーマルに量に関する感覚を育んでいる。小学校段階では、これらの育ちを素地として、フォーマルに量の普遍単位を学び、量感や性質などの量に対する理解を深める指導も必要であろう。

(3) 形（空間と図形）に関わる育ち

形（図形と空間）の違いの気づきも、乳児期から見られる。まだ喃語を発する乳児であっても、家族と他人の違いを把握し、動物園に行けば首の長いキリンや鼻の長いゾウを見て驚いたり喜んだりする。また、腰が据わり始める頃には、身の回りの物に興味をもち、進んで触りに行こうとする。この時期に好きな遊びに、動物や食べ物、数字のような身近な絵柄のかかれた型はめパズルがある。形に合わせることを何度も体験することを通して、パズルを回したりひっくり返したりすることに気づき、正しく形に合わせられるようになっていく。これらは、合同変換の体験的な学びとなる。

また、図形領域に関する保育は、工作などの制作遊びに大きくかかわる。横地（1981）は、一辺5cmのふたのない箱作りの調査を行い、図4-1に示す3〜5歳児の作成手順や各年齢の作成段階をもとに以下のような教育への示唆を述べている。「3歳児後半から4歳児前半にかけて、部分部分を個別的にとらえさせ、

第4章

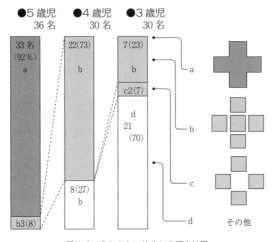

図4-1　ふたのない箱作りの調査結果

横地 1981 より引用

それらを切り出し，貼り合せて立体をつくらせるようにする。4歳児後半からは，いくつかの部分がつながっている立体を，展開図を描いてつくらせるようにします」。このような学びが可能な幼児期の保育から小学校の幾何教育を見通す必要があろう。たとえば，教師が用意した長方形の面を貼り合わせて直方体を作るだけではなく，作図技能の向上のためにも第7章第6節の実践のように，定規やコンパス，分度器などの用具を用いて思い思いの立体制作につなげることが，子どもたちの学びを深めると考えらえる。

第2節　数学教育学における特別支援教育

1. 発達障害の分類と学習障害（LD）の特徴

　近年教育現場において，発達障害に対する理解は広がっており，特別支援学校の場に限らず，通常学級に在籍しながらも発達障害の可能性のある子どもが在籍している。文部科学省(2012)によると，小中学校の通常学級において6.5％の児童生徒が気になる子であると教師が回答しており，1クラスに数名の子ど

もたちが支援を必要としている。発達障害とは，2005（平成17）年に施行された発達障害者支援法で「自閉症，アスペルガー症候群その他の広汎性発達障害，学習障害，注意欠陥多動性障害その他これに類する脳機能の障害であってその症状が通常低年齢において発現するものとして政令で定めるもの」と定義・分類されている。また，発達障害では，複数の障害を併せもつ場合も少なくない。さらに，数学教育と関わりの深い学習障害（LD）については，文部科学省（1999）の「学習障害児に対する指導について（報告）」において次のように定義されている。

> 学習障害とは，基本的には全般的な知的発達に遅れはないが，聞く，話す，読む，書く，計算する又は推論する能力のうち特定のものの習得と使用に著しい困難を示す様々な状態を指すものである。

このように，学習障害（LD）は，言語能力や計算・推論能力の習得と使用に困難さを抱えている状態と考えられている。日常生活などに対する知的発達の遅れは見られないが，本人の努力や家庭環境に起因することではなく，中枢神経系の何らかの機能障害があると推定されている。算数の学習障害は，算数障害の気づきの項目チェックリストとして，表4-1のような具体的な項目が挙げられている（熊谷 2015）。

熊谷（2015）は，算数の学習障害がある子どもの指導に対して，学習のつまずきが簡単に一つの能力の問題となかなか結びつけられないのが実情であるとし，得意な能力を利用してできることを増やすということが重要であると指摘している。したがって，表4-1のチェックリストに多く当てはまる問題を抱える子どもには，保護者や管理職と相談のうえ，専門機関と協力し適切な指導を検討することが求められる。

以上のような発達障害の子どもへの支援の場としては，特別支援学校，公立小学校内に設置されている特別支援学級，通級による指導の3つの場において特別支援教育が行われている。ただし，前述のとおり発達障害と診断されていないが，さまざまな問題を抱えている子どもたちが通常学級においても見られる。したがって，算数の時間には，画一的な指導ではなく一人ひとりの教育的ニーズを把握し個に応じた指導を行う必要がある。

表4-1 計算や推論の困難に関する気づきの項目チェックリスト

領域	No.	項目
数処理	1	数字を見て，正しく数詞を言うことができない（読み）。
	2	数詞を聞いて，正しく数字を書くことができない（書き）。
	3	具体物を見てそれを操作（計数するなど）して，その数を数字や数詞として表すことができない。
数概念（序数性）	4	小さいほうから「1, 2, 3…」と数詞を連続して正しく言うことができない（目安として120くらいまで）。
	5	自分が並んでいる列の何番目か言い当てることができない。
数概念（基数性）あるいは数量感覚	6	四捨五入が理解できない。
	7	数直線が理解できない。
	8	多数桁の数の割り算において，答えとなる概数がたてられない。
計算（暗算）	9	簡単な足し算・引き算の暗算に時間がかかる。
	10	九九の範囲のかけ算・割り算の暗算に時間がかかる。
計算（筆算）	11	多数桁の数の足し算・引き算において，繰り上がり・繰り下がりを間違える。
	12	多数桁の数のかけ算において，かけたり・足したりの途中計算を混乱したり，適切な位置の場所に答えを書くところで間違える。
	13	多数桁の数の割り算において，答えの書き方や適切な位の場所に答えを書くところで間違える。
文章題	14	文章題の内容を視覚的なイメージにつなげられず，絵や図にすることができない。
	15	答えを導き出すための数式が立てられない。

熊谷2015より。日本LD学会研究委員会（2014）「高校におけるLD気づきのための手引き」の10項目（No.6-15）に5項目（No.1-5）を追加したもの

2．発達障害の検査と教育支援

　特別支援教育では，より適切な教育を行うために，一人ひとりの才能や得意な部分，そして障害や苦手な部分を把握する必要がある。松村（2010）によれば，従来，認知発達は，誰もが同じような発達段階を経ると捉えられていたが，認知発達も個性ある姿で発達する認知的個性があると捉え直されるようになっている。したがって，学習場面であっても，子どもによって理解につなげやすい認知特性があると考えられる。本項では，専門機関によって行われる認知検査方法を紹介する。診断によって明らかになった認知特性を理解することで，適

切な指導方法へ改善していく視点とし，必要に応じて専門機関との協力をする機会をつくるためである。

　現在よく使われている知能検査法として，「WISC-Ⅳ」「KABC-Ⅱ」や「MIM-PM算数版」などが挙げられる（上野ほか2015，小野ほか2017，海津2016）。興味のある方は，より詳しく専門書などで学修するとよい。本項では，子どもの認知能力を認知処理過程と知識・技能の習得度の両面から評価する「KABC-Ⅱ」について紹介することで，どのような認知特性がわかり，どのように適切な指導を検討していくのか説明する。

　カウフマン（Kaufman）夫妻が作成した「KABC-Ⅱ」は，子どもたちの学習能力と問題解決方略に対する情報が得られるようになっている。具体的には，図4-2のように，認知処理過程は「継次処理尺度」と「同時処理尺度」で構成されている（藤田2000）。各尺度の得点を基準となる値と比較することで，認知処理過程のうちどちらが得意な処理なのかを推測する。

　藤田ら（2000）は，KABC-Ⅱの特徴に基づく実践研究を通して認知処理特性の長所を生かした指導を提案している。継次処理指導方略では，情報を一つひとつ順番に理解していくという特徴を生かせるように，段階的に学習をつなげていくことが提案されている。一方同時処理指導方略では，情報を全体とし

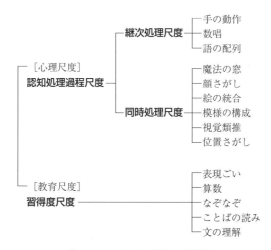

図4-2　K-ABC-Ⅱの構成と下位検査
藤田他2000より引用

て捉え，部分同士を関連づけて理解していくという特徴を生かせるように，全体から部分への関連性に広げていくような指導方略が提案されている。

また，近年，海津（2016）によって，子どもがつまずく前や深刻化する前の早期に支援するためのアセスメント「多層指導モデルMIM-PM算数版」が開発されている。通常学級において，すべての子どもを対象にした実施が可能であり，小学校低学年の早期の段階で指導支援することにつなげられるのが特徴である。

3. 教育支援の事例

通常学級における具体的な指導では，どのような指導が考えられるだろうか。本項では，特別支援教育の支援事例を述べることで，通常学級での支援の視点とする。

熊谷（1995）では，学習者が可能なことで困難なことを補う補償教育的アプローチとして，電卓の操作が可能な学習者（小2）に，電卓を使用させることで指導効果が見られたことが報告している。また，熊谷・山本（2018）は，前項のような算数障害の領域や認知処理形式を理論的な背景として，算数障害をもつ子どもをタイプ別に紹介し，通常学級でも指導可能な活動・学習指導法を具体的に紹介している。具体的な指導事例をより深く学修したい場合には，非常に参考になる。

さらに，発達障害ではなくより重度な知的障害者に対する事例であるが，特別支援教育を検討する際の重要な視点となる事例を紹介する。小谷ほか（2007）は，品物の選択や支払い行動（千円札でお釣りを受け取る）など基本的な買い物スキルをもつ知的障害者に対して，適切な支払い行動の習得を目指した以下のような指導を試みている。学習内容は，横地（1981）が幼児教育で実施する方法を基本に，以下のようなより丁寧な指導計画で，十進位取り記数法を段階的に扱っている。

1）10房で1個のみかんになるようなパズルを通して，十進構造に従うことで10個ずつのまとまりを体験し100以下の数を計数する（第5章p.78図5-11参照）。
2）おはじきなどの数を学習者が計数し10個ずつのまとまりにしながら，位取り表に置いていき，全部の数を数える（第5章p.78図5-12参照）。
3）実際のお金を使用して，カードで提示された数字の金額を位取り表に置く。

4）商品と金額の書かれた絵カードを2つ選び，模擬的にレジで支払う買い物の練習をする。合計の金額は，電卓でトレーナーが提示している。

　上記の指導の結果，知的障害者は，正確な金額を支払うなどの金銭処理は困難といわれてきたが，適切な教材と指導を行うことで，抽象的な十進位取り記数法を習得した。その結果，具体的な金銭を用いた正確な支払いができるようになったことが報告されている。

　また，守屋（1992）では，ダウン症の幼児への図形教育を試みている。対象児は4歳6か月で，線分や円（まる）は描けるが，角のある図形は描けていない。一般には就学時までの作画能力として閉じた円を描けることが目標となるが，意図的な教授介入を行い，角を意識して描けるようになることを目標としている。指導内容は以下のとおりである。

・ブロックを使って，四角を意識した家や庭などを作る（図4-3）。
・はさみを用いて，連続して紙を切る。紙から三角形や四角形を切り取る。はさみ，のりを用いて，貼り絵を制作する（図4-4）。
・角に対する意識をもたせるために，指導者の描いた三角形・四角形，三角形と四角形を組み合わせた家を模写する。
・角のない円と，角のある三角形・四角形が描かれた絵カードが何であるかを言う。

図4-3　ブロックで作成した駐車場

図4-4　クリスマスツリーの貼り絵

　指導開始時の3月に，実験者が描いた三角おにぎりを模写した絵は図4-5であった。しかし，さまざまな指導を受けた9か月後にバスを想像して描かせたところ，図4-6のように長方形のバスやその中に長方形の窓，さらに4個のタ

第4章

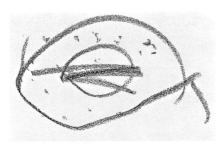
図4-5 三角おにぎりの模写（指導開始時）

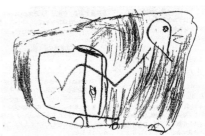
図4-6 バスの想像画（9か月後）

イヤも描けるようになった。

　形を意識させる場合，三角おにぎりのような大人が三角の具体物と思っているものより，折り紙で作った三角形という属性のみに限定させた具体物を用いた指導が有効であった。また，生活の場を広げる意味で何かしらの作品を作るなど，生産的作業を伴った活動のなかで指導するとよいこともわかった。

　なお，対象児らは，作画能力以外の総合的発達を継続的に調べられていた。図4-7は，健常児の発達指数を100としたときの守屋（1992）の対象児G児を含むダウン症幼児の発達指数の経年的変化である。なお，G児とそれ以外のA〜Iのダウン症児らは，1年間，ほぼ同一の学習活動をしてきたが，G児のみに先に示した内容が個別指導されていた。このテストは運動，認知，社会性，言語，生

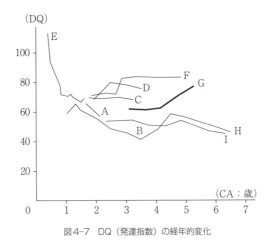
図4-7 DQ（発達指数）の経年的変化

活習慣の5つの要素から構成されている総合的なテストであり，一般にダウン症児は健常児に比べて発達がゆっくりであるために，発達指数は小さくなり，下降，あるいは横ばい状態となる。しかし，太線で示されているG児のみが4歳から5歳にかけて上昇していることが読み取れる。図形分野に限られた指導ではあったが，そこで獲得した数学的能力をもとにして，周りの世界に対するG児の関わりが変化してきた結果，数学以外の能力も向上したと考えられる。

　以上のように，特別支援教育の指導を考える際には，学習者の発達段階が定型発達児の幼児期と近いため，幼児教育での教育プログラムが参考になる可能性がある。ただし，定型発達の子どものように，日常の遊びを通して自然に数量概念を学んでいくのではなく，学習者が数や形，量を意識できる場面を意図的に設定し，指導計画をより細かなステップにする必要がある。

課題

1. 幼児期とつながりのある低学年の単元を設定し，どのようなつながりがあり，幼児期と低学年でそれぞれどのような力を育むとよいか考えなさい。
2. 算数障害のある子どもを想定し，どのような認知特性をもち，どのように指導を工夫するか，学習指導計画を考えなさい。

引用・参考文献・より深く学ぶための参考文献

上野一彦・松田修・小林玄・木下智子『日本版WISC-IVによる発達障害のアセスメント』日本文化科学社，2015年

小野純平・小林玄・原伸生・東原文子・星井純子編『日本版KABC-IIによる解釈の進め方と実践事例』丸善出版，2017年

海津亜希子「算数につまずく可能性のある児童の早期把握」『教育心理学研究』64 (2)，2016年，pp. 241-255

熊谷恵子「算数の学習に困難をもつ児童に対する指導―電卓の使用が効果をあげた一事例―」『LD研究』4 (1)，1995年，pp. 77-86

熊谷恵子「算数障害とはいったい？」『心理学ワールド』70号，2015年，pp. 17-20

熊谷恵子・山本ゆう『通常学級で役立つ算数障害の理解と指導法』学研プラス，2018年

厚生労働省「発達障害の理解のために」，https://www.mhlw.go.jp/seisaku/17.html

小谷宜路「言葉及び交友関係との関連から見た幼児の量に対する感覚」『日本保育学会』43 (2)，2005年，pp. 202-213

小谷裕実・守屋誠司・室谷千絵「知的障害者に対する数概念の指導―十進法位取及び記数法の指

導―」『京都教育大学　教育実践研究紀要』第7号，2007年，pp. 95-101
中沢和子『幼児の数と量の教育』国土社，1981年
藤田和弘監修・熊谷恵子・青山真二編著『長所活用型指導で子どもが変わるPart2』図書文化社，2000年，pp. 10-20
松村暢隆・石川裕之・佐野亮子・小倉正義編『認知的個性―違いが活きる学びと支援―』新曜社，2010年
守屋誠司「ダウン症幼児への図形教育の試み」『東北数学教育学会年報』第23号，1992年，75-84頁
文部科学省「通常の学級に在籍する発達障害の可能性のある特別な教育的支援を必要とする児童生徒に関する調査結果について」2012年，www.mext.go.jp/a_menu/shotou/tokubetu/material/1328729.htm（2019年8月1日確認）
文部科学省「学習障害児に対する指導について（報告）」1999年，http://www.mext.go.jp/a_menu/shotou/tokubetu/material/002.htm（2019年8月1日確認）
横地清『幼稚園・保育園　保育百科　1歳児から5歳児までの保育』明治図書出版，1981年
横地清『ここまで伸びる保育園・幼稚園の子供たち―数学・言語教育編―』東海大学出版会，2009年
Wynn, K., "Addition and Subtraction by Human Infants", *Nature*, Vol 358., 1992, 749-750.

Ⅱ　算数科教育の実践

――数と計算，図形，測定（量），変化と関係，データの利用，
数学的活動，授業づくりと指導の方法――

第 5 章

数と計算（1）

　「数と計算」は，昔から読み・書き・算といわれてきたように，日常生活を送るためにもっとも基本となる内容である。算数科はもとより，他教科でも数感覚や計算技能は必要であるため，きちんと理解させて十分な計算技能を身につけさせることが重要である。本章では，小学校で指導する内容をより理解するために，幼児期からの数認識の発達，子どもたちのつまずきの傾向を扱っている。また，この領域の内容は多いため，数の導入期，数の四則計算の指導について，重要な点に絞って解説する。

キーワード　数の認識　分解と合成　十進（じっしん）構造　加減乗除

第1節　目標と系統性

　「数と計算」領域は，算数科の指導内容のなかで指導時間数が多く，もっとも重要な領域と考えられる。ここでの内容をきちんと理解し，数概念を身につけ，計算に習熟することは，他領域はもちろん，社会科や理科など他教科を学習するうえでも基礎となる。ただし，単純に「算数＝計算」といった考えは過去のものとなっている。確かに計算力は重要であるが，子どもたちを電卓やコンピュータのようにする必要はない。過度の計算指導はかえって数学の理解にマイナスとなったり，数学嫌いを起こしたりする。そこで，計算の意味を理解したり，計算の仕組みを分析したり，十進（じっしん）構造をベースにしたいろいろな計算方法を考え出したりする指導を試みたい。さらに，図形や量，関数などと関連させながら，算数の有用性を確認させる指導も重要である。そのためには，情報不足や情報過多が起こっている現実場面に近い課題の解決を通して，算数の

実用・活用場面を意識させるとよい。

　数と計算は，系統性がはっきりと明示されている領域である。途中でつまずかないように，導入時では既習事項の復習，発展時では次学年での内容に少し触れるなど，スパイラル方式で系統化されている。指導にあたっては，指導内容が何と関連して，何につながるかを熟知しておく必要がある。

系統表

小学校	A 数と計算
第1学年	1. 数の構成と表し方 個数を比べること【1対1対応】/個数や順番を数えること/数の大小，順序と数直線/2位数の表し方/簡単な場合の3位数の表し方【120まで】/十を単位とした数の見方/まとめて数えたり等分したりすること 2. 加法，減法 加法，減法が用いられる場合とそれらの意味/加法，減法の式/1位数の加法とその逆の減法の計算/簡単な場合の2位数などの加法，減法【70－30, 70＋40, 15－2, 38－8】
第2学年	1. 数の構成と表し方 まとめて数えたり，分類して数えたりすること/十進位取り記数法【1000まで，＜，＞】/数の相対的な大きさ/一つの数をほかの数の積としてみること/数による分類整理/$\frac{1}{2}$, $\frac{1}{3}$など簡単な分数【…の$\frac{1}{2}$の大きさ】 2. 加法，減法 2位数の加法とその逆の減法【縦書き筆算】/簡単な場合の3位数などの加法，減法【800＋700, 500－100, 234＋57, 546－27】/加法や減法に関して成り立つ性質/加法と減法との相互関係【□＋5＝12など】 3. 乗法 乗法が用いられる場合とその意味/乗法の式/乗法に関して成り立つ簡単な性質【乗法九九のさまざまな決まりの発見】/乗法九九/簡単な場合の2位数と1位数との乗法
第3学年	1. 数の表し方 万の単位/10倍，100倍，1000倍，$\frac{1}{10}$の大きさ/数の相対的な大きさ【等号，不等号，数直線】 2. 加法，減法 3位数や4位数の加法，減法の計算の仕方/加法，減法の計算の確実な習得【見積もり】

数と計算（1）

第3学年	3. 乗法 2位数や3位数に1位数や2位数をかける乗法の計算/乗法の計算が確実にでき，用いること【見積もり】/乗法に関して成り立つ性質【$a×(b+1)=a×b+a$，交換法則 $a×b=b×a$，結合法則 $(a×b)×c=a×(b×c)$，分配法則 $a×(b±c)=a×b±a×c$，$4×7×25=4×25×7=100×7=700$】 4. 除法 除法が用いられる場合とその意味/除法の式/除法と乗法，減法との関係/除数と商が1位数の場合の除法の計算/簡単な場合の除数が1位数で商が2位数の除法【$80÷4, 0, 69÷3$】 5. 小数の意味と表し方 小数の意味と表し方/小数の加法，減法【小数第1位まで】 6. 分数の意味と表し方 分数の意味と表し方/単位分数の幾つ分/簡単な場合の分数の加法，減法【$\frac{1}{5}+\frac{2}{5}$】 7. 数量の関係を表す式 □を用いた式【問題場面どおりに数量の関係を立式】 8. そろばん そろばんによる数の表し方/そろばんによる計算の仕方【$8+9, 15-7, 3万+5万, 2.6+0.3$と$\frac{1}{10}$の位まで】
第4学年	1. 整数の表し方 億，兆の単位【和，差，積，商】 2. 概数と四捨五入 概数が用いられる場合/四捨五入/四則計算の結果の見積もり【和，差，積，商，以上，以下，未満】 3. 整数の除法 除数が1位数や2位数で被除数が2位数や3位数の除法の計算の仕方【$962÷4, 171÷21$】/除法の計算を用いること/被除数，除数，商及び余りの間の関係【被除数＝除数×商＋余り】/除法に関して成り立つ性質【$a÷b=c$のとき，$(a×m)÷(b×m)=c, (a÷m)÷(b÷m)=c$】 4. 小数の仕組みとその計算 小数を用いた倍/小数と数の相対的な大きさ/小数の加法，減法【小数第2位まで】/乗数や除数が整数である場合の小数の乗法及び除法 5. 同分母の分数の加法，減法 大きさの等しい分数/分数の加法，減法【仮分数，帯分数】 6. 数量の関係を表す式 四則を混合した式や( )を用いた式/公式【(長方形の面積)＝(たて)×(よこ)】/□，△などを用いた式 7. 四則に関して成り立つ性質 四則に関して成り立つ性質【$□+△=△+□, □×(△±○)=□×△±□×○, (□±△)×○=□×○±△×○, □×(△×○)=(□×△)×○$】

第4学年	8. そろばん そろばんによる計算の仕方【$\frac{1}{100}$の位までの加減】
第5学年	1. 整数の性質 偶数，奇数／約数，倍数【最大公約数，最小公倍数も】 2. 整数，小数の記数法 10倍，100倍，1000倍，$\frac{1}{10}$，$\frac{1}{100}$などの大きさ 3. 小数の乗法，除法 小数の乗法，除法の意味／小数の乗法，除法の計算／計算に関して成り立つ性質の小数への適用 4. 分数の意味と表し方 分数と整数，小数の関係／除法の結果と分数【$1 \div 3 = \frac{1}{3} = 0.333\cdots$】／同じ大きさを表す分数／分数の相等と大小 5. 分数の加法，減法 異分母の分数の加法，減法 6. 数量の関係を表す式 数量の関係を表す式【□$=3 \times \triangle +1$など】
第6学年	1. 分数の乗法，除法 分数の乗法及び除法の意味／分数の乗法及び除法の計算【$5 \div 2 \times 0.3 = \frac{5}{1} \times \frac{1}{2} \times \frac{3}{10} = \frac{5 \times 1 \times 3}{1 \times 2 \times 10}$】／計算に関して成り立つ性質の分数への適用【分数×整数，分数÷整数】 2. 文字を用いた式 文字を用いた式【aやxの未知数・変数を扱い，定数としての文字は中学校で】
中学校	数と式
第1学年	正の数・負の数 ・正の数と負の数の必要性と意味 ・正の数と負の数の四則計算 ・正の数と負の数を用いて表すこと【自然数，素数，等号，絶対値，自然数を素数の積として表す，仮平均による処理】 文字を用いた式 ・文字を用いることの必要性と意味【項，係数，$\leq$，$\geq$】 ・乗法と除法の表し方【$a \times b = ab$, $a \div b = \frac{a}{b}$, $a \times a = a^2$】 ・1つの文字についての一次式の加法と減法の計算 ・文字を用いて式に表したり【$a+2b<1000$など】，式を読み取ったりすること 一元一次方程式【比例式】 ・方程式の必要性と意味及びその解の意味【等式の性質】 ・一元一次方程式を解くこと，具体的な場面で活用すること【比例式$3:5 = x:150 \rightarrow$ 比の値 $\frac{3}{5} = \frac{x}{150}$】

数と計算（1）

第2学年	文字を用いた式の四則計算 ・2つの文字を含む簡単な整式の加減及び単項式の乗除の計算【$2(3x-2y)-3(2x+5y)$程度】 ・文字を用いた式で表したり読み取ったりすること【奇数を$2m+1$と表現】 ・文字を用いた式で捉え説明すること ・目的に応じた式変形【$S=\frac{1}{2}ah \rightarrow a=\frac{2S}{h}$】 連立二元一次方程式 ・二元一次方程式の必要性と意味及びその解の意味 ・連立方程式とその解の意味 ・連立方程式を解くこと
第3学年	平方根 ・平方根の必要性と意味【有理数，無理数】 ・平方根を含む式の計算【$\sqrt{a}\times\sqrt{b}=\sqrt{ab}$, $\sqrt{a}\div\sqrt{b}=\sqrt{\frac{a}{b}}(a>0, b>0)$】 ・平方根を用いて表すこと 【誤差，近似値，$a\times 10^n$の形の表現】 式の展開と因数分解 ・単項式と多項式の乗法と除法の計算 ・簡単な式の展開や因数分解【$(a\pm b)^2=a^2\pm 2ab+b^2$, $(a+b)(a-b)=a^2-b^2$, $(x\pm a)(x\pm b)=x^2\pm(a+b)x+ab$】 ・文字を用いた式で数量及び数量の関係を捉え説明する【連続する2つの偶数の積に1を足すと奇数の2乗になる→$2n(2n+2)+1=(2n+1)^2$】 二次方程式 ・二次方程式の必要性と意味及びその解の意味【$ax^2=p$, x^2+px+q】 ・因数分解や平方完成して二次方程式を解くこと ・解の公式を用いて二次方程式を解くこと【$x=\frac{-b\pm\sqrt{b^2-4ac}}{2a}$】
高校	
数学Ⅰ	簡単な無理数の計算，集合と命題，式の展開と因数分解，一次不等式
数学Ⅱ	整式の乗法・除法，分数式，二項定理，等式と不等式の証明，複素数と二次方程式，高次方程式
数学A	数量や図形と人間の活動，遊びの中の数学，ユークリッドの互除法，二進法，平面や空間における点の位置
数学B	数列とその和，等差数列と等比数列，漸化式と数列，数学的帰納法
数学C	数学的な表現の意義やよさ，行列
社会では	代数学，整数論，暗号，アルゴリズム，プログラミング言語，結晶構造など

小学校・中学校・高等学校学習指導要領解説（文部科学省）算数編，数学編に加筆

第2節　数理解と四則計算におけるつまずきと課題

子どものつまずきが多い内容として，以前から以下が指摘されている。
第1学年：比較（違いを求める引き算，求差），繰り上がりと繰り下がりなど
第2学年：場面から演算を決定する文章題，7・8・9の段の九九など
第3学年：3位数で0を含み2回繰り下がりのある筆算，余りのある割り算など
第4学年：割り算の筆算，概数，四則混合計算など

2009（平成21）年4月に小学校6年生を対象として実施された全国学力・学習状況調査結果からは，算数科指導上の多くの課題が指摘される。たとえば，四則計算に関して相当数の子どもたちができているとされている。しかし，詳しく見ると，第4学年で学習される$80-30\div5$の四則の混合した式の計算では，正答率は67.0％であり，10と誤答しているものが26.1％もあった。

算数全体にかかわるつまずきとして，図5-1の階段の問題では，1ステップの高さと階段の段数であるウとエを選んだものは56.4％，さらに14×15と立式できたものは51.3％だけであった。

図5-2の問題は，計算自体は3年生の内容である。しかし，図5-3の解答類型からわかるように，理由をきちっと説明できたものは33.8％しかいなかった。

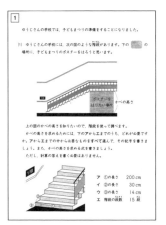

図5-1　平成21年度全国学力・学習状況調査，2009年，小学校第6学年，算数B①

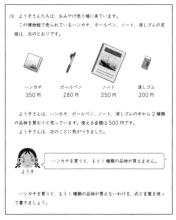

図5-2　平成21年度全国学力・学習状況調査，2009年，小学校第6学年，算数B③

計算はできるが，正しさをきちっと説明できないという実態もある。

このように，基本的な単純な演算の計算はできるが，四則演算が混合した計算や，どの場面にその計算が使われるのかといった問題を苦手としている子どもの実態がわかる。計算練習を単純に繰り返す指導方法だけでは，これらの算数科が抱えている課題を解決するのは難しい。

解答類型と反応率

問題番号		解答類型	反応率(%)	正答
③	(3)	[正答の条件] 次の①，②，③のすべてを書いている。 ① ハンカチを買ったときの残金や，ハンカチともう1種類の品物を買ったときの合計金額 ② 消しゴム（最も安い品物）を買う場合について調べる説明 ③ 数値の大小比較 [正答例] ・ハンカチを買うと 500−350＝150 で，使える金額の残りは150円です。残りの3種類の品物の中で一番安い消しゴムは200円で，150円よりも高い。 だから，ハンカチを買うと，もう1種類の品物を買えない。		
	1	①，②，③のすべてを書いているもの	5.5	◎
	2	①，②，③のすべてを書いて，ボールペンを買う場合，ノートを買う場合の両方について調べる説明を書いているもの	10.0	◎
	3	①，②を書いているもの	18.1	
	4	買うことができる組み合わせが2通りであることを書き，その組み合わせと合計金額，500円との大小比較を書いているもの	0.1	◎
	5	買うことができる組み合わせが2通りであることを書き，その組み合わせと合計金額を書いているもの	0.2	
	6	類型1から類型3で，式の表現や計算に誤りがあるもの	1.2	
	7	①を書いて，ボールペンを買う場合，ノートを買う場合の両方，または，いずれか一方について調べる説明を書いているもの	2.3	
	8	①を書いているもの	39.5	
	9	②を書いているもの		
	上	上記以外の解答	14.1	
	0	無解答	9.1	
		正答率	33.8	

図5-3 平成21年度全国学力・学習状況調査，2009年，小学校第6学年，算数B③の解答

つまずき対策の例

第1学年の比較の問題についての解決策を詳しく示そう。横地（1981）は，幼稚園の年長児（翌年4月に小学校に入学する幼児）30名を対象として，図5-4の4タイプの問題を先生が幼児に個別に口頭で聞いた。なお，匹（ひき・ぴき・びき）は難しいので，すべて「こ」を使っている。図5-5はその回答結果である。小学校に入学する前の幼児でさえ，加法（添加と合併）と減法の除去に関しては70％程度の子どもが，すでに正しく回答できるようになっている。したがって，小学校に入学してから系統的に3か月かけて加法や減法を学習すれば，答えが10以下になる加法や10以下の数による減法でつまずく子はまれであろう。しかし，比較については，そう簡単に進まない。幼児段階でもどちらが多いかの判断はできるが，何個多いかについては半分以上の子が誤答し，その多くが「7こ多い」と回答していることから想像がつく。第1学年の担任が子どもの実態を調べずに除去まで順調に指導できたとしても（すでに子ども自身が知っている），同じ調子で比較の減法に臨むと，思わぬつまずきを発生させてしまうことになりかねない。

ところで，この比較課題はなぜできないのだろうか。数の保存，1対1対応

- 添加：さるが木に2こいました。またさるが5こやってきました。さるは全部で何こですか。
- 合併：赤いりんごが3こあります。黄色いりんごが4こあります。赤いりんごと黄色いりんごをかごに入れました。みんなで何こですか。
- 除去（求残）：ケーキが箱に7こ入っています。2こ食べました。箱の中に何こ残っていますか。
- 比較（求差）：白いうさぎと黒いうさぎが，野原で遊んでいます。白いうさぎは7こです。黒いうさぎは4こです。どちらが多いでしょう。何こ多いでしょう。

図5-4　問題

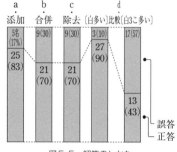

図5-5　解答のしかた

のしやすさ，課題への親近性，比較対象同士の数の大小などがその要因として考えられる。しかし，もっとも大きな要因は「言葉」の問題であろう。比較課題で正答を導くためには，子どもに，図5-6と対応させた図5-7のa〜fのステップを踏むことを理解させなくてはならない。

　先生が発した質問の「どちらが多い（または少ない）？」は，日常でもよく使われる言葉であるため，幼児でも難なく質問の意味を理解して答えられる。しかし，先生がその次に問うた「何個多いですか」という質問は，幼児の生活のなかではほとんど使われることがない言葉である。そのため，幼児はその問いの意味を理解できず，先生の質問が図5-7のステップを順に踏むことを要求していること自体がわからない。その結果，多いほうの数が何個かを答える問いと勘違いして誤答するのである。したがって比較課題においては，最初は図5-7の各ステップを一つひとつ丁寧に確認しながら実行させる指導が必要である。もちろん，言葉の意味が理解でき，比較課題に慣れてくれば，このステップは意識することなく実行されるようになる。ただし，ここで安心はできない。「何個多いですか」が理解できても，「何個少ないですか」や「どちらがどれだけ多いですか／少ないですか」「違いはいくつですか」の場合にも，最初は丁寧に言葉の意味を指導する必要がある。このように低学年では，国語科の指導と相まって，算数科でも日本語の指導に留意する必要がある。

　この例でわかるように，子どものつまずきは，これから指導する内容に対して，事前に子どもがどのような能力や認識をもっているかを指導者が熟知していないために発生する場合が多い。新しい単元に入るときには，既習事項に対する子どもの理解度や習熟度，新しい単元でのつまずき例を必ず調べ，その結

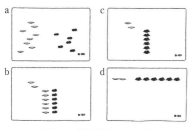

図5-6 解答過程のイメージ

```
a：被減数と減数の2集合をつくる（具体
　　的絵やイメージとして）。
b：2集合の要素間に1対1の対応を付ける。
c・d：1対1対応が付けられた要素と，付
　　けられなかった要素とを分離する。
e：1対1対応が付けられなかった要素の数
　　を数える。
f：その計数を答える。
```

図5-7 解決手順

果に基づいて指導計画を立てるべきである。教科書の指導書などに掲載されている指導計画はあくまで標準案なので，標準案を参考にしながらも自分のクラスの実態に合わせて再計画したい。

第3節　数の概念理解から整数内の四則計算

1．数認識の発達

　さて，子どもは何歳から数を認識するのであろうか。吉田（1991）に紹介された実験では，生後10～12か月くらいの乳児でさえも，2と3の弁別ができるという。

　また，つかまり立ちができる生後10か月になると，鏡台の引き出しを開けて中の物を取り出す，「引き出し遊び」が始まる。この遊びは，親としては迷惑な話だが，①個物の認識，②代数の基礎という点で重要である。積み木やお菓子など一つひとつを手で取り上げられるものを個物という。一つずつ取り上げる行為，これがまさに，ひとつ，ふたつ，…と，自然数を理解する始まりである。この活動が十分に行われていないと，その後に続く，取り出した物の多さを認識するという時期を遅らせることにもなりかねない。

　②については次のようである。引き出しが閉まっていて中が見えなくても，子どもは，その中に手で取り出せる面白い物が入っていることがわかっている。だからこそ，引き出し遊びが始まるのである。中が見えなくても，中の物を意識できることは，将来の文字や代数につながるためのもっとも初歩的な認識である。文字xは，中身は確かに存在するが，取りあえずははっきりとさせな

いで扱っている。必要なら，中身をはっきりとさせることは可能である。このことが，引き出しの機能と一致している。引き出しにxというラベルを貼れば，それは文字xがもつ性質の一つである容器性を具体化することになる。

小学校の国語の教材に「一つの花」という物語がある。「『一つだけちょうだい』これが，ゆみ子のはっきり覚えた最初の言葉でした。……」が，象徴的である。幼児の数詞獲得の最初は「ひとつ，もう一つ，もう一つ，……」で，もう一つより多い場合は「いっぱい」となる。この簡単な数詞の利用から順に発達して，自然数による物の多さの数表現へとつながる。

以上のように数概念の獲得は生後0歳代から始まっており，小学校に入学するまでには，相当な能力がつく。ただし，これは，多分に生育環境に左右されるため，個人差は大きくなる。ということは，幼児期における図形教育を含めた系統的な数教育はたいへん重要となり，本来，それは子どもの発達に見合って計画的に実施されるべきである。しかし，それが実施されている例はごくわずかである。そこで，第1学年入学直後の子どもがもっている数に関する理解や技能の個人差を解消するために，家庭とも連携を取りながら個々人の認識を調べて，それに合わせた指導方法を工夫して，一つひとつの内容を丁寧に指導する必要がある。指導書のとおり教えたがわかってくれないと悩む前に，子どもたちの数に関する認識を調べることが大切である。

2. 数の入門期

最初に，数，数字，数詞，数唱，計数の違いを整理しておこう。

数は，自然数，整数，実数などを指す言葉である。小学校で数として指導される小数と分数は，ここでいう数とは異質で，有理数を小数表記や分数表記した，数を表記する方法である。小数2.0や分数$\frac{4}{2}$が表す数は整数の2であり，整数2を小数表記や分数表記していると考える。

数字は，数を表す文字でありアラビア数字なら1, 2, 3, 4, ……，漢数字なら一，二，三，四……，ローマ数字ならⅠ，Ⅱ，Ⅲ，Ⅳ……となる。

数詞は，数字の読み方であり，日本語なら「ひい，ふう，み，よ，……」，や「いち，に，さん，よん（し），……」，「いっぴき，にひき，さんびき，よんひき，……」，「いちばん，にばん，さんばん，よんばん……」，英語なら「one, two, three, four, ……」，「first, second, third, fourth, ……」となる。この数詞を唱えることを数唱という。

数と計算（1）

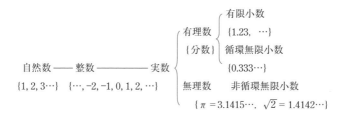

　計数は，個物の多さや順番と数唱とを1対1対応させることである。このときに，目の前にある集合の大きさを数えられたり，また，たくさんのなかから決められた数だけ取り出したりすることができて，「数えられる」という。「この子は100まで数えられる」という言い方は，数唱のことなのか，計数のことなのか曖昧であるので注意したい。

　では，数の導入期の指導について述べる。まず，100までを目安に，数を唱えたり，数えたりすることから始める。数唱ではリズムが大切であるから，ブランコの順番待ちのときに，「20回こいだら交代よ」という決まりをつくり，待っている人が20まで回数を唱えるようにしたらよい。また，「100まで数えたら風呂からあがろうね」という習慣づけをしながら覚えさせるのもよい。

　次に，これらに少し遅れて，数字の読み書きを教える。このときは，数字の読みが，書きに先行する。カレンダー作りを紹介しよう。1から31までの数字をあらかじめ印刷しておき，それを切り取ってカレンダーの日付の場所に1から順に貼っていく。4月分は既製のカレンダーを見ながら，曜日に注意させながら貼るとよい。5月と6月分は，1日目の曜日に注意させて，後は，既製のカレンダーを見ずに，日付を貼っていく。上の空欄には，月ごとの行事などの絵を描く。

　これと平行して，1から31までの数字を読めるようにする。カレンダーでは「ついたち，ふつか，みっか，……，ようか，ここのか，とおか」といった特別の読み方があるが，最初は「いちにち，ににち，……」と読むようにする。12を「じゅうに」と読み，「12」という数字がそれに当たるという事実をそのまま受け入れさせる。「『じゅう』

図5-8　1年生の作品

は10の1の部分で,『に』は2だよ」といった十進構造に触れた説明は,「じゅうに」を「102」と書いてしまうなどの混乱が起きやすいので,この時期には避ける。

　7月分からのカレンダー作りでは,自分で数字を書き込むようにする。このときには,1から9までの数字の書き方を丁寧に指導し,数字書きの練習も十分に行う。このカレンダー作りを通して,1から31までの数字の読み,書きができるようになる。これ以上の数は,教室を飾るための輪つなぎ飾りを作る活動や,校庭1周マラソンの回数を記録する活動を通して指導したらよい。

3．数の分解と合成（数の性質の学習）

　数の分解と合成は,演算につながる重要な数の性質である。分解と合成を簡単に扱っても,1学期の目標である10までの加減に及んで,つまずく子はそれほどいない。しかし,2学期に入って,繰り上がりのある加法や繰り下がりのある減法の単元に入ったとたん,繰り上がりや繰り下がりがスムーズにできないという子どもが目立ってくる。つまずいている子を観察すると,指を使った数え方を行っている場合が多い。そのような子は,分解と合成の理解が不十分であったとしても,指を使うことで10までの加減は何とかできたが,10以上になったとたんに混乱が始まったのである。そこで,分解と合成に十分な時間をかけて指導,定着させ,10までの加法と減法では指を使わないで計算できるようにしておくことが大切である。この指導には時間がかかるが,後の20までの加・減法の指導で時間短縮は図れる。

図5-9　5歳児自作の分解学習具

図5-10　5歳児自作「4のほん」
　　　　（4の分解で片方が岩に隠れるところがミソ）

一般的には4の分解で，手元に置いた4個のおはじきを3個と1個のおはじきに分けたり，3個と1個に色分けされている絵を見たりして，「4は3と1に分かれます」と学ぶことが多い。しかし，目前のおはじきを見て数えるだけで正解できるため，この指導方法での分解の確実な理解は難しい。

　分解の指導のポイントは，「隠れた数を考えさせる」ことである。たとえば，4の分解なら3か1が隠れている状態で，その隠れた数を考えさせ，答えさせないといけない。具体的な教具として図5-9のような道具を子どもたちに作らせたい。この道具は，山梨県南アルプス市マコト愛児園で実際に使われていた物である。まず，4個のおはじきが入っていることを確認してから，箱を振る。次に，片方に入っているおはじきの数だけを見て，隠れているおはじきの数を言い当てるのである。最後にふたを開けて隠れた数を確認する。なお，隠れた数を言い当てられない場合には，隠れているおはじきを見せて数えさせてから確認することはしない。この一方が隠れる指導方法で答えられる数まで戻って指導する。この場合は3の分解・合成に戻り，再度学習させたうえで，4の分解を再学習する。分解・合成を確実に行える数を頼りにして，次の数の分解と合成を考えられるようにすることが重要である。指導の順番は，3の分解と合成，4の分解，4までの合成，5の分解，5までの合成，……，10の分解，10までの合成と行われる。分解を学習したら，その数の合成を行うのではなく，その数までの合成を行うのがポイントである。また，7の分解がとくに難しいので，全員が確実にできているかを必ず確認したい。

4．十進構造の学習

　十進構造の指導の順序は次のようになる。
①十進構造に強制される活動
　空の10個入り卵パックに粘土玉を入れて，10個入っていっぱいになったら，輪ゴムでパックを留める。または，図5-11のように10袋で1個になっているみかんの絵を用意して，じゃんけんをして勝ったら1袋ずつ貼り付ける。1個が張り終わったら，次のみかんに移る。

　十進構造の獲得は，子ども自身が発見する内容ではなく，十進構造をもった世界に子どもが従う活動から始まる。11個入れたいが10個しか入らないので，仕方がないけど10個で一塊にするという，強制的な制約から始まる。教科書に掲載されているブロック図のケースはこの強制を内包した教具であり，次の

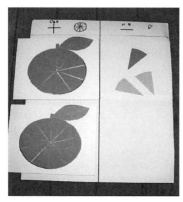

図5-11　99までの数の指導

図5-12　999までの数の指導

ステップの数え棒とはまったく違うことを理解しておく必要がある。

②十進構造を意識的に行う活動

　写真のフィルムケースやジッパー式ポリ袋に10個ずつおはじきを入れてとじる。または，数え棒を10本ずつの束にする。

　ケースや袋には10以上のおはじきを入れられるが，10個でやめさせ，10の一塊を意識的に作り出させることがポイントである。このとき，強制される十進構造から，子ども自身が十進構造を意識して自主的にこれを利用する段階になる。ただし，ふたを取ることで，おはじきが10個あることを再確認できるようにはなっている。

　より抽象化するためには，10個以上の粘土玉を作り，10個集めて1つの大きな塊にする。大きな塊1個とバラ3個で粘土玉13個であることを理解する。フィルムケースや数え棒の場合と違い，10個のバラに戻せない。10個が具体的に見えていなくても10個の塊を意識できることが重要である。

③最後に十進位取り記数法の指導

　数字を書く位置で数の大きさを表現できることを学ぶ。十の位と一の位の部屋が書かれた紙を用意しておく。一の位の部屋にあったバラを10の塊にして，それを十の位の部屋に移す活動を行ったうえで，それぞれの部屋の数を数字で表現させる。ここの段階で，32は，10が3個と1が2個ある数であるという認識ができるようになる。

　さらに，100を超える数の指導でも，図5-12のような指導をいったんは通し

たい。

　低学年での指導は，絵や図を使って，それを丁寧に説明することで理解させるのではない。また，机の上に並べられたおはじきやブロックを操作させるだけでも不十分である。指導のポイントは，体全体を使って学ばせることにある。遊びの要素を含んだ活動をさせたり，何かを作り出したりするという，学習したことを外に向かって表現する活動をさせながら指導する必要がある。

5. 加法・減法の計算

(1) 加法（足し算）

　つまずきが多い，（1位数）＋（1位数）で10を超える，繰り上がりのある加法について述べる。

　たとえば，

　　「こどもが　すなばで　8にん，すべりだいで　6にん　あそんでいます。
　　　こどもは　あわせて　なんにん　いるでしょうか。」

の問題では，次の方法で答えを求められる。

方法1（数え足し）：8から順番に6人分を数え上げる。まず8と言って，指を折りながら9，10，11，12，13，14で，14人。自然な方法であるが，早い段階でより効率的な方法へ移行させなくてはならない。この方法から発展できない子どもは，分解と合成の理解が不十分である場合が多い。

方法2（加加法）：8が10になるには2足りないことから，加数の6を2と4に分解する方法で，式で表せば，$8+6=8+(2+4)=(8+2)+4=10+4=14$，となる。

方法3（加加法）：6が10になるには4足りないことから，被加数の8を4と4に分解する方法で，$8+6=(4+4)+6=4+(4+6)=4+10=14$，となる。

方法4（五二進法）：8，6をそれぞれ5と残りに分解して，5同士から10をつくる方法で，$8+6=(5+3)+(5+1)=(5+5)+(3+1)=10+4=14$，となる。

　方法2，3，4とも，分解と合成，結合法則，交換法則にしたがって10をつくることが共通している。ここでは10，8，6の分解と合成が自由に，反射的にできている必要がある。1学期に学んでいる数の分解と合成における理解の度合いに左右され，それらが不十分だと，繰り上がりにつまずくことになる。計算練習を十分に行い，最終的には乗法九九と同じように加法九九として即答できるほどに習熟・暗記させたい。このときに「100ます計算」は有効であろう。

(2) 減法（引き算）

つまずきの多い，（2位数）−（1位数）=（1位数）となる繰り下がりがある減法について述べる。

たとえば，

「おりがみが 14まい ありました。その うち，6まい つかいました。のこりは なんまいでしょうか。」

の問いでは次の方法で答えを求められる。

方法1（数え引き）：14から順番に6枚分を数え引く。まず14と言って，指などを使いながら13，12，11，10，9，8で，8枚とする。この時期で数え引きを使う子は少ないはずである。分解と合成を使う方法をおもに指導する。

方法2（減減法）：14が10と4であることから，6を4と2に分解する方法で，$14-6=14-(4+2)=(14-4)-2=10-2=8$，となる。

方法3（減加法）：14が10と4であることから，まず計算しやすい10から6を引く方法で，$14-6=(10+4)-6=(10-6)+4=4+4=8$，となる。

方法2は減法を2回使うので減減法と，方法3は減法の後で加法を使うので減加法といわれる。子どもたちは両方の方法を考え出すので，それぞれの計算方法を検討し合うことによって，これまでの加減計算の総まとめにもなる。一般には減加法に統一したほうが指導しやすいが，最終的には，加法の場合と同じように計算結果を反射的に答えられるようにまでする。

(3) 加法・減法の筆算

たとえば，236 + 58の計算で，右のように誤算している子どもがいた。どのような指導が不十分であったのだろうか。筆算の指導では，大きい数でも形式的に求められるようにすることがねらいである。したがって，どんな大きな数についても，十進位取り記数法や結合法則，交換法則などを用いることによって，1桁同士の基本計算に基づいて容易に和や差を求めることができるようにしなければならない。

```
  236
+  58
─────
  744
```

筆算形式の原理は，加法と減法に共通している。

① 十進位取り記数法を生かす

同じ位での計算をするので，上下で位を揃えて数字を書く。

② 同じ位同士での計算

同じ位の数を足したり，引いたりする。通常は末位から計算を始めるが，実

はどこの位から計算を始めても最終結果は同じになる。

③繰り上がり，繰り下がり

十進位取りなので，10を超えた場合は10ごとに上位の位の1として繰り上げる。また，上位の位の1を下位の位の10として繰り下げる。

④形式不易の原理

計算は位ごと行われるので，位が上がっていっても同様な手続きを繰り返すことで計算できる。
3位数の加減に習熟すれば，4位数以上でも計算できる。

末位計算	頭位計算
19910	101010
2000	2000
－ 467	－ 467
1533	2
	16
	54
	33
	1533

先の誤算では，①が徹底されていなかったことに起因する。算数では方眼の入ったノートを使用して，位を揃えて数字を丁寧に書くように指導するとよい。

引き算による誤算は，被減数に0を含む場合の繰り下がりのある計算で多い。たとえば，2000－467の筆算での正答率は46％と報告されている（川口ほか 1977）。一の位の0－7ができないため，千の位まで借りにいき，百の位，十の位にそれぞれ9残る計算である。途中の9を忘れるために誤算が多い。

視点を変えてこの計算を頭位から始めてみると，この種の誤算が回避できることがわかる。2千－0で2千，0百－4百ができないので，千の位の1千をばらして10百として，10百－4百で6百，0十－6十ができないので，百の位の1百をばらして10十として，10十－6十で4十，……，と筆算する。慣れると最初の部分は20百－4百＝16百としてもよい。このように頭位計算だと途中に9が出てこない。

6．乗法と除法の計算

(1) 乗法（かけ算）

乗法を指導する意義は，新たな演算方法の獲得にあるが，子どもからすれば，それぞれの塊にあるすべての数を知っていて，それらを加えて計算する加法の世界から，すべて同じ数ずつある塊があって，その内の1つ分がわかっているときに簡単に全体の数を求められるという，加法とはまったく違った計算の世界に入ること

図5-13

とになる。具体的場面で言えば，スーパーで，3匹ずつのさんまが入っているパックが積み重ねられているのを見たときに，全部のさんまを見て数えなくても，パックの数を数えれば，さんまの総数を求められるということである。したがって，スーパーでのこのような乗法の場面に遭遇したときに，今までそれが特徴的な面白い場面であることに気づかなかったが，学習後ではそれに気づき，身の回りに乗法の世界があることを納得できるようになっていないといけない。つまり，乗法を学ぶことで，今まで見えなかったモノが見えてくる，そういった体験をさせる必要がある。教科書に掲載された絵柄を使って教室のなかで九九を学ぶだけでは，実生活のなかにある九九の世界に気づきにくい。そこで，生活科などと関連させながら，スーパー見学をし，乗法が適用できる事例を見つけて，それをまとめる活動をぜひともさせたい。もちろんその前に，教師は，九九の各段の実際の例を豊富に見つけておいて，教材として使う工夫は必要である。

乗法の場面，「1ふくろにみかんが3こずつ入っています。5ふくろでは，みかんは何こでしょう。」は，3×5と立式される。立式は，「1つ分の数×いくつ分＝全体の数」とまとめられ，それぞれを被乗数，乗数という。ところで，「オリンピックの400mリレー」や「このDVDは16倍速で記録できる」，「xのk倍は」の式は，どのように表されるであろうか。それぞれ，一般的には「4×100mリレー」，「16×」，「kx」と表される。被乗数と乗数の位置が教科書の書き方と逆になっていることに気づくであろう。この例からわかるように，乗法では，数の位置ではなく，数が意味する内容に注目して，どの数が1つ分の数であるか，いくつ分はどの数かをしっかりと読み取ることが大切である。第2学年や第3学年では，読み取った数を，「1つ分の数×いくつ分＝全体の数」と表現できることが重要であり，逆に，この立式ができているかで，数の読み取りができているかを判断できる。しかし，高学年になり，乗法では交換法則が成り立

表5-1

5×0+0=0	5×1+0=5	5×8+0=40	5×9+0=45	5×10+0=50
5×0+1=1	5×1+1=6	5×8+1=41	5×9+1=46	
5×0+2=2	5×1+2=7 ……	5×8+2=42	5×9+2=47	⋮
5×0+3=3	5×1+3=8	5×8+3=43	5×9+3=48	
5×0+4=4	5×1+4=9	5×8+4=44	5×9+4=49	

つことや外国での立式方法を知り，数の意味をしっかり理解できていれば，必ずしも第2学年で学んだ順序で立式することを強制しなくてもよい。

乗法の導入では，同数累加が使える場面かどうかを判断して，「1つ分の数」と「いくつ分」を見つけて立式する。答えは同数累加で見つけ，その後，より簡単な方法として九九が指導される。九九の指導では，「に，し，ろ，…」や「ご，じゅう，じゅうご，…」と，数唱が簡単で既知と思われる2の段または5の段から始め，3，4，6，7，8，9の段へと進むことが多い。しかし，一方で，7，8，9の段の九九が6年生でも十分に定着していないことが知られている。それは，これらの段になると授業時数が足りなくなり，単純な九九暗記の授業となる，かけ算に対する子どものモチベーションが下がる，とくに7の段では発音が難しいなどの理由による。そこで，モチベーションが高い，乗法の導入段階でいちばん難しい7の段を扱い，九九のメリットを体験させてから，2または5の段へと進める方法もある。

将来の割り算につなげるために，自然数は積と被乗数より小さい数の和で表現できることを扱うとよい。たとえば，5の段をもとに0から50までの数を表現できることを体験させ（表5-1），ほかの段ではどうなるかに挑戦させたらよい。

(2) 除法（割り算）

除法は，乗法の「1つ分の数×いくつ分＝全体の数」から，次の2つの意味付けをもつ。

①「12このあめを，4人で同じ数ずつ分けます。1人分は何こになるでしょうか。」

これは，「□×いくつ分＝全体の数」と表せ，□の1つ分の数を求める除法となり，等分除といわれる。

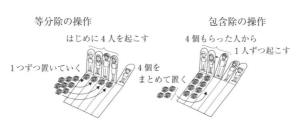

図5-14　除法導入時の教具

②「12このあめを，1人に4こずつ分けると，何人に分けられるでしょうか。」

これは，「1つ分の数×□＝全体の数」と表せ，□のいくつ分を求める乗法となり，包含除といわれる。

除法の導入では，図5-14の教具を子ども各自に作らせ，除法場面を具体的に体験させる。①の等分除では，まず4人を起こす。それぞれの人の前に1個ずつアメを配る。まだアメが残っているから，さらに1個ずつ配る。この作業をアメがなくなるまで繰り返す。この場合1人当たり3個ずつのアメが配られ，3回でこの作業が終了した。②の包含除では，1人目の人に4個のアメを置いて起こし，まだアメが残っているので次の人に4個のアメを置いて起こす。この作業をアメがなくなるまで繰り返す。この場合3回で作業が終了し，3人に分けられた。このような実際の活動を行うことで，除法の2つの場面の違いを理解できる。ところで，等分除は，各人に1個ずつ配ることが，全体から4個除去することになり，何回この操作ができるかと解釈でき，包含除とも捉えられる。

表5-1に示した自然数の性質から割り算を導入する方法もある。「40から5が何回取れるか」を表1から確かめると，8回取れることがわかる。これを $40 \div 5 = 8$ と書く。さらに「43から5は何回取れて，いくつ余るか」は，8回取れて3余る。これは $43 \div 5 = 8 \cdots 3$ と書く。まず，かけ算の逆演算として割り算を導入して，計算練習をする。その後で，現実場面を扱い，包含除，等分除の順で指導する。この方法では，自然数の性質を理解していることを前提にするが，余りのある割り算も並行して指導できるため，割り算全体の指導時間を短縮できる。詳しくは横地（2005b）を参照してほしい。

第5学年の小数の除法で利用される，割り算の性質①「割り算では，割られる数（被除数），割る数（除数）をそれぞれ10倍，100倍（k倍）しても商は変わらない」と，割り算の性質②「性質①＋しかし，余りは10倍，100倍（k倍）になる」を扱っておきたい。次のような帰納的な説明を使うとよい。

$$6 \div 2 = 3 \qquad 7 \div 2 = 3 \cdots 1$$
$$60 \div 20 = 3 \qquad 70 \div 20 = 3 \cdots 10$$
$$600 \div 200 = 3 \qquad 700 \div 200 = 3 \cdots 100$$
$$\cdots\cdots \qquad \cdots\cdots$$

だから，性質①と②がいえる。

(3) 乗法・除法の筆算

次のような乗法の問いは、5年生でさえ正答率が22.9%となる（川口ほか 1976）。

「とし子さんは、25×47の計算を、次の式を使って答えを求めています。□の中にあてはまる数を式のかたちで、答えのらんに書きなさい。

25×47＝25×40＋□　」

```
    25
  × 47
   175   ←25×7    ①
   100   ←25×40   ②
  1175
```

図5-15

乗法の筆算形式の意味である、図5-15の部分積①、②の計算を行い、それらを加えていることが忘れられた結果である。筆算の形式化を急がずに、子ども自身がつくり上げながら学習する指導が必要であった。

加減と同じように乗法でも、頭位から計算ができる。2十×4十＝8百，5一×4十＝20十，2十×7一＝14十，　5一×7一＝35一と部分積を行い、それらを加えればよい。頭位からの計算では、最初に答えのおよその数（概数）が求められる点で、末位計算より便利である点に触れるとよい。

誤算をしないために、計算の前に答えの見積もりを立てておくことの指導は重要である。先の問いでは、25を2十、47を5十と見立てて、2十×5十＝10百＝1千となり、およそ1000より少し大きい程度であろうことが見積もられる。

```
頭位計算
  25
× 47
─────
   8
  20
  14
  35
─────
1175
```

除法における3年生のつまずきの例を見よう。

「つぎの計算を見て答えなさい。

3の20ばいをひいたのこりをあらわしているのは、(あ)，(い)，(う)，(え)のどれですか。」

```
     25
  3)76   …(あ)
     6
    ──
    16   …(い)
    15   …(う)
    ──
     1   …(え)
```

この問いの正答率は45%と報告されている（川口ほか 1977）。筆算形式の部分積の意味や部分積を引いた余りについての理解が不十分であることを示している。筆算の習熟を急ぐあまり、「立てる、かける、引く、おろす」と機械的に教えてしまうことがあるので注意したい。

7. 数直線の指導

図5-16のように、4年生でも3年生の内容である万の位の入った数直線を読み取れないという課題がある。

2009（平成21）年度の全国学力・学習状況調査では正解率は64.3％で，16000と誤答しているものが26.7％であった。概数が苦手であることは，誤答の要

図5-16　平成21年度全国学力・学習状況調査，(2009年)，第4学年，算数A②

因となるが，この場合は，数直線の仕組みについての理解不足があろう。教科書では，テープ図，線分図，数直線の順に指導される。線分図と数直線は似ているが，非なるものである。線分図は，数同士の関係を表しており，長さの割合が必ずしも数同士の割合を表してはいない。それに比べて，数直線は基準となる原点（通常は0）があり，基準となる大きさ（通常は1）が示されている。そのため，原点からの距離は，そのまま数の大きさを表している。この数直線の原理を理解していないと，図5-16の応用的な数直線を読み取れない。教科書では数直線があらかじめかかれているために，線分図の発展として簡単に指導してしまう傾向がある。ここでは，数直線の原理を理解するために，自分で原点を定め一目盛りの大きさを決めるという，数直線の作成という過程を経験させたい。この経験をもとにして，目盛りの大きさについて考えさせる指導が必要である。

課　題

1. アンケート問題を作成して子どもの計算能力の実態を調査し，その結果を考察しなさい。
2. 「子どもが7人います。1人に4こずつアメをくばります。アメはみんなで何こいりますか。」という問題に対して，7×4＝28　答え28こ，と解答した小学校2年生の子がいた。この解答をどのように解釈して，どのような対応をしたらよいか，乗法の意味と関連させてまとめなさい。

引用・参考文献・より深く学ぶための参考文献

一松信ほか，検定教科書『さんすう』，『算数』」学校図書，2005年
川口廷・花村郁雄編『算数の完全指導―つまずき分析と診断・治療―1年・2年／3年・4年』学芸図書，1976／1977年

国立教育政策研究所「『平成21年度　全国学力・学習状況調査　報告書・集計結果』について」
　http://www.nier.go.jp/09chousakekkahoukoku/index.htm（2019年7月8日確認）
小谷裕実・守屋誠司・室谷千絵「知的障害者に対する数概念の指導―十進位取り及び記数法の指導―」,『京都教育大学　教育実践研究紀要』第7号，2007年，pp.95-101
『初等科数学科教育学序説　―杉山吉茂教授講義筆記―』東洋館出版社，2008年
松野康子・柳瀬修『算数科指導法』玉川大学，2001年
文部科学省「小学校学習指導要領解説（平成29年告示）　算数編」2018年
横地清『幼稚園・保育園　保育百科　1歳児から5歳児までの保育』明治図書出版，1981年
横地清・守屋誠司編著『低学年算数での情報教育』明治図書出版，2003年
横地清監修『算数科の到達目標と学力保障』第1学年～第6学編，明治図書出版，2005年a
横地清監修『検定外・学力をつける算数教科書』第1学年～第6学年編，明治図書出版，2005年b
吉田甫『子どもは数をどのように理解しているのか―数えることから分数まで―』新曜社，1991年

第6章

数と計算(2)

　本章では,「数と計算」領域の分数と小数,および,式の表現と文字式について扱う。日常生活のなかで分数や小数は,倍概念や割合,確率を表す際に用いられ,おもに量の大きさを表す際に小数が用いられる。しかし,日常生活で用いない考え方を必要とする際には,子どもたちが誤って認識してしまうため,その認識に基づいた指導が必要となる。式の表現や文字式では,( )を用いた式,□や文字を用いた式の扱いについて解説する。文字式の学習は,中等教育段階以降の学習だと考えられてきたが,近年小中学校を見通したカリキュラムの開発が進んでいる。

キーワード　分数　小数　作業的な数学的活動　文字式　方程式

第1節　分数と小数の導入とその計算

1. 分数の概念とその計算の意味

　分数は,2つの整数の比で表される有理数の表記方法である。日常生活においては,大根 $\frac{1}{2}$ 本や白菜 $\frac{1}{4}$ 玉,大さじ $\frac{1}{2}$ や計量カップの $\frac{1}{2}$ カップ,必要な鉄分の $\frac{2}{3}$ やカロリー $\frac{1}{2}$ カットなどのように多くの場面で用いられている。授業の導入の際には,子どもたちに商品に書かれている分数を集めさせるのも興味関心を高めるための方法となろう。
　さて,各学年で分数が扱われる中で,単位分数,真分数,帯分数・仮分数が扱われるが,分数は,用いられる状況に応じて,いくつかの意味に整理されている。分割分数,量分数,割合分数,商分数などである。前述の大根 $\frac{1}{2}$ 本や白

菜$\frac{1}{4}$玉は，ある対象を等分割した1つ分の大きさの数を表す分割分数と呼ばれる。このような分数の考え方は，どのような大きさの対象でも，同じ表現$\frac{1}{2}$で半分の大きさを表すことができるというよさがある。ただし，大さじ$\frac{1}{2}$や計量カップの$\frac{1}{2}$カップのように，もとにする大きさが同じであるという前提がある場合は，分割分数であり素朴に量を表す分数とも捉えられる。そして，大さじ$\frac{1}{2}$，$\frac{1}{2}$カップの他に，普遍単位1m，1L，1kgを等分割した分数$\frac{1}{2}$m，$\frac{1}{3}$L，$\frac{1}{4}$kgも含めて量の大きさを表す量分数と呼ばれる。このように分割分数や量分数は，必ずしも明確に分類されるものではないため注意が必要である。また，普遍単位のつく量分数は，日常生活のなかで用いることが少ない傾向があり有用性がないように感じられるかもしれない。しかし，四則演算を可能とするためには，分数の大きさを普遍的に変わらない大きさとして表す必要があるために，算数の学習で扱われている。さらに，割合分数は，「2mは4mの$\frac{1}{2}$にあたる」「総議員の$\frac{2}{3}$以上の賛成」のように，ある数に対する割合を表し，日常生活で頻繁に用いられている。また，「$2 \div 3 = \frac{2}{3}$」のような商を表す商分数と呼ばれる場合がある。

　分数の四則演算では，はじめに第3学年で同分母の加法・減法が扱われ，高学年で分数と整数，分数同士の乗法・除法が扱われる。同分母の加法・減法の導入単元では，1以下の範囲で扱い，数の範囲が1以上に拡張されると帯分数・仮分数の表記方法とともに，単位分数の加法・減法として分子に着目した計算方法が扱われる。そして，最小公倍数の学習後に通分が可能となり，異分母分数の加法・減法が扱われ，異分母分数の乗法・除法が扱われる。同分母の加法・減法では，単位分数（分子が1の基準単位となる分数）のいくつ分かを求める計算であり，自然数の計算方法に帰着させることができる。したがって，異分母分数のときは，単位を揃える必要があり，通分をすることで同分母同士の加法・減法となり，既習の学習を活用し計算可能となる。分数の乗法・除法の導入場面では，「長さが$\frac{3}{5}$mで，重さが$\frac{2}{3}$kgの鉄パイプがあります。この鉄パイプ1mの重さは何kgでしょう。」のような文章題が提示される。この数値のままでは，子どもにとって数量関係を把握しづらいため，整数同士や整数を乗数・除数とする乗法・除法と同じ構造として立式する。このように整数の範囲で成り立つ演算や演算法則などを，より広い数（有理数）においても成り立つように構成することを「形式不易の原理」という。具体的には，「長さが12mで，重さが3kgの鉄パイプがあります。この鉄パイプ1mの重さは何kgでしょう。」

のような文章題として考え，分数を当てはめて立式し，その計算方法について考えさせる展開となる。

2. 小数の概念とその計算の意味

小数は，我が国の社会文化として，「1.8L入りの1升瓶」や「体重27.3kg」「東京タワーの約2.5倍の高さ」や「合格倍率3.7倍」など量や割合を表す際に多くの場合用いられている。算数教育のなかで大切な小数の仕組みとしては，小数が整数と同様に十進位取り記数法の原理に基づいていることが挙げられる。第3学年からの小数の導入では，「ある1単位の大きさを10等分した1つ分の大きさを1つ小さな位（$\frac{1}{10}$の位）」として扱う。整数の学習の際に，「ある単位を10個合わせて，1つ上の位の単位とする」とした考え方を活かして，同様な構造として関係づけている。このように小数は，分数と十進位取り記数法の既習の考え方で構成されている。そして第5学年では，$\frac{1}{100}$の位，$\frac{1}{1000}$の位まで拡張され，さらに10等分に細分化していくことで，より小さな位がつくられていることを扱う。この際，整数と同様に，2.3は，2と0.3を合わせた数，または0.1を23個集めた数などと，多様な見方で小数を捉える考え方も育む必要がある。それが，小数の加法・減法の際に，位を揃える考え方の素地となる。

小数の四則演算では，分数の学習と同様に，はじめに加法・減法が扱われ，乗法・除法が別の単元で扱われるのが一般的である。とくに，小数の乗法・除法では，小数×整数，小数÷整数の場合を先に学習し，その後小数同士の乗法・除法に移行する。小数の加法・減法の際は，既習の整数の加法・減法のように，位を揃えて筆算をする。その際，「小数点を縦に揃える」「数を右端に揃える」といった筆算の書き方を機械的に扱うのではなく，前述の小数の多様な見方を活かしながら「位を揃える」という計算の意味に気づかせるようにする。図6-1のように，3.45 + 2.4を3.69としたり，3.45 − 2.4を3.21としたりする誤認識は，小数の計算の意味を理解せず，整数と同様に数を右端に揃えたことが要因と考えられる。

小数と整数の乗法・除法では，既習の整数同士の乗法・除法を想起させるとよい。具体的には，「整数と整数だったらかけ算（割り算）できるのに…」といった発言を引き出す。そして，小数を整数にするために，10倍したり100倍したりする。最後に，積や商を10で割ったり100で割っ

```
    3 . 4  5
 +    2 . 4
 ─────────────
    3 . 6  9

    3 . 4  5
 −    2 . 4
 ─────────────
    3 . 2  1
```

図6-1 誤認識の例

たりする。これらの計算の操作が，小数点をはらったり，動かしたりすることになる。つまり，この計算の意味としては，「A＝A×B÷B」という性質を利用し，代数的思考で整数同士の計算に帰着させていることになる。

　さらに，小数同士の乗法・除法では，既習である「同数累加」「等分除」ではなく，倍概念・割合へと計算の意味を拡張させる必要がある。たとえば，「1mの値段が80円のリボンを2.3m買ったときの代金」は，80円を2.3回加えるのではなく，2.3倍にあたる代金を求めることになる。また，小数倍を扱う際は，1より小さい数をかける場合で留意が必要である。学習のはじめは，既習の考え方である「かけ算をすると積が大きくなる」に影響されて誤答につながるためである。数直線などの図に表し，計算の意味を考えさせることが大切である。また，小数の場合も，整数の四則演算同様に，交換法則・結合法則・分配法則が成り立つことを確認する。子どもたちにとって，当たり前のように感じられるであろうが，既習内容では数の範囲が整数であったことを確認し，小数に拡張されても同様に成り立つかどうかを確認することが重要である。その際，減法や除法について考えさせることで，演算によっては計算法則が成り立たないことに気づかせるとよい。

第2節　分数と小数のつまずきと課題

1. 分数のつまずきと課題

　分数の概念の芽生えは，幼児期から物を等分する際に見られ，その後も日常生活のなかで等分割を経験しているため，分割分数の意味から学習される。分数の概念を学習する際に，子どもの理解やつまずきと大きく関係するのは，日常生活のなかでの用法と異なる考え方を学習することに要因がある。たとえば，「2mのテープがあります。$\frac{1}{5}$mの長さに色を塗りましょう」という問題がよく挙げられる。長谷川（2000）は，図6-2のような同種の課題に対して，分数の学習後である小学校第3学年151名を対象に，第4学年まで計4回の継続的調査を実施している。その結果では，正答率が50.3％（初回）〜38.4％（最終回）と低下し，分割分数の意味で捉え全体の$\frac{1}{5}$と誤認識する割合が26.5％（初回）〜31.1％（最終回）と増加している。つまり，日常生活で分割分数の意味

で捉えるために,学習後であっても徐々に誤認識で捉える傾向が増加することを明らかにしている。このような典型的な誤認識は,第3学年の学習で全体の大きさを1とする分数のみが扱われる際に気付かれず,数の範囲が1以上に拡張される際に顕在化される。図6-2では,あらかじめ1mを5等分する点線がかかれているが,2mのテープ図のみであれば,より一層誤認識の割合が高まると推測される。

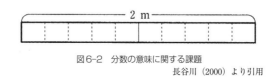

図6-2 分数の意味に関する課題

長谷川(2000)より引用

次に,分数の四則演算に関して検討する。全国学力・学習状況調査(以下,全国学力調査)では,分数や小数の四則演算が出題されている。各年の報告書をもとに,問題と正答率,典型的な誤答とその反応率をまとめると,表6-1のようになる。ただし,分数の乗法・除法は,小学校第6学年で未習のため,中学校第3学年対象の調査結果を示した。表6-1の調査結果によると,分数同士の四則演算は,いずれの演算も正答率が85%を上回っており,おおむね習熟していることがわかる。典型的な誤答は,いずれも分数の指導の際に見られる。

表6-1 分数の四則演算に関する調査問題と正答率・反応率

問題番号	問題の概要	正答率	典型的な誤答	反応率
中H29A①(1)	$\dfrac{5}{9} \times \dfrac{2}{3}$	87.6%	$\dfrac{10}{3}$	3.0%
中H28A①(1)	$\dfrac{2}{5} \times 0.6$	67.8%	2.4, 0.024	13.4%
中H26A①(1)	$\dfrac{3}{4} \div \dfrac{5}{6}$	86.1%	$\dfrac{5}{8}$	2.0%
小H22A①(1)	$\dfrac{1}{4} + \dfrac{2}{5}$	85.7%	$\dfrac{1}{3}, \dfrac{3}{9}$	4.3%
小H20A①(1)	$\dfrac{5}{7} - \dfrac{2}{3}$	85.6%	$\dfrac{3}{4}, \dfrac{29}{21}$ など	6.8%

指導の際は，なぜそのように誤ったのかを考えさせることで正しい計算過程を深く学ぶことが大切である。ただし，2016（平成28）年度に実施された「分数×小数」の正答率は67.8%と課題が見られる。典型的な誤答は，小数点の位置の誤りであり，分数を小数に直した後の小数同士の計算が誤答の要因となったと考えられる。

2．小数のつまずきと課題

　全国学力調査で出題されている小数の四則演算に関する結果をまとめると，表6-2のようになる。全体的な傾向としては，加法・減法よりも乗法・除法のほうが比較的正答率が高く，乗法に関してはおおむね理解していることがわかる。誤答の傾向としては，小数点の位置の誤りが見られる。加法・減法に関するつまずきとしては，末尾の位に揃えて計算している傾向が10%強見られる。以上のように，小数の四則演算では，おおむね理解しているが，さらに位を揃えて計算することや，小数点の移動の意味などの理解に改善が求められる。

表6-2　小数の四則演算に関する調査問題と正答率・反応率

問題番号	問題の概要	正答率	典型的な誤答	反応率
H28A②(2)	4.65 + 0.3	77.3%	4.68，46.8	10.8%
H27A②(2)	6.79 − 0.8	69.7%	6.71，67.1，671	13.0%
H25A①(2)	0.75 + 0.9	71.5%	0.84，8.4，84	14.5%
H28A②(2)	18 ÷ 0.9	77.9%	2	12.3%
H25A①(3)	9.3 × 0.8	83.8%	74.4	7.5%
H24A①(4)	90 × 0.7	90.8%	6.3	2.9%

　また，子どもは，第2学年以降での乗法・除法の学習以降，積はもとの数より大きくなり，商はもとの数より小さくなると誤認識する傾向があるため，1より小さい数をかけたり割ったりする際に誤認識が見られる。この傾向は，分数倍の際も同様である。2016（平成28）年度全国学力調査A①では，「□÷0.8」の商の大きさについて出題され，正答率が65.0%であり，□より小さくなるとする誤答率が29.2%であった。2008（平成20）年度の同調査では，正答率が45.3%であったことからすれば改善されているが，さらなる向上が望まれる。

第6章

さらに，小数の四則演算や意味の課題は，単位量あたりや割合などの複合量に関する文章題の問題場面により多く見られる。そのおもな要因は，各種の量に関する概念理解と関連していると考えられる。

3. 分数に関する実際の指導

分数と小数の指導は，機械的な計算演習ではなく，分数や小数の意味を理解することが重要となる。また，どちらを先に学習するかで定義が異なるが，近年は分数の学習が先に扱われている。また，分数と小数は，密接な関係にあるため，小数と分数を同じ単元として扱う教育実践も行われている。

さて，分数の導入では，$\frac{1}{2}$，$\frac{1}{4}$，$\frac{1}{8}$などの2等分の分割操作でつくることができる分数や$\frac{1}{3}$，$\frac{1}{5}$などの分数が扱われる。ここでの学習は，具体物を用いて，実際に子どもたちが等分する作業的な数学的活動で扱いたい。また，$\frac{1}{2}$といっても，多様な$\frac{1}{2}$が考えられることを扱う。たとえば，正方形を$\frac{1}{2}$に等分する場合，図6-3のようにさまざまな考え方が見られる。その後，同様にほかの分数でも，多様な分割の方法があることを体験的に学ばせていく。

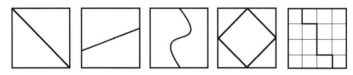

図6-3　正方形の$\frac{1}{2}$分割の多様な考え方

第3学年以降の学習では，図6-4のように，ノートなどの平行線を利用して，同じ長さのテープで分母が10までとなる分数を自作させるとよい。もととする1の長さは，子どもたちの親指と中指とを大きく開いた長さ（1あた）とすると数学の文化史にも触れられる。さらに，図6-4の右図のように，等分割したテープを並べると，同じような場所に目盛りが入っていることに気づかせることができる。すると，等しい分数の大きさを見つけたり，同じ長さの分数に見えるが分母と分子に同じ数を乗除しても等しくならない性質に気づいたりする学習につなげることができる。以上のように，分数の導入場面では，実際に子どもたち自身が具体物を等分する数学的活動を通して，分割された大きさを実感し分数の概念を理解するとよい。

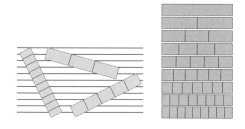

図6-4　平行線を利用した分数づくり（左）と等しい分数（右）

　また，分割分数の指導後や量分数の指導前には，分数のよさを感じさせるために，もとの大きさが異なる分数について大きさ比べをする。「もとの大きさが違うと同じ分数でも大きさが変わるんだ」などの発言を価値づけ，単位となるものの大きさの違いに気づかせる。そうすることで，単位を揃える必要性から普遍単位をもととする量分数の指導につなげられるであろう。

　次に，量分数については，普遍単位である1m，1Lなどを全体の大きさの1として，等分割した大きさを分数で表現する。この学習の際も，実際に作業を取り入れることで，等分割されたものと等分割されていないものを比較しながら，あらためて等分割された場合に分数として表現できることに気づかせる。図6-2のような1を超える分数を扱う際は，日常生活や既習の学習に影響を受け，多くの子どもたちが分割分数の考え方を用いる誤認識が見られるため，より一層丁寧に扱う必要がある。たとえば，全体の長さの$\frac{1}{2}$を$\frac{1}{2}$mと記述してしまう傾向があるが，$\frac{1}{2}$mを0.5mや50cmと表記を変えることで矛盾に気づかせ，$\frac{1}{2}$mは，1mという普遍単位を2等分した大きさであることを再度理解させるとよい。しかしながら，日常生活での用法と異なるため，学年を経ても定着しづらい。そこで，分数の学習のたびに確認し直す必要がある。

　分数の四則演算では，とくに意味理解の困難な分数の除法について，取り上げよう。分数の四則演算の意味については，成人であっても適切に説明しづらい現状にある。検定教科書では，ある量のペンキで壁を塗る場面の文章題を提示し，単位量あたりの考え方を用いる場面として分数の割り算が導入されている。それは，数量関係の表現方法の1つである面積図で考えさせるためだと考えられる。しかしながら，子どもにとって単位量あたりの考え方は，整数であっても理解しづらく，日常生活と関連づけているがペンキを塗るような経験自体

も少なくイメージがしづらい。面積図による説明は，子どもの素朴な考えではなく，形式的に表現した図であるためだと考えられる。以上のように，分数の除法は，その導入する文章題自体がイメージしづらく，子どもの認識に合わせたものとなっていない。したがって，「分数の割り算は，除数をひっくり返してかける」という計算方法を暗記することにつながっているのである。

$$\frac{3}{5} \div \frac{2}{3} = \left(\frac{3}{5} \times \frac{3}{2}\right) \div \left(\frac{2}{3} \times \frac{3}{2}\right)$$
$$= \left(\frac{3}{5} \times \frac{3}{2}\right) \div 1$$
$$= \frac{3}{5} \times \frac{3}{2}$$

図6-5　分数の除法の計算過程

　近年，上記のような具体的な場面での導入ではなく，高学年の子どもたちの発達段階が抽象的思考へ発展することに合わせ，代数的な計算法則によって分数の除法の計算過程を理解させる教育実践が行われている。たとえば，図6-5のように被除数と除数に同じ数をかけても商は変わらないという計算法則をもとに，除数を1として既習の分数同士の積にする考え方が記載されている検定教科書もある。同様の考え方で実践された研究に渡邉（2010）があり，その結果，分数の割り算の計算は，平均85.4％の正答率とおおむね理解されており，また，除法の計算過程を説明する問題においても80％超の正答率であった。具体的な計算過程は，守屋（2015）を参照してほしい。

　以上のように，分数の除法の指導では，「逆数をかける」といった計算方法の暗記ではなく，代数的な計算法則を通して計算方法が正しいことを理解したうえで，習熟につなげることが重要である。

4. 小数に関する実際の指導

　小数の導入の指導では，分数の考え方をもとに，1m，1Lの1／10が0.1m，0.1Lであることを扱う。この際，板書や図示だけで考えさせるのではなく，実際に子どもが10等分する作業的な数学的活動が重要である。そうすることで，小数の概念の理解を実感的に深め，四則演算でのつまずきを改善することにつながるであろう。

　実際の指導では，まず任意の量を量るために1Lより少ない量を量る単位を考えさせ，次に十進位取りの原理をもとに10等分する考え方を出させる。そして，図6-6のように，実際に1Lの水を10個の入れ物に分け，再度1つずつ戻すことで10個の目盛りをつけていくのである。教具としては，プラスチッ

クカップや試飲用カップが比較的安価に準備できる。このような実体験をもとに0.1という単位の必要さやつくり方，量感が感得され，小数の概念の定着につながる。次に，0.01などのさらに下の位では，類推することから0.1をさらに10等分する考え方が導かれる。そして，「実際に作業しなくても10等分した大きさが単位だよ」という発言を導き，確

図6-6　0.1Lの実感を育む数学的活動

認として数直線や0.1Lマスの図に子どもたちが目盛りをつけていくとよい。

小数同士の加法・減法では，前述のとおり，位の異なる小数において，末位の数字に揃えて筆算をする誤答が見られる。しかし，この誤答は，整数の加法，減法の筆算の書き方から類推しているためであり，既習の計算方法の活用をしている問題解決の発想として価値づけ，その後修正するとよいだろう。次に，末位に揃えて求めた答えについて，具体物との比較を通して，「小数点（右端）を揃えるのではなく，位を揃えればよい」などの発言を導くようにするとよい。

また，小数と整数，小数同士の乗法・除法では，既習の学習である整数同士のかけ算，割り算に帰着させる考え方が重要である。たとえば，導入場面において，「1mの値段が80円のリボンがあります。このリボンを□m買います。代金はいくらになるでしょう」といった未知数で文章題を提示する方法がある。そして，「□がいくつだったらうれしい？（計算ができる？）」と発問する。すると子どもから，1や2, 3, 5, 10などの整数が挙げられ，その意図を考えさ

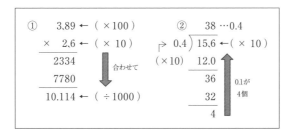

図6-7　小数の乗法・除法の筆算の意味

せることで，「整数だったら簡単」「小数でも整数にすれば計算できる」といった考え方に気づかせることができる。割り算の計算の意味も基本的に同様であるが，小数同士の割り算では，小数÷整数も既習となっているので，除数が整数となれば計算可能となる。整数にするためには，「$A = A \times B \div B$」という性質を利用し，小数点をはらう意味を理解させる。具体的には，図6-7のような筆算となる。指導の際にも，筆算の意味を考えさせるのみでなく，実際に（　）の中に計算の意味を書かせながら，小数点の処理をするとよい。

　また，小数の除法の際には，余りの小数点の位置での間違いが多い。機械的に，もとの小数点の位置から下ろすと覚えさせるのではなく，文章題の場面を想起させて場面に合わないことに気づかせたり，除数を10倍しているために，0.1が3個余っていることに気づかせたりする。

第3節　式の表現と文字式

1. 式の表現と文字式の教材観

　式とは，数学的なことがらを表現するために，数字や文字（記号）を関係記号（=，<，≡など）で結びつけたものである。この式には，数学的なことがらを簡潔・明確・統合的に，かつ一般的に表すはたらきがある。また，さまざまな形式に分類されるが，小学校で扱う具体的な式には，四則演算の式や（　）を用いた式，そして□や△，xやyを用いた式が挙げられる。それらの形式や文字の利点・文字の意味などの数学的背景は，太田（2015）にて学修することが望ましい。

　小学校で扱われる式の表現では，四則演算の式や（　）を用いた式などの式の計算ルールと，□や文字を用いた式などの方程式の素地の2つに大別される。式の計算ルールの学習は，「=」の関係記号を用いた加法や減法，乗法，除法の四則演算と，四則や（　）が混ざった式での計算順序であり，第1学年から扱われる。これらの学習では，四則演算の各場面を式表現し，またそれらの式が表している数量関係を図や言葉と関連させて読み取ることが重要である。文章題から立式し答えを導く基礎力だけでなく，表されている式の意味を理解し，図や言葉などと関連させる数学的思考力が求められている。

表6-3　代数領域で扱いたい各段階の内容

低学年	・数の分解・合成での式表現（例：7は□と4，□と□で7） ・加減法での簡単な方程式（例：$x+3=5$，$x-3=5$）【容器性】 ・乗法での簡単な方程式（例：$x\times3=15$，$3\times x=18$）【容器性】 ・Excelを活用した文字式の代入（例：A1＋B1，A2＋B2－C2）【容器性】
中学年	・除法での簡単な方程式（例：$x\div3=5$，$15\div x=5$）【容器性】 ・数量関係や計算法則の文字式での表現 　（例：$a-(b+c)=a-b-c$，$a\times(b-c)=a\times b-a\times c$） ・文字式の簡単な計算（例：$x+x+x=x\times3$，$x\times3-x\times2=x$）【実質性】 ・簡単な連立方程式の考え方（代入法）（例：$x\times2=10$，$x+y=8$）
高学年	・簡単な連立方程式の考え方（加減法）（例：$x\times3+y=120$，$x+y=80$） ・面積の求積方法の文字式での表現 　（例：$S=a\times b\div2$，$S=(a+b)\times h\div2$） ・関数（比例・反比例）の文字式での表現（例：$y=a\times x$，$y=a\div x$）

守屋（2013）に加筆し再整理

　低学年においては，「＝」の関係記号の意味も適切に扱う必要がある。「＝」は，等号であり，左辺と右辺の関係が等しいことを示している。したがって，「式＝答え」という関係だけでなく，「式＝式」「数＝数」といった関係もあり得る。加法・減法の指導の際に「7＝3＋4」のように式と答えの順序を入れ替えたり，乗法の性質の指導の際に「3×4＝4×3」などと式表現したりするときに，改めて等号の意味を考えさせるとよいであろう。

　次に，□や文字を用いた式などの方程式の素地指導である。歴史的に我が国では，文字式や方程式の学習が中等教育段階から扱われてきた。しかし，近年の知見では，小学校第1学年からであっても□を含んだ式は，加法を学習する際に扱うことが可能であり，文字式や簡単な方程式の学習が可能である。本節では，今後の代数領域における文字式の扱いを提案するために，低学年からの文字式の学習について述べるが，文字ではなく□，△，○を用いた式などで，学習指導要領でも類似した学習が記載されている。本書の要点を理解したうえでそれらの教育内容を捉え直すとよい。

　守屋（2013）は，我が国における代数指導のカリキュラム試案を示している。その試案をもとに，近年の知見を合わせて整理したものが表6-3である。

　まず，低学年では，□の中にはいろいろな数を入れることができるという文字の容器性を扱う。さらに，□＋3＝5などの変数を1つとした式の際には，解

が1つ当てはまることを直観的に求められるようにする。可能ならば文字（a や x）を用いて式表現するとよい。また，扱う数の範囲を20以下の自然数に限って逆思考により求められることに気づかせれば，任意の数を当てはめて解を探すのではなく，的確に解を求めることが可能となる。ほかの演算の学習後には，上記と同様に逆思考で x に当てはまる数を見つける問題として扱う。とくに，乗法（九九）の学習後には，$x \times 4 = 28$ などを積極的に扱うことで，第3学年での除法の計算と同様な思考を練習することとなる。さらに，3項演算の学習後には，後述のようにMicrosoft社のExcelやプログラミングソフトを活用して，文字式へ代入する考え方を体験的に学習するとよい。

次に，中学年では，除法での方程式の学習を行う。そして，2変数や3変数での式表現を扱う段階へと発展する。まず，四則混合の計算順序を学習した後では，数量関係の文字式での表現を扱う。守屋ら（1998）では，式を計算過程の表現と捉えるだけでなく，文字式自体が問題の代数的構造を表していることを理解させ得る結果を実践的に明らかにしている。

さらに，中学年では，文字式の簡単な計算 $x+x+x=x\times 3$，$x\times 3-x\times 2=x$ などを扱い，代入法による簡単な連立方程式を扱う。文字が数と同様に演算可能な対象であるという文字の実質性を意識させるようにする。また，同時に2変数を同じ文字 x で表すと混乱することに気づかせることで，同じ文字には同じ数が入るという文字の実質性に気づかせる。その後，扱う数の範囲を暗算で計算可能な自然数までとし，簡単な連立方程式の考え方を扱う。たとえば，図6-8のような視覚的に数量関係が把握できる提示方法で導入する。最終的には，図6-9のような構造の文章題から立式し，1つの値を代入する解法を学習する。

高学年では，中学年までの連立方程式の解法の考え方を発展させ，新たな解法である加減法を扱う。中学年の考え方をもとに，容易に代入できないときは，x

◎連立方程式課題（加法課題）
［問題①］

◎連立方程式課題（乗法課題）
［問題3］

図6-8　問題の提示方法

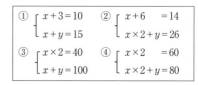

図6-9　連立方程式課題の例

またはyの係数を揃えてから減法を適用し文字を1つにする解法を扱う。さらに，文字式の式表現を他領域の学習にも活用し，一般的に考えられるようにする。たとえば，面積の学習時には，その求積公式を文字式で表したり，比例・反比例の学習時には，その関係を文字式で表したりする。

以上のように，数の範囲が負の有理数にまで拡張された中等教育段階において文字式や方程式を扱い始めるのではなく，扱う数の範囲を学習段階に合わせて調整し，小学校低学年から段階的に文字式に慣れさせるとともに，代数的思考を育むようにするのである。

2. 式の表現と文字式の数理認識

計算の順序に関しては，3項以上の演算を扱う第1学年から学習が行われるが，多くの場合，加減法と乗除法が混ざったときに誤りが見られる。全国学力調査に出題されている計算の順序に関する問題と結果をまとめると表6-4になる。

表6-4によると，正答率は約66%～81%であり，加減法と乗除法の混合した数の計算をすることに課題があるといえる。また，典型的な誤答では，近年の2017（平成29）年度調査において，$6+0.5\times2$を$(6+0.5)\times2=13$とする回答が17.2%となっており，式の左から順に計算してしまう割合が多い傾向がある。そして，学習指導にあたっては，「具体的な場面と関連付けながら理解できるようにすることが大切である」と提案されている。上記と合わせて，前項で提案するように，3項演算の文字式を代数的構造として，式の構造や結果を考察する学習が必要であろう。また，子どもたちの興味を高める教材としては，フォーフォーズや小町算と呼ばれる数字パズルに取り組ませるのも有効である。

表6-4 計算の順序に関する調査問題と正答率・反応率

問題番号	問題の概要	正答率	典型的な誤答	反応率
H29A② (3)	$6+0.5\times2$	66.8%	13	17.2%
H26A① (5)	$100-20\times4$	81.1%	320	15.5%
H22A① (6)	$50+150\times2$	66.3%	400	29.3%
H21A① (6)	$80-30\div5$	67.0%	10	26.1%
H20A① (5)	$3+2\times4$	71.1%	20	23.3%

いろいろな数を組み合わせ考えることを通して，自然に計算の順序を意識することが改善につながるであろう。

次に，文字式に関しては，文字の容器性と方程式の解法に関して述べる。文字の容器性について守屋（2003）は，小学校第1学年を対象に，表計算ソフトExcelを利用して，文字の容器性，演算の構造の指導を提案している。そして，教育実践による検証の結果，文字を扱うこと，演算構造を発展させること，文章問題を作成することが，小学校低学年の子どもに可能であることを明らかにしている。近年の教育環境では，プログラミングソフトの変数機能などを扱うことで，同様の実践が可能であろう。

また，太田・守屋（2015）では，記号の差異に関する認識調査を行った。調査問題は，□を用いた式（課題1）と，文字（A, x）や記号（☆，＊）を用いた式（課題2）をそれぞれ8問ずつ加減法の課題として出題した。その結果，表6-5となり，相関係数0.79と強い相関が示された。つまり，□を用いた式を解答可能な場合，文字や記号を用いた式も解答可能であり，未知数を表す記号が□や文字（x, y）であっても理解のしやすさに違いはないと考えられる。また，同時に実施した教育実践の結果，第1学年の子どもたちは，文字式の容器性を理解し，簡単な一元一次方程式の解を逆算の考え方を利用して求められることが明らかになった。

以上のように，文字の学習に対する抵抗感は少なく文字や方程式の学習は十分可能であると考えられる。ただし，減数が未知数である $15-x=5$ などの場合は，留意して指導する必要がある。加法の方程式の解法が既習となり，その学習において，逆算の減法を利用して計算する考え方を学んでいる。そのために，減数が未知数である場合も，逆算の加法を用いようとしてしまう。そこで，図6-10のように，求めた解を文字に代入して検算するなど，加法ではなく減法で求めることに気づかせる必要がある。

表6-5　記号の差異

	平均	標準偏差
課題1	7.12	1.67
課題2	6.94	2.06

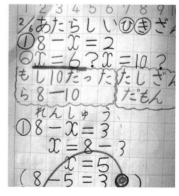

図6-10　検算の式

数と計算（2）

この誤認識の傾向は，除数が未知数の場合も同様である。

最後に，連立方程式に関する数理認識について述べる。太田・守屋（2012）では，2010年1，2月に私立N小の第4学年の37名を対象とし5時間扱いで指導した。なお，連立方程式を解く学習では，図6-11のような，文字を使った図と㋐㋔（アメとチョコを意味している）のような記号を使った図を問題解決の手がかりとして指導した。

$$\begin{cases} ㋐ \times 2 = 140 \\ ㋐ \times 2 + ㋔ = 200 \\ x \times 2 = 140 \\ x \times 2 + y = 200 \end{cases}$$

図6-11 記号と文字を使った図

調査結果より，第4学年は，与式のまま整数倍することができるという文字の実質性を理解し，解を導くことが可能であることが示された。つまり，数の範囲を自然数に限ることで，連立方程式の学習が中学年から高学年にかけて可能であると考えられる。

以上のように，小学校での式の表現や文字式の指導は，中等教育段階以降の学習を改善するためだけでなく，小学校における子どもたちの代数的思考を育む視点も必要である。本節で述べた代数領域の体系も改善の余地があろう。子どもたちの代数的な思考を発展させるために，さらなる実践研究が求められる。

課 題

1. 日常で活用されている分数や小数の事例を探して撮影し，その活用方法における分数や小数の意味を調べなさい。
2. 表6-1，6-2，6-4に示した典型的な誤答例に対して，その考え方とそのように考える要因を考察しなさい。
3. 小数÷小数の商が割り切れないときに，商を概数で表す方法を3つ挙げ，それぞれの方法における子どもの誤答例を検討しなさい。
4. 分数÷分数の意味を説明する方法を3つ考え，それぞれの説明に対するメリットとデメリットを子どもの理解のしやすさの観点から整理しなさい。
5. □を用いた式や文字式に関する調査問題を作成し，認識調査を実施することで，小学校における文字式の教育内容について考察しなさい。

引用・参考文献・より深く学ぶための参考文献

太田直樹・守屋誠司「小学生における連立方程式解法の発達過程と教育実験の成果」『数学教育学会誌』52（1・2），2012年，pp. 31-47

太田直樹「第4章　数と計算　3（代数の導入）」，守屋誠司編著『教科力シリーズ　小学校算数』玉川大学出版部，2015年，pp. 44-56

太田直樹・守屋誠司「代数カリキュラムの開発と教育実践による検証―低学年における方程式・不等式の教育実践―」『数学教育学会誌』55（3・4），2015年，pp. 119-131

川口廷・花村郁雄編『算数の完全指導―つまずき分析と診断・治療―5年・6年』学芸図書，1977年

清水静海ほか『わくわく算数6年』啓林館出版，2015年

成城学園初等学校数学研究部『だから「小数と分数」は一緒に教える』東洋館出版社，2008年

日本数学教育学会編著『算数教育指導用語辞典　第五版』教育出版，2018年，pp. 167-170

長谷川順一「量分数概念の理解に関する継時的研究―小学校3～4年生を対象として―」『日本数学教育学会誌』82（12），2000年，pp. 2-14

守屋誠司・黒田恭史・奥山賢一・横地清・西谷泉・太細孝「双方向通信を利用した遠隔協同学習の実際（1）」『数学教育学会誌』39（1・2），1998年，pp. 21-32

守屋誠司「2「数と計算」から発展させる情報教育」横地清・守屋誠司編著『低学年算数での情報教育』明治図書出版，2003年，pp. 23-39

守屋誠司「小学校低学年からの代数の指導について―カザフスタンの教科書を参考にして―」『数学教育学会誌』54（1・2），2013年，35-48頁

文部科学省・国立教育政策研究所『全国学力・学習状況調査報告書【小学校】算数』平成20年度～平成29年度，https://www.nier.go.jp/kaihatsu/zenkokugakuryoku.html（2019年8月1日確認）

文部科学省・国立教育政策研究所『全国学力・学習状況調査報告書【中学校】数学』平成26年度～平成29年度，リンク先は同上（2019年8月1日確認）

渡邉伸樹「代数の体系化をめざして（そのⅠ）―小学校1年生における文字のExcelによる指導―」『数学教育学会誌』43（1・2），2003年，pp. 25-34

渡邉伸樹「小中連携を意識した代数カリキュラム開発のための基礎研究（その2）―小学校高学年における分数の乗除―」『数学教育学会誌』51（3・4），2010年，pp. 81-92

第7章

図形

　図形では，三角形や四角形などの平面図形と，直方体や三角柱・円錐などの立体図形，平面と平面の平行・垂直などの空間の位置関係が大切である。なお，これら図形の理解は，面積や体積の求積の基礎ともなっている。本章では，図形領域の課題，内容とその系統性，指導の方法，さらに，現在の幾何教育に不足している立体図形と論理について解説する。

キーワード　平面図形　立体図形　面積と体積　論理

第1節　目標と系統性

　「図形」領域は，数学の幾何学を背景にもつ。幾何学では，図形の特徴や性質を学んだり，公理・定義から定理を証明する「数学的体系」を学んだりする。小学校の図形領域では，身の回りの図形から抽象する形で図形の名前や点・直線などの構成要素を学んでから，いろいろな図形を作図したり，制作したりしてその性質をも学ぶ。さらに面積や体積を求める方法の理解へとつながる。

　図形領域は視覚化しやすく，また，作業を通しながら学べる領域である。基本的な作図技能の習得が難しく，作業に手間取るといわれているが，教科書の絵柄だけから図形を学ぶのではなく，手作業を通して，体全体で学ぶことが大切である。

　2017（平成29）年告示の学習指導要領の内容をまとめると次のようになる。

第7章

系統表

小学校	おもに直観的な幾何
第1学年	1. 図形についての理解の基礎 形とその特徴の捉え方【さんかく，しかく，ましかく，まる】／形の構成と分解【直角二等辺三角形の色板の利用，並べる・積む・折る・切るの操作活動】／方向やものの位置【前後，左右，上下，一番前，何番目，真ん中】，【長さ，広さ，かさの直接比較や間接比較，任意単位を用いた大きさ比べ】
第2学年	1. 三角形や四角形などの図形 三角形，四角形／正方形，長方形と直角三角形／正方形や長方形の面で構成される箱の形【さいころの形】，【直線，直角，頂点，辺，面】，【長さやかさの普遍単位と計測，mm，cm，m，mL，dL，L】
第3学年	1. 二等辺三角形，正三角形などの図形 二等辺三角形，正三角形／角／円，球，【中心，半径，直径】，【コンパスを使った作図と計測，球の切断面の考察】，【巻き尺，km】，【m（ミリ），c（センチ），k（キロ）の意味に気づく】
第4学年	1. 平行四辺形，ひし形，台形などの平面図形 直線の平行や垂直の関係【鉛直・水平から垂直・水平概念へ】／平行四辺形，ひし形，台形，【各四角形の定義，対角線，敷き詰め，向かい合う辺の長さが等しいなどの平行四辺形の性質（定理）の理解，各四角形の相互関係】 2. 立方体，直方体などの立体図形 立方体，直方体／直線や平面の平行や垂直の関係／見取図，展開図／【日常事象に図形の性質がどのように生かされているかの考察】 3. ものの位置の表し方 ものの位置の表し方【基準点を定める，たて・横・高さ】 4. 平面図形の面積 面積の単位（cm^2，m^2，km^2）と測定【面積の大きさを実感する】／正方形，長方形の面積【公式】，【L字型，凹字型の求積，周りの長さと面積の混同を防ぐ】／メートル法の単位の仕組み【a（アール），ha（ヘクタール）】 5. 角の大きさ 回転の大きさ／角の大きさの単位と測定【角と角度の違い，分度器の使い方，角の作図】
第5学年	1. 平面図形の性質 図形の形や大きさが決まる要素と図形の合同【三角形の決定（合同）条件に気づかせる，敷き詰める活動】／多角形についての簡単な性質【帰納的に三角形の内角の和は180°を見つける，演繹的に四角形の内角の和は360°を見つける】／正多角形【正六角形・正八角形，正多角形の性質を円の性質と関連づける，正多角形のプログラミングの体験】／円周率【3.14】

第5学年	2. 立体図形の性質 　角柱や円柱【底面，側面，見取図や展開図，直方体・立方体は角柱の仲間】，【角柱における頂点の数，辺の数，面の数の関係】 3. 平面図形の面積 　三角形，平行四辺形，ひし形及び台形の面積の計算による求め方【底辺をどこでとるかで高さが決まる，分割する・等積変形・倍積変形・図形を加えて既習図形にする】 4. 立体図形の体積 　体積の単位（cm^3, m^3）と測定 　立方体及び直方体の体積の計算による求め方／メートル法の単位の仕組み【一辺10cmの立方体の体積が1L】，【直方体の縦と横を固定し，高さを2倍，3倍……と変化させ，比例の学習と関連】
第6学年	1. 縮図や拡大図，対称な図形 　縮図や拡大図【対応している角の大きさはすべて等しく，対応している辺の長さの比はどこも一定，木の高さを影から求めたり地図上の長さから実際の長さを計算したり日常生活に生かす】／対称な図形【線対称，点対称，対称の軸，対称の中心，対称図形の作図】 2. 概形とおよその面積 　概形【不定形を既習図形と見なす】とおよその面積 3. 円の面積 　円の面積の求め方【既習の基本図形に帰着して求める，(円の面積)＝(半径)×(半径)×(円周率)】 4. 角柱及び円柱の体積 　角柱及び円柱の体積の求め方【(角柱や円柱の体積)＝(底面積)×(高さ)】
中学校	おもにユークリッド流の総合幾何（論証幾何）
第1学年	平面図形【弧，弦，//，⊥，∠，△】 ・基本的な作図の方法【角の二等分線，線分の垂直二等分線，垂線など】 ・図形の移動【平行移動，対称移動，回転移動，円の接線と接点，円の接線はその接点を通る半径と垂直】 ・作図の方法を考察すること【測定によらず，定規とコンパスで30°や45°を作図したり合同な三角形を作図したりして論理的に考察】 空間図形 ・直線や平面の位置関係【垂直・平行・ねじれの位置，直線の決定（空間上の2点），平面の決定（同一直線上にない3点，1直線とその上にない1点，交わる2直線），空間は1つの平面で2つの部分に分けられる】 ・基本的な図形の計量【π，扇形の弧の長さと面積，中心角，錐体や球の表面積と体積】 ・空間図形の構成と平面上の表現【回転体，見取図・展開図，投影図（平面図・立面図）】

第2学年	基本的な平面図形と平行線の性質 ・平行線や角の性質【対頂角，内角，外角】 ・多角形の角についての性質【n角形の内角の和 $= 180° \, (n-2)$，n角形の外角の和は$360°$】 ・平面図形の性質を確かめること 図形の合同 ・平面図形の合同と三角形の合同条件 ・証明の必要性と意味及びその方法【帰納的推論から演繹的推論】，【定義，仮定，結論，証明，逆，反例，≡】 ・【三角形や平行四辺形の性質などを具体的な場面で活用する，正方形・ひし形・長方形が平行四辺形の特別な形（四角形の包摂関係）】 ・【連立方程式をグラフ上で解く方法（解析幾何の導入）】
第3学年	図形の相似 ・平面図形の相似と三角形の相似条件【∽，定理】 ・相似な図形の相似比と面積比及び体積比の関係【相似比$a:b$なら，面積比$a^2:b^2$，体積比$a^3:b^3$】 ・平行線と線分の比 ・【相似な図形の性質を具体的な場面で活用する（地図と縮尺，測量）】 円周角と中心角 ・円周角と中心角の関係とその証明【同じ弧に対する円周角の大きさはその中心角の大きさの$\frac{1}{2}$，一つの円において同じ弧に対する円周角の大きさは等しい，円周角の定理】 ・【具体的な場面で活用する（「さしがね」の仕組み）】 三平方の定理 ・三平方の定理とその証明【直角三角形の辺の比（$1:2:\sqrt{3}$，$1:1:\sqrt{2}$），インターネットでいろいろな証明方法を調べる】 ・【具体的な場面で活用する（標高差のある2点間の距離，山の頂点など地上から離れた地点から見える範囲，数直線上に正の整数の平方根を作図する方法，近似値と有効数字の実感】
高等学校	おもに座標を使った解析幾何，コンピュータの利用
数学Ⅰ	図形と計量【正弦sin，余弦cos，正接tan】 ・鋭角の三角比，鈍角の三角比，正弦定理，余弦定理，図形の計量
数学Ⅱ	図形と方程式 ・点と，直線の方程式，円の方程式，軌跡と領域，【線形計画法】 三角関数 ・角の拡張，【弧度法】，三角関数，三角関数の基本的な性質，三角関数の加法定理，2倍角の公式，三角関数の合成

図形

数学Ⅱ	微分・積分の考え ・不定積分と定積分，面積
数学Ⅲ	積分法 ・積分の応用，面積，体積，曲線の長さ【フラクタル図形の周長や面積】
数学A	図形の性質 　・平面図形 　　三角形の性質【内心，外心，重心，チェバの定理，メネラウスの定理】，円の性質【円周角の逆の定理，円に内接する四角形，方べきの定理，2円の位置関係と共通接線】，作図【円への接線，内分点・外分点，正五角形など】 　・空間図形 　数学と人間の活動 　・数量や図形と人間の活動 　・平面や空間における点の位置
数学C	ベクトル 　・平面上のベクトルとその演算，ベクトルの内積，空間座標，空間におけるベクトル，【ベクトルによる図形の性質の証明は解析幾何である】 　平面上の曲線と複素数平面 　・直交座標による表示，媒介変数による表示，極座標による表示【極方程式，サイクロイド曲線，内トロコイド，外トロコイド】，二次曲線【放物線，楕円，双曲線】 　　複素数平面【図形の移動】，ド・モアブルの定理 　数学的な表現の工夫 　・離散グラフ
社会では	論理的思考の訓練，物の制作や製造，建築，GPS，相対性理論，宇宙の構造などさまざな

小学校・中学校・高等学校学習指導要領解説（文部科学省）算数編，数学編に加筆

　第2章の歴史からわかるように，小学校で現在のような図形教育が取り入れられたのは，1935（昭和10）年の緑表紙教科書からである。それまでは，面積や体積などの計量を指導するために図形が扱われていた。現在では，図形の概念や性質を小学校低学年から系統的に指導し，中学校で扱う論証につなげ，さらに高等学校では座標を導入した解析幾何を扱うことになる。

第2節　図形におけるつまずきと課題

1．現実との乖離

　図形領域だけでなく算数科・数学科全体にかかわることであるが，身の回りの生活や自然現象，社会事象と算数・数学が乖離していて，学校で学んだ算数・数学の知識が生かされていないという課題がある。たとえば，図7-1を見てほしい。これは，2005（平成17）年に小学校4年生に対して実施された特定課題に関する調査（算数・数学）の問題（国立教育政策研究所）である。ブランコの乗る板がどのような軌跡をえがいて移動するかを問うている。(1)では軌跡を

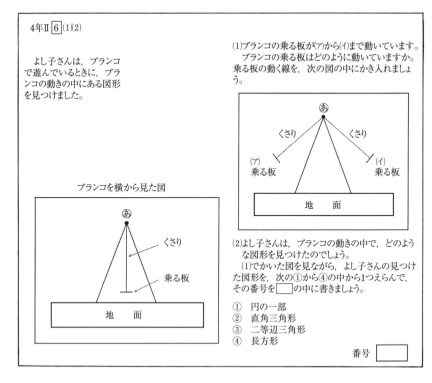

図7-1　特定課題に関する調査問題

かき入れる問題で，(2)は軌跡を選択する問題である。(1)の正答である円弧をかいた正答率は49.2％と半数だった。(2)のヒントがある場合でも正答率は43.8％にしかならず，誤答である③の二等辺三角形を選択した者は，41.9％に及んだ。小学校4年生では円について既習であるが，子どもたちが生活のなかにある円に気づかずにいる実態が明らかになった。

2. 数学的体系の指導の欠如

次の例は，2009（平成21）年度，小学校6年生を対象に実施された全国学力・学習状況調査の問題である。基本問題の図7-2の正答率は92.7％と高い。しかし，この根拠となる性質を問う応用的問題である図7-3では正答率が65.3％となる。選択肢の5である「平行だから」と誤答した者は19.9％であった。平行四辺形の定義「2辺が平行である」と，性質（定理に相当）「2辺の長さが等しい」を同意義と捉えている子どもが多いことを示している。定義と，定義から導き出された定理との違いを意識できないことは，数学教育における幾何教育全体から起こる課題である。

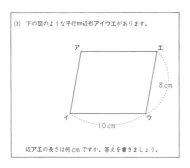

図7-2 平成21年度全国学力・学習状況調査，2009年，小学校第6学年，算数A⑤(3)

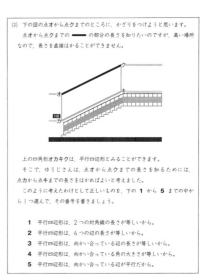

図7-3 平成21年度全国学力・学習状況調査，2009年，小学校第6学年，算数B①(2)

第7章

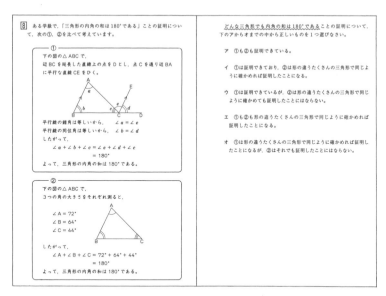

図7-4 平成21年度全国学力・学習状況調査，2009年，中学校第3学年，数学A⑧

　もう一つ，図7-4の例を見よう。これは，2009年度，中学校3年生を対象として実施された全国学力・学習状況調査の問題である。帰納的推論と演繹的推論の違いを生徒が認識しているかを調査する問題であった。正答率は29.7％と低い。帰納的推論でも証明したことと捉えているアとイを選択した者は55.5％となった。これは，数学的な「証明」とはそもそも何であるかを生徒が理解していない結果であるが，むしろカリキュラム上できちっと指導してこなかった表れである。このように，図形教育のもう一つの課題は，公理，定義，定理をもとにしている数学の体系，さらに，演繹推論それ自体の指導がされていないことにある。算数・数学は論理的思考を育てる教科として位置づけられているにもかかわらず，図形から「論理」だけを抜き出して指導していないことに原因がある。

3．立体幾何や空間の認識不足

　戦後の幾何教育における欠陥の一つとして，立体幾何を軽視してきたことがある。平面と平面とが垂直に交わる場合だけを扱い，そもそも平面と平面が交

わる角のことである2面角の定義も，現在の教育課程には現れない。平面上の直線を中心に扱っているために，空間にも直線が存在することを認識している子どもは少ないと思われる。教師自身が立体幾何を体系的に学んでいない世代になっている。そのため，子どもだけでなく小学校の教師も，直線とは物に付随している辺のことだけを指してると考えていて，空間に直線という図形自体が存在しうることを意識していないのではないだろうか。小学校の教師を長くしていると，教科書で扱っている内容のみに知識が限定されてしまい，知らず知らずのうちに考え方も固定されてしまう傾向がある。前述したブランコ課題の誤答などは，空間にある曲線（円）を意識した意図的な指導を行わず，平面上の円とコンパスの使い方に終始した指導を行っていたかもしれない教師側の責任であろう。

第3節　認識の発達と幼児教育の例

　幼児の空間認識についてピアジェ（Piaget, J）は，位相空間，射影空間，ユークリッド空間の順で認識されるという。しかしながら，幼児が描いた絵を見れば，必ずしもピアジェの示した順序ではなく，現実の空間であるユークリッド空間を初期から認識していることがわかる。次に示す絵は，系統的な幼児教育を古くから実践している京都市所在の，だん王保育園（信ヶ原千恵子園長）の園児が描いたものである。2歳代になれば，図7-5のような目・鼻・口の位置がしっかりしている両親の絵を描く。これは，上下がはっきりしている正しくユークリッド空間の絵である。図7-6は，3歳代の幼児が描いたバスの絵だが，バスが長方形に描かれている。これも，直角が描かれているユークリッド空間の絵である。このように，子どもの空間認識の発達は，必ずしもピアジェの説に従わないのである。

　子どもの空間認識の発達を，横地（1994）からまとめてみよう。3歳児とは，4月1日に満3歳に

図7-5　2歳代の絵

図7-6　3歳代の絵

なっている幼児のことを指す。したがって10月頃にはほぼ半数の幼児が満4歳代になっている。

0歳児：画用紙に実際的な物や場面を連想して絵を描いたり，床を這いずったり，床に沿って物を前後，左右に動かしたりする活動を通して，紙，床の平面について2次元の広がりの把握を始める。また，腰を下ろして物を前後左右，上下に動かしたり，つかまっての立ち歩きをしたりして3次元の広がりの把握を始める。

1歳児：画用紙上にクレヨンや鉛筆を前後左右，あるいは円状にはしらせる活動を通して，画用紙のもつ2次元の広がりを意識する。

2歳児：画面の前後方向と左右方向の弁別意識が始まる。描く対象についても，鉛直方向，水平の横方向，奥行きの縦方向の弁別が始まる。

3歳児：2歳児の各弁別がはっきりしてくる。絵画では，主要な部分を位置関係まで捉えて，それらの部分の組み立てで全体が構成される。

4歳児：人物の後ろ向きや横向きが描かれる。絵画では，まず全体を考え，その中に部分を位置づける。

5歳児：絵画では，奥行きを2次元平面上に表現する。描くものについては，まず全体を考え，その中に部分を位置づけていく意識がいちだんとはっきりする。

これら幼児からの空間認識の発展に合わせた小学校カリキュラムが必要である。

第4節　平面・立体の幾何

1．図形指導のねらい

　図形を指導するおもなねらいは，「平面や空間における基本図形や空間の概念について理解し，図形の概念や基本図形がもつ性質を理解したり，図形について豊かな感覚を身に付けたりするとともに，図形の性質を活用して，具体的な場面で適切に判断したり，的確に表現したり，処理したりできるようにする。また，図形の学習を通して，前提となる条件を明らかにして筋道を立てて考える等，論理的な思考の進め方を知り，それを用いることができるようにするとともに，その過程を通して数学的な見方・考え方の育成を図り，数理的処理の

よさが分かるようにする」(文部科学省 2018, p.34) ことである。

図形についての感覚は，物の形を認識する，形を取り出す，形を移動する（平行，対称，回転），形を変形する，形の特徴を捉える，性質を見つける，形同士を関連づけるなどがある。

また，考えたり表現したりする際には，定規，三角定規，コンパス，分度器などの作図道具の使い方に慣れ，定着させておく必要がある。さらに，制作活動では，はさみ，カッター，のりなども上手に使えなければならない。これらの技能は放っておいても学年進行で上手になるわけではなく，機会あるごとにその都度定着させる必要があろうことはわかる。ただ，作業が遅い・時間がかかる，正確に測れない・描けないなどで，制作活動を伴った図形指導は敬遠される。しかし，中学生や高校生でさえも，制作活動のなかで原理を理解したり，確かめたりしながら，数学の知識を精緻化している。小学生にとっては，将来，抽象的な内容を学習するうえで，なおさら制作活動は重要である。なお，作図用具の具体的な指導は，次節で扱う。

2. 図形の内容

図形領域で扱う内容は，平面図形と立体図形であるが，平面幾何と立体（空間の）幾何がそのバックボーンとなる。体系的な平面幾何や立体図形を対象とした立体幾何の内容は，中学校や高等学校で学習した経験があるのでイメージがわきやすいと思われる。しかし，空間にある平面や直線を対象とした立体幾何は学校数学でほとんど扱われていないため，具体的イメージがわきにくい。たとえば，次の定理，「同じ直線ABに垂直である2平面P，Qは互いに平行である」は，直方体の向かい合った平面が平行であることを説明するために使われる定理であるが，おそらく未習であろう。

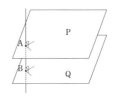

図7-7　平面の平行の定理

証明は次のようになる。

「平面P，Qと直線ABとの交点をおのおのA，Bとする。もし，P，Qが交わって共有点Cをもつとすれば，2つの直角CAB，CBAをもつ三角形CABができることになる。これは，三角

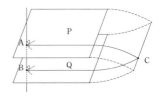

図7-8　証明のための図

形の内角の和が180°であることと矛盾する。したがってPとQは交わらずに平行である」。

5年生の授業で，先生が正六角柱を示して，「平行な面はどこですか」と発問したところ，「底面と上の面」「向かい合った側面」という答えが返ってきた。そこで「なぜ，平行だと考えたの？」と発問したために，子どもたちは困惑した。実は，子どもたちは平行を直観的に捉えているために，

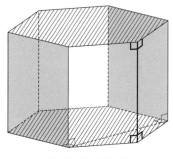

図7-9　正六角柱の図

理由を聞かれても困るのである。一人の子が，この定理と同じ内容，「横の辺に底面と上の面（これも底面だが未習）は垂直に交わっているから」と発言した。先生は慌てていたため，その子の言った意味を理解できずに，授業は進んでしまった。5年生は，相当に抽象化された内容を駆使して思考するが，先生がそれについていけなかった事例である。高校までの教科書には出ていなくても，先生は立体幾何の論証について勉強しておく必要がある。

3．概念とは

概念には，外延的定義と内包的定義がある。外延的定義とは，「積み木，三角の色板，トライアングル，屋根，おむすび，はさみで切り取った三角を指して「この形」，……などの形を三角形という」のように，定義する集合の要素を列記して述べる。無限集合の場合はすべてを列記できないので「など」を使って打ち切る。一方，内包的定義は，「3本の直線で囲まれた図形を三角形という」のように，ある概念に属する要素（この場合は直線）に共通する性質を述べるもので，教科書にある定義に近い。概念を指導するには，まず，生活経験から外延的定義で大まかな図形のイメージをつくり，用語を使う。次に，いろいろな図形を分類するなどの作業から，ほかの図形との違いや特徴をはっきりさせるなかで，内包的定義を学ぶことになる。「三角形とは？」と問われて，「3本の……，たとえば……などです」というように，2つの定義で答えられるようになるとよい。

図形

4. 指導方法

　図形の学習では，一般に分類と弁別によって図形の共通な特徴を明らかにしながら，図形を定義していく。あらかじめ画用紙で作られた三角形と四角形などの図形をいろいろな観点から分類することによって，三角形，四角形などの特徴を明確にしていく方法がとられる。このときに，図形の構成要素である，頂点，辺，角などに着目して，これらの個数で分類する。さらに，三角形の種類や四角形の種類では，辺や角の大きさ，辺の平行に着目し，立体図形では，面の形やつながりのようす，位置関係に着目して分類する。

　図形が定義されると，次には，定義に基づいて図形を弁別したり，図形を構成したり，作図したりする。さらに，図形の性質を調べたり，図形相互の関係に着目して図形を考察する。

　図7-10は，第2学年の授業風景である。初めは，三角っぽい，四角っぽい，丸っぽいに分けている。まだ，図形の輪郭がモヤモヤとしたイメージの段階での分類である。授業が進むと，図7-11のように角に着目し，角が3つある図形，角が4つある図形に分け，さらに，それらから角が丸くなっている図形を外すようになる。図形の輪郭がはっきりと直線になり，三角形と四角形の概念がしっかりしてきた。この後で，直線の数にも注目させ，三角形，四角形の定義をした。

図7-10　分類の授業の前半（第2学年）

図7-11　授業終了間近の分類

図7-12　モヤモヤから直線の図へ

第5節　面積と体積

1. 面積

(1) 面積とは何か・広さの概念の発達

面積とは，「広さ」の概念から出発して，単一閉曲線に囲まれた内側の広さを数値で表したものである。

たとえば，図7-13のアの図形は内側と外側の点を区別できる閉曲線だが，イのように外側と内側の区別ができなければ，面積は決定できない。また，面積は平面上にも曲面上にも存在する。

面積の指導にあたっては，まず「広さ」の概念の発達段階について述べるのが重要である。

小学校6年生に面積とは何かと尋ねると，「縦×横」「底辺×高さ÷2」など，公式が返ってくる場合が多い。しかし子どもにとっての面積の

図7-13

概念は，そういう形の面積から始まるのではない。横地（1978）によると，面積の概念は少なくとも3つの段階を通って，認識されていくという。

用語もまず「広さ」から始めるのがふさわしい。3つの段階とは，ア．実践的広さ，イ．物的広さ，ウ．形の広さ（＝面積）である。このことをないがしろにして形式のみの指導を急いでしまうと，実際の問題に適用することができなくなる。3つの段階について述べる。

ア．実践的広さ

小学校第1学年当初の子どもには，地面の広さとスケッチブックの広さとを比較することは難しいことである。地面の場合は，自分たちが走り回る活動の

図7-14　実践的広さ

図7-15　物的広さ

図7-16　形の広さ＝面積

範囲としての広さであり、スケッチブックはその中にどのくらいかけるかの範囲が広さになる。それぞれに活動の種類が違うので、物の種類に応じて、広さの種類があると考える。これを「実践的広さ」と呼ぶ。

イ．物的広さ

次の段階は、1学年末から3学年あたりの子どもの「物的広さ」と呼ぶ段階である。これは、地面とスケッチブックを比較できるようになった段階ではあるが、広さを囲む形より、その内側を問題とする。たとえば、花壇の広さといえば、形よりもその中にどれだけ多くの花を植えられるかを問題にする。画用紙にりんごの絵を描くときには、クレヨンを使ってどれだけ描けるかが問題になる。

ウ．形の広さ＝面積

最後の段階は4学年あたりから始まる。広さを平面の中の一部と考え、平面から広さを切り取った部分の形を問題にする。始まりの点と終わりの点が一致して閉じている形（単一閉曲線）の広さを考えていく。基本的な形として、正方形や長方形をまず考え、形を構成する辺の長さで、広さの量を決める方法を追求していく。また、正方形の広さを基準として、一般の形の広さも計算しようとしていく段階である。

以上の3つの段階は、子どもが面積の概念を獲得していく過程であり、後の段階は前の段階の概念を含む高次の段階である。また、面積の概念が実際の感覚から始まって、どのように抽象化されていくかを示している。実践的広さ、物的広さから抽象化されて形の広さ＝面積の概念に到達したからこそ、現実の問題に利用できるようになるといえる。

(2) 子どものつまずきについて

現在、次のようなつまずきが見られる。

①公式を形式的に用いる子ども

全国学力・学習状況調査の算数問題において、経年比較をするために、2008（平成20）年度の以下の問題について同一の問題を2013（平成25）年度に抽出した学校について調査した。

2008（平成20）年度算数A⑤

[問題] 次の平行四辺形の面積を求める式と答えを書きましょう。

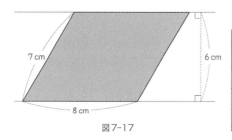

図7-17

表7-1

解答例	2008年度（％）	2013年度（％）
8×6＝48	85.2	79.8
底辺×高さ＝48	0.1	0.1
8×7＝56	6.5	6.4

　斜めの線の長さの余分な情報のない問題であれば，100％近い正解率の問題である。なかなか改善が図られていないことがわかる。

② 「周囲の長さと面積の関係」が混じっていること

　［問題1］縦10m，横20mの土地にアのように道を作ったときと，イのように道を作ったときとでは，どちらの面積が広くなりますか。（川口他1977）
正答率34.2％

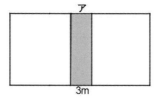
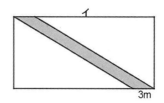

図7-18

　［問題2］同じ長さのマッチ棒で正方形と平行四辺形を作りました。面積はどうなりますか。答えに○をつけなさい（守屋他1990）。
①正方形の方が大きい（14％，4名／29名）。
②平行四辺形の方が大きい。
③同じ面積。（83％，24名／29名）
④わからない。

図7-19

　問題1では，周りの長さにとらわれて，イのほうが広いと考える子どもが多い。また，問題2では，周りの長さが同じだと面積も同じと考える子どもが多いこ

とを示している。長さの概念と広さの概念が分離されていない子どもが多いことがわかる。

③**公式があるから面積がある，計算ができないから面積がないという子どもたち**
　守屋(1983)によると，面積の単元を学習していない4年生1クラスを調査して，単純閉曲線について41％，木の葉について37％の子どもが，それらに面積がないと答えたという。
　中学生になっても，長方形には面積があるが，楕円形には面積がないという子どもたちが少なからず存在する。これは公式だけを覚えてしまって，面積の意味がわかっていない状況になっているからと思われる。

(3) 実際の指導について

　以上の子どものつまずきを踏まえて，4年生からの面積の指導では次のことが必要になると思われる（横地 1984, pp. 207-208 参照）。
〈面積の概念の発達のために必要なこと〉
①面積を範囲で限定しないままとらえている子どもたちに，周囲で限定されるものとしてとらえさせるようにする。
②曲面やいびつな形で囲まれた平面図形にも面積があることを理解させる。
③面積を漠然と前後左右に広がるものとしてとらえている子どもに，2次元の大きさとして意識させるようにする。
④面積をそれぞれの形に結びついた大きさととらえている子どもに，連続的に増減する大小のあるものとして認識させるようにする。
⑤面積を加減の演算ができると認識していない子どもに，加減の演算ができるものとして意識させる。
⑥面積を囲みの内側の部分でとらえるようになった子どもに，さらに囲みの特徴で決定できるものと認識させる。
⑦長方形の面積を，内側の広がりだけでとらえようとする子どもに，(縦の長さ)×(横の長さ)として，とらえさせるようにする。
　小学校4年生からの面積の学習は，⑦の段階の学習から始まっている。実在としての面積の概念を学習させるためには，①～⑥の段階を踏まえて，実測や制作活動をふんだんに経験させることが大事である。実測も教室にとどまらず，屋外に出るような活動も取り入れることが望ましい。①～⑦のために以下の指導例を挙げる。

その1）面積の概念の指導

授業1　「しみ遊び」

広さの認識と位置による保存性を学ぶ

①習字用半紙に水で薄めた墨汁を落とし，それがしみていくようすを観察させる。

②別の半紙を上にあてて，しみの縁取りを行う。

③縁取った閉曲線の内側に，クレヨンか色鉛筆で色を塗らせる。→この作業によって，線で囲まれた内部がつまっている面の存在と，広さが連続的に増減する量であることをはっきり認識させる。

④墨汁が広がってできたしみを切り取って，いろいろな位置に移してみる。→位置が変わるだけで広さは変わらないことを感じさせる。

その2）不定形の面積を測る

授業2　「みかんの表面積（皮の面積）をはかろう1」

単純な公式のある図形でなくとも，不定形の面積が求められることを理解し，面積の概念の理解を深めるために効果的な学習である。題材としては，葉っぱ・手形・足形・地図・果物など，多くの実践が行われてきた。今回は，手に入りやすく作業しやすいみかんの皮を題材にした実践例を紹介する。

（用意するもの）

・みかん（人数分，小さめでよい）　・はさみ　・カッター　・工作版　・直定規　・方眼紙

①みかんの皮を丁寧にむいて，方眼紙に写し取る（図7-20）。（授業3で使用）

②みかんの皮を1cm幅に切り，直線上に横につないで台紙の方眼用紙に貼っていく。形は変わっても，元の広さと同じであることを確認しておく。台紙が足りなくなれば，横につなげていく（図7-21）。

③1cm幅に満たない片は，最後に貼り足す。適当に細かく切ってすき間をうめながら長く伸ばしていく。

④ほかの子どもと比べ合う活動をし，縦1cmの長方形の面積を比べることによって実感させる。それぞれのみかんの皮の広さがそのままでは比較しづらいが，同じ幅のテープ状にすると，比較しやすくなる。その後に，1辺1cmの正方形が広さを測る単位であることを教えて広さを数値化する（図7-22）。

図形

図7-20

図7-21

図7-22

授業3 「みかんの表面積（皮の面積）をはかろう2」

授業2の①で方眼用紙に写したみかんの皮の形を使って，「はさみこみ」によって求める活動を行う。
① 形の内側にある完全な方眼の数から，面積の下限を求める。
② 皮の形を一部でも含んでいる方眼（不完全な方眼）の数を加えて，面積の上限を求める（図7-23）。

面積の下限＜真の値＜面積の上限の意味から，

面積≒（完全な方眼の数）＋（不完全な方眼の数）÷2

という公式で，およそ授業2で求めた面積の数値に近いものを求められるこ

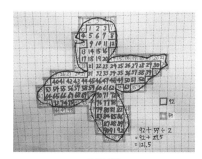
図7-23

123

とをまとめる。

この活動においては，方眼の大きさを小さくしていくことで，さらに正確な数値が求められる。この活動を進めて，方眼の大きさを小さくしていくことで，その数値が一定の値になるであろうことを理解することができる。

|授業4|「台形の公式を使って，面積を求めよう」

基本図形の求積公式を学習した後に，もう一度不定形の面積を取り扱う授業例を紹介する。まず4人が1組になって，葉っぱ・手形・足形・地図など測ってみたい図形を用意する。それを方眼紙に写し取り，平行線を書き込んでいく。そして不定形をいくつかの台形で近似していく（図7-24）。

多くの計算が必要になるため，Microsoft社のExcelの利用が便利である。Excelのセルに，台形の面積の公式を入力しておく。上底・下底・高さを各セルに入力すれば，自動的に面積が計算される。教師がExcelシートを作成しておくのもよいが，子ども自身で，必要性に応じてExcelを利用できるようにするのが望ましい。

この活動では，三角形の面積を計算する場面が出てくるが，新たに三角形の面積の公式を入力しなくて

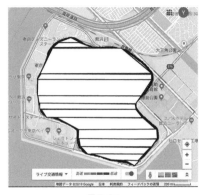

図7-24

も，上底か下底を0にすれば，計算できる。このことから，台形の公式が三角形・四角形の面積の公式を統合して使える公式であることに気づくことができる。なお，図7-24は東京ディズニーランドの面積を求めた例であるが，地図を使用する場合には，地図の縮尺（実際の距離を地図に表す場合に縮小した割合）や表示のスケールバーを利用して実際の長さを計算するのに注意しなければならない。

その3）カバリエリの原理の利用

カバリエリ（Cavalieri, F. B., 1598-1647）によるカバリエリの原理を面積の学習に利用すると，横地（1977）に示された以下の性質にまとめられる。

図形

　いくつかの長方形を積み重ねてできた図形を階段図形と呼ぶことにする。このとき，次の性質がある。

性質ⅰ）階段図形をつくっている各長方形を左右にずらして新しい階段図形をつくると，この図形は，元の図形と面積が等しい。

性質ⅱ）直線になった底辺と，その上に立つ曲線で囲まれた図形がある。この図形の中に，底辺に平行な直線を等間隔に何本も引き，この図形にのる階段図形をつくる。このとき，平行線の間隔を限りなく小さくしていけば，この図形にのる階段図形の面積は，元の図形と一致するようになる。

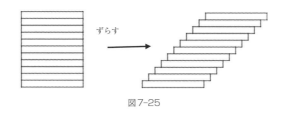

図7-25

|授業5|「ずらした図形の面積はどうなるのか」

図7-26

　この性質を確かめるには，厚紙のカード（トランプなど）を何枚も用意し，高さが一定である箱に入れて，直方体（側面は長方形）になるように重ねる。そのカードの直方体の側面に絵を描く。ずらすと，紙の厚さの階段図形ができる。そこで，次の発問を行い，子どもに考えさせてからまとめる。

発問「この変形によって，変わるものと，変わらないものは何ですか？」
（予想される子どもの考え）

変わるもの	変わらないもの
・絵　・形　・周の長さ ・辺が直線から曲線になった。	・底辺の長さ　・高さ　・面積

125

この厚紙を下からずらしてできる図形は，性質i)により，元の図形と面積が等しくなる。積んだ紙全体の高さは変えないで，厚紙を限りなく薄くしていけば，絵はなめらかに変形されるが，性質ii)により，階段図形の面積は元の図形の面積と等しくなる。
　この活動を通して，高さと側面積が変わらない変形であることを授業で考えさせながら，実体験させることが重要になる。そしてずらす活動によって，図形とその高さの関係がより一般化される。
　経験による「カバリエリの原理」の学習によって，平行四辺形や鈍角三角形の求積が理解しやすくなるし，長さの概念と面積の概念が分離していく（図7-27）。

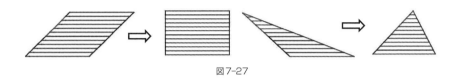

図7-27

その4）図形の求積によって，思考力を育む学習にする
①既習事項を使って，次の図形の面積を求める。
　単位正方形の数を数えることから始まって，単位正方形を縦方向・横方向に実数倍することによって，
（公式）長方形の面積＝（縦）×（横）（順番はどちらでもいい）を導く。その後，長方形→平行四辺形→三角形→台形の順で，既習の公式をもとに図形の面積の求め方を考え，公式をつくり出していく。この学習は，演繹的な推論のもとになる思考力の育成にも有効である。
　最終の台形の求積には

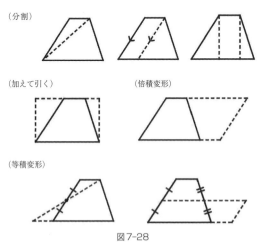

図7-28

さまざまな方法があり，子どもが夢中になって求積に取り組む学習活動が期待できる（図7-28。ここに挙げた例のほかにも方法があるので，多様な方法を子どもに考えさせたい）。
②平行四辺形・長方形・三角形が特別な台形という見方を身につける。
　上記の学習が終わった後に，既習のほかの図形は特別な台形と見ることができ，台形の公式を利用して面積が求められることに気づかせたい。
・平行四辺形は，上底＝下底である台形
・長方形は，上底＝下底であり，1つの内角が直角である台形
・三角形は，上底＝0である台形

２．体積

（１）体積とは何か・「かさ」の概念の発達

　長さは1次元の広がり，面積は2次元の広がり（広さ）を数値で表したものである。この考えを発展させて，体積は3次元の広がりを数値で表したものである。3次元の広がりを表す言葉として，通常は「かさ」を用いるが，子どもたちにとって，あまりなじみがない言葉であることに注意して指導したい。

　詳しく定義すると，体積は閉じた平曲面で囲まれた内側の広がり（膨らみ）を数値で表したものである。この場合のイメージとしては，ビニール風船を膨らませて，その中に細かい紙片をたくさん入れる。風船を大きく膨らませて息を吹き込むと，紙片の飛び回る範囲は大きく広がり，小さく膨らませれば，紙片の飛び回る範囲は狭くなる（図7-29）。

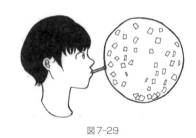

図7-29

（２）実際の指導について

　面積の場合と同じように，実在としての体積の概念を学習させるためには，前記〈面積の概念の発達のために必要なこと〉①～⑥の段階を踏まえて，実測や制作活動をふんだんに経験させることが大事である。指導例を挙げる。

その1）体積の量感をもち，体積が $1cm^3$ の立体の個数で表せることの学習

授業1　ねん土の量を $1cm^3$ の立方体の数で表わそう

以下の活動は高濱俊雄の実践（算数・数学教育実践研究会 2007）を参考にしている。

（用意するもの）
・紙粘土（2人に $200cm^3$ ぐらいの塊1個）　・$1cm^3$ 作成器（1人に1個）
・直定規

$1cm^3$ 作成器の作り方（T字型2個一組で1人分になる）

・ホームセンターなどで，1cm角材（切り口が1cmの正方形になっている角材で，長さが90cmくらい）を4cmずつの長さに4本切る。このとき垂直に切断すること。
・4cmの部品をボンドと釘で図7-30，7-31のように組み合わせる。これを2つ作る。

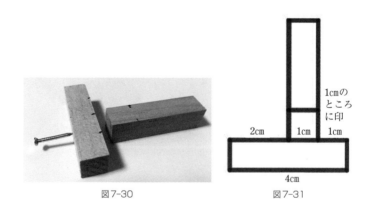

図7-30　　　　　　　　　図7-31

・図7-33のように，2つのT字型を組み合わせて，そのすき間に紙粘土を押し込むと，$1cm^3$ のサイコロが作られる。

〈授業の過程〉

①一塊の紙粘土を直定規で切って，2つに分ける。
②2人それぞれが，分けた粘土で簡単に動物などを作る。
③$1cm^3$ 作成器を使って，作った動物などから粘土を取り分けて $1cm^3$ の立方体を作る。

図形

図7-32

図7-33

図7-34

④作った1cm³の立方体の個数で体積を表す。
⑤直方体の体積を同様にして求める。立方体の体積を同様に求める。

　⑤の活動によって，公式が実感されるようになる。

その2）物の体積が，それが押しのけた量と等しいことの学習
|授業2| 押し出された水の量で物の体積を求めよう。
(用意するもの)
・風船（球になるようなヨーヨー風船や水風船が望ましい）　・ビーカー
・バット（あふれた水のため）　・水2L程度
①風船に水を入れて，膨らませる。

図7-35

②満タンにしたビーカーに膨らませた風船を入れる。
③あふれた水の量と，風船の中の水の量を比べる。
④ビーカーの中で風船を割るとどうなるか，予想させる。
⑤針や錐などでビーカーの中の風船を割る。

第7章

　子どもたちは，この実験によって，「物の体積が，押し出した水の量に等しい」ことを実感する。
　この実験の後に，直接は求められない物体の体積を調べてみることも，子どもが楽しみながら体積を実感できる授業になる。
(用意するもの)
・体積を測りたいもの（りんご，パプリカ，バナナ，デコポン，さつまいも……）　・ビン　・バット　・メスシリンダー（1L）
①水で満タンにしたビーカーに，「体積を求めたいもの」を入れる。浮いてしまうものは，串で刺して入れるとよい。
②あふれた水をメスシリンダーで測る。

|家庭での宿題| 自分の体積を求めよう

　授業2の実施後に，子どもに「自分の体積を求める」課題を提示するとさらに体積が実感できる。手順は次のようになる。
①風呂に満タンにお湯（水）を張る。
②風呂に入って頭までしずめる。
③あふれた水の量を量るために，1Lのペットボトルなどで，また満タンになるまで，水を入れる。1L＝1000cm^{3}であることから，自分の体積を求める。
【発展のために】
　体積を求めた後に，体重を体積で割って，自分の体の比重を求めるとさらに学習を深めることができる。1であれば，水と同じ比重である。自分の体の比重がどの程度か考えさせる題材になる。1より小さければ，水に浮くということになる。
　また，発展のために「形は同じだが，大きさが違う立体の体積を調べよう」という課題にも挑戦させてみよう。これは，中学校の相似な図形の体積比につながる学習になる。理論でなく，インフォーマルに測定の作業を行っておくと，中学校でフォーマルに概念を定着させるうえで有効である。授業2の方法を使って，相似な立体の体積を比べる学習を行い，体積や重さが，長さの比とどういう関係になるかを調べる。例としては，・大きいスイカと小さいスイカ　・大アサリ（殻長10cm余り）とアサリ　・大きいナスと小さいナス，などが挙げられる。

第6節　発展的な幾何教育

　これまでの数学教育学の研究から，学習指導要領に規定された内容以上に子どもたちがもつ図形への認識が高いことがわかっている。さらに，現在の学習指導要領では扱っていないが，これからの子どもたちに必要となる内容もある。そこで，この分野の先行研究・授業を調べて，小学校・中学校の教育内容を表7-2にまとめた。図形領域には，剛体，面体，空間，平面，運動，計量，座標・解析，論理の各分野を包括している。これらについて順次説明したい。

表7-2　幾何領域の体系化（守屋 2004）

幾何領域の体系化（試案）

領域＼学年	剛体	面体	空間	平面	運動	計量	座標・解析	論理
低学年	（幼）単一曲面体　複合曲面体　機能的曲面体	【展開図】ふたなしからふたありへ　立方体　直方体	平行・垂直　平面・曲面【曲率】　球	直線・曲線　円・三角形・四角形　直角・平行，角　迷路描き	帯模様　長方形模様　ハンカチ模様	長さ　直角	極座標　直交座標	NOT, AND, OR　帰納的推論　類推
中学年	彫塑	側面鉛直型(宝箱や車など)　角柱, 円柱　角錐	2面角　3面角　見取り図	曲線【曲率・尖点】（刺繍画）　円周率　弧, 扇形, 中心角　合同　一筆書き（論証的）	線対称　点対称	角度　面積（長方形・正方形）	空間の位置	素朴的演繹推論(1段階)　すべてを挙げて，消去法　反例・矛盾を指摘
高学年		2面角優先型（コテージやワゴン	遠近図法　球面　地球儀の幾何	曲線【変化率】相似　フラクタ	平行移動　対称移動　回転移動　ねじり進	面積（台形まで，不定形）　体積（角	球面上の位置　傾斜からtanへ	素朴的演繹推論（多段階）　背理法

		など）円錐，斜角柱，斜角錐	日時計の幾何【論証の初歩】	ル（作画）	み	柱・円柱・角錐)【カバリエリの原理】斜角柱 相似比，測量	
中学1				平面図形の論証 相似図形の論証		球の表面積，体積 円錐の体積，表面積 斜円錐の体積	記号論理 数学的演繹推論(探偵小説づくり)
中学2			3垂線の定理	フラクタル オイラーの多面体定理	合同変換 相似変換	三角比 (sin, cos) 三平方の定理	$\begin{cases} x'=ax \\ y'=ay \end{cases}$など
中学3			2面角，3面角の公式	遠近法の論証	円の論証（方べきの定理）	アフィン変換（影の幾何）	

1．空間の指導

第1学年では，図7-36のように自分を中心にした上下・前後・左右，対象を客体化しての上下・前後・左右を扱う。両目を含む水平面を境に上下が決定される。また，両手を広げた鉛直面を境に前後が決定される。体の中心を通りこの鉛直面に垂直な鉛

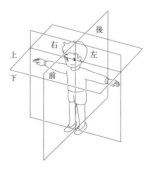

図7-36　上下・前後・左右

図7-37　水族館（1年生）

直面を境に左右が決定される。次に，目の前にある対象にも，対象から見た上下・前後・左右があることを理解する。これらの指導では，加藤（2005）の図7-37のような，水族館作りが最適である。「たこは魚の上にいる」「カメはヒトデの右にいる」と，空間の表現をさせるとよい。

(1) 剛体の指導

　粘土細工による剛体を指導したい。剛体とは中が詰まった，押してもつぶれない立体である。その中の曲面で囲まれた立体を曲面体といい，単一曲面体，構成的曲面体，機能的曲面体の順で複雑になっていく。図7-38は，簡単な曲面で作られている単一曲面体の工芸品である。りんごやみかん，きゅうりなどを紙粘土で作って色を塗り，本物らしく仕上げたらよい。図7-39は，頭の部分や頬，顎の部分のように曲がり方が違ういくつかの単一曲面体を組み合わせた構成的曲面体である。構成的曲面体を制作する場合は，各部分をそれぞれ作っておき，それらを後でくっつけて全体を作る場合と，最初から大きな固まりを用意して，そこから各部分をひねり出したり，押し込んだりして作る場合とがある。前者は3歳児から4歳児の作成方法で，後者は5歳児以降の作成方法である。機能的曲面体は，図7-40のように動的であり何かの動作をしている場面を曲面体で表現したものである。

図7-38　紫檀のなす（中国）

図7-39　張り子の面（福島）

図7-40　民族舞踊（マレーシア）

　小学校1年生なら，当然，機能的曲面体が作れるようにしたい。しかし，何も教育しないでほうっておいたのでは作れるようにはならない。そこで，次に

述べる段階的ないくつかの教育がいる。素材には，軽量紙粘土と造形用に市販されている心材を使うとよい。

　内容としては，曲面の曲がり方と骨格の指導をする。面の曲がり方が急なのか緩やかなのか，出っ張っているのかへこんでいるのかなどを注意深く観察し，それを表現できるようにする。動きの場面をリアルに表現するには，体がどこで曲がるかを知る必要がある。これは外から見えないため骨格標本などを利用して，関節で曲がることを理解させる。これらを指導すると，1年生で相当に上手な機能的曲面体を作ることができるようになる。

　図7-41～43は，これらの学習をした小学校1年生が作った作品である。従来の教育では高学年になって達成できるレベルの，すばらしいできばえである。具体的な指導は，加藤（2005）を参考にしてほしい。

図7-41　オットセイ（1年生）

図7-42　新体操選手（1年生）

図7-43　サッカー選手（1年生）

(2) 面体と平面，運動の指導

　図7-44は，小学校2年生が作った「しおり」である。二等辺三角形を描き，この三角形がもっている性質である線対称を意識しながら絵柄を描いた。低学年ではこのような作品作りをしながら幾何を学び，高学年からはそれらの経験をてこにして，論理的な数学に入っていくとよい（横地他 2005）。

　図7-45は小学校1年生が作ったふたなしの宝箱とその底に描いた90°回転模様である。図7-46は3年

図7-44　しおり（2年生）

生によるフラクタル模様のふたがついた箱である。
側面には180°回転模様が描かれている。ここま
でできていれば，高学年ではもっと数学的な内容
に入ることができるであろうし，簡単な論証も扱
える。

図7-45　宝箱（1年生）

　模様は身近にある素材である。線対称模様は図
7-47のように4歳児で作成できる。これに慣れる
と図7-48のような線対称模様の服をデザインし
た人形遊びもできる。小学校低学年までは感覚的
な模様描きであるが，それを数学的に分析するこ
とは小学校第5学年からできる。模様に内包され
ている運動は，数学的には有限群のモデルとして
大学で抽象代数学の始めに指導されるが，それを
受講した学生でも実際にそれを使って絵を描いた
経験はないであろう。図7-49は，日本とドイツ
の小学校5年生同士がテレビ会議システムを使っ

図7-46　フラクタル模様の箱
（3年生）

て遠隔協同学習をした場面である。ドイツの先生が日本の子どもらに，長方形
模様が何種類あるかを数学的に説明している場面である。このような模様の指
導は，将来，群論の学習の基礎になる。

　図7-51は，小学校1年生が作った新幹線である。もちろん自分で展開図を作
図してから組み立てられる。現行の学習指導要領では第4学年になって展開図
の学習が行われるが，実際には小学校第1学年でこれだけのことができるよう

図7-47　長方形の線対称模様（4歳児）

図7-48　人形遊び（4歳児）

第7章

図7-49 乗積表による模様の分析

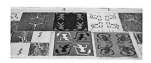
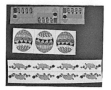

図7-50 ドイツの児童の作品
（5年生）

に育っている。第3学年になれば，立体作りでも図7-52のように相当に複雑な立体を展開図から作成できる。

①作図のための基本技能

　展開図を用いて，このような立体を作成する授業を行う場合には，基本的技能として定規を使って直線を自由に引

図7-51 新幹線（1年生）

図7-52 箱人形
（3年生）

けるようにしておく。また，三角定規の直角を使って，与えられた直線に垂直な直線を引いたり，与えられた直線に平行な直線を引いたりできるようにしておくことが必要である。さらに，コンパスを使って円を描いたり，与えられた長さを取ったりすることもできるようにする必要がある。これらの技能は，それだけを取り出して練習することも可能だが，小作品を作る過程でも意図的に

図7-53 直線，半直線，線分の指導例（1年生）

指導で練習が可能である。では，大まかな指導手順を説明しよう。

まず，点，直線，半直線，線分の指導が必要である。直線引きでは，定規をしっかり押さえることがポイントだが，図7-53のように雨を降らせよう，流れ星をかこう，魚を釣ろうという設定をして，楽しみながら直線引きを練習させるとよい。線引き技能の習得と活用が同時に行える。

直線引きの練習を生かして，図7-54のようなパズル作りをする。三角形や四角形に直線を3本引いて切り，オリジナルのジグソーパズルを制作する。

 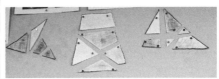

図7-54 パズル作り（1年生）と作品（2年生）

さらに，図7-44で示した二等辺三角形をベースにするしおりづくりを行い，より定規の使い方を習得させ，さらに，線対称模様の導入を行う。

②鉛筆立てや宝箱作り

すべての面が閉じている直方体より一面が開いている箱のほうが，子どもは展開図を考えやすい。そこで，第2学年なら鉛筆立て，第3学年ならふたのない宝箱を作ることから始める。

宝箱の制作を例に説明する。教師が作った宝箱の見本を見せると，その作り方を考えて，ケント紙の上に展開図まで描くことができる。しかし，おおざっぱな展開図で，細部の作図は正確ではない。そこで，コンパスや定規，三角定規を正しく使って，細部まで正確に描くようにさせる。宝箱の底面は，コンパスを利用した正六角形とする。底面の各辺に垂直な線を引き，側面を作図する。のりしろの指導も行い，側面には帯模様を描かせる。帯模様は，①単純平行運動模様，②縦線対称模様，③横線対称模様，④180°回転模様，⑤ねじり進み模様，①②③④と①②③⑤の総合模様2種と，全部で7種類ある（守屋 2015参照）ので，子どものレベルに合わせて模様を選択させるとよい。なお，定規を使ってこれらの模様を描くより，手がきのほうが味が出る。最後にふたを作る。ふたは，

底面を一回り大きくした形から作り，正六角形を生かした60°回転模様を描かせる。

図7-55 鉛筆立て（2年生）

図7-56 宝箱の展開図（3年生）

図7-57 宝箱（3年生）

③車や箱人形作り

宝箱ができると，次は，車作りに進む。第4学年では宝箱の底面を車の側面と見なして，図7-60のような展開図が描ける。しかし，この展開図は第2・3学年ではやや難しいため，図7-61のような基本的な十字型の展開図を指導して，側面の形を工夫させる制作を行った後で，これ以外のいろいろな展開図を工夫

図7-58 車作り（2年生）

図7-59 2年生の作品

図7-60 宝箱型展開図（4年生）

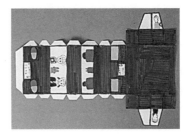
図7-61 十字型の展開図（3年生）

させるとよい。

　作り方は次である。
ア．ケント紙に自分の好きな車の形の側面をかいて切り抜く。
イ．別のケント紙に，作りたい車の幅で平行線を引く。
ウ．イ．の平行線をはさんで両側に，ア．の側面を対称に写し取る。
エ．側面の各辺の長さをコンパスで取り，平行線を区切っていく。
オ．のりしろをかき加えて，ケント紙から切り取る。
カ．自動車の模様を彩色してから，組み立てて完成させる。

　友達同士で刺激し合うことによって，図7-62に見られるようなカタツムリ型車（子どもが命名），ウサギ型車（子どもが命名）などの側面の形が複雑なものに挑戦するようになる。ここまでできると，後はいろいろなものを作れるので，グループごとに，動物園や水族館などのテーマを決めて，まとまりのある箱人形を作るとよい（図7-63）。

　さて，小学校第3学年の子どもの意識には，車には車の作り方が，宝箱には宝箱の作り方がそれぞれ独立にある。そこで，この後には，展開図は作品に依存せず，車を宝箱型で，宝箱を車型ででも作れることを指導する（図7-64）。同じ立体でもさまざまな展開図が描けることを学ぶ。

図7-62　カタツムリ型車（3年生）

図7-63　総合的活動の水族館（3年生）

　高学年では，さらに応用として，図7-65のような側面が底面に対して垂直でない車の展開図にも挑戦できる。ジャガイモやスタイロから立体を切り出し，その側面を写し取り，展開図を作成する方法がある。この場合，面と面の角度は自由に採れるため，先に示したような四角四面の立体ではない，面白い形ができあがる。この場合の展開図は，小さいため，それぞれの辺を何倍かして大きな展開図を作る。相似についての知識としては，相似の中心を使って拡大す

る方法が適当である。もちろん，角の大きさは同じにして辺の長さを何倍かにするという方法も可能である。手順は次のようになる。

ア．ジャガイモから適当な形の車を切り出す。

ジャガイモの代用として畳の心材に使われているスタイロと呼ばれている素材が，カッターで切りやすくて丈夫である。新品より，廃棄処分される畳に使われていた古いスタイロのほうが，柔らかく加工しやすい。これは，畳屋で手に入れられる。

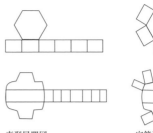
車型展開図　　　　　宝箱型展開図

図7-64　車型と宝箱型展開図

イ．切り出された立体の各面の形をケント紙に写し取る。このとき，芋版スタンプの要領で写し取る方法もある。

ウ．写し取られた各面の形を適当な大きさに拡大して，展開図にする。対応する辺の長さは同じにする。

エ．彩色した後，それを組み立てる。この方法では，多少のゆがみは仕方がない。

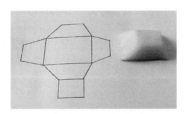
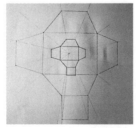
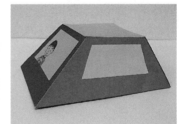

図7-65　側面が斜めの車作りの例

第7節　論理の指導

　推論の種類には，演繹的推論，帰納的推論，類推があるが，第2節で，教員養成の課程でも，これらの違いを含めた論理教育について十分扱っていなかったことを述べた。小学生に論理を教えるために，教師自身が論理について復習をしておきたい。

1．演繹的推論

　いわゆる数学的推論といわれ，いくつかの仮定と前提（公理・定理）から推論規則を使って結論を導く推論である。「人間は必ず死ぬ。ソクラテスは人間である」から，推論して「ソクラテスは必ず死ぬ」と結論づけるという，一般には三段論法といわれる論理などがこの例である。
　次の図7-66を論理で使う記号とすると，2つの命題A，Bから，論理の記号を用いて，新たな命題がつくられる。命題とは，正しいか間違いかがはっきりしている文である。

→	ならば
∧	かつ
∨	または
¬	…でない

A→B	……	Aならば，B
A∧B	……	Aであり，かつ，Bである
A∨B	……	A，または，B
¬A	……	Aでない

図7-66　論理記号と読み方，使い方

　自然演繹法といわれている論理では，図7-67に示した推論規則のみを認めて結論を導く。この推論規則では，線の上に書かれたことから線の下に書かれたことを推論してよいということを示している。

第7章

$$\begin{array}{c}\rightarrow \text{の除去}\\ \dfrac{\alpha \quad \alpha\rightarrow\beta}{\beta}\end{array}$$

$$\rightarrow \text{の導入}$$
$$\begin{array}{c}\alpha^i\\ \vdots\\ \dfrac{\beta}{\alpha\rightarrow\beta}\,i \qquad \dfrac{\beta}{\alpha\rightarrow\beta}\end{array}$$

$$\wedge \text{の導入} \qquad \dfrac{\alpha \quad \beta}{\alpha\wedge\beta}$$

$$\wedge \text{の除去} \qquad \dfrac{\alpha\wedge\beta}{\alpha} \quad \dfrac{\alpha\wedge\beta}{\beta}$$

$$\vee \text{の導入} \qquad \dfrac{\alpha}{\alpha\vee\beta} \quad \dfrac{\beta}{\alpha\vee\beta}$$

$$\vee \text{の除去}$$
$$\begin{array}{c}\alpha^i \quad \beta^i\\ \vdots \quad \vdots\\ \dfrac{\alpha\vee\beta \quad \gamma \quad \gamma}{\gamma}\,i\end{array}$$

$$\neg \text{の導入}$$
$$\begin{array}{c}\alpha^i\\ \vdots\\ \dfrac{\bot\,(\text{矛盾})}{\neg\alpha}\,i\end{array}$$

$$\neg \text{の除去} \qquad \dfrac{\alpha \quad \neg\alpha}{\bot\,(\text{矛盾})}$$

二重否定の除去
$$\dfrac{\neg\neg\alpha}{\alpha}$$

図7-67　推論規則

たとえば，よく知られている対偶を示す $(A\rightarrow B)\rightarrow(\neg B\rightarrow\neg A)$ は，次のように証明される。

$$\dfrac{\dfrac{\neg B^2 \quad \dfrac{A^1 \quad A\rightarrow B^3}{B}\,\rightarrow\text{の除去}}{\bot}\,\neg\text{の除去}}{\dfrac{\dfrac{\neg A}{\neg B\rightarrow\neg A}\,2\rightarrow\text{の導入}}{(A\rightarrow B)\rightarrow(\neg B\rightarrow\neg A)}\,3\rightarrow\text{の導入}}\,1\,\neg\text{の導入}$$

同様にして $(\neg B \to \neg A) \to (A \to B)$ は次のように証明される。

$$
\cfrac{\cfrac{\neg B^1 \quad \neg B \to \neg A^3}{\neg A} {\scriptstyle \to\text{の除去}} \quad A^2}{\cfrac{\cfrac{\cfrac{\bot}{\neg\neg B}{\scriptstyle 1\ \neg\text{の導入}}}{B}{\scriptstyle \text{二重否定の除去}}}{\cfrac{A \to B}{(\neg B \to \neg A) \to (A \to B)}{\scriptstyle 3\ \to\text{の導入}}}{\scriptstyle 2\ \to\text{の導入}}}{\scriptstyle \neg\text{の除去}}
$$

これで，$(A \to B)$ を，その対偶である $(\neg B \to \neg A)$ と言い換えてよいことが証明された。

2．帰納的推論

いくつかの例から，一般命題を推測する方法である。ツバメは空を飛べる，雀は空を飛べる，鳩も空を飛べる。だから，「鳥は空を飛べる」と結論づける。しかし，この推論は常に正しいとは限らない。鶏は空を飛べる（ちょっとだけ），ダチョウやペンギンは飛べない！　では，沖縄に住む鳥であるヤンバルクイナは空を飛べるか？　と，帰納的推論によって導き出した「鳥は空を飛べる」は，常に正しいとは限らない。帰納的推論は，このように例外を含む可能性のある推論である。しかし，この推論で命題の見当をつけて，それを演繹的推論で証明するという過程は，数学だけでなく，日常生活や一般社会でも有効な推論方法である。

3．類推

「ある事柄Aについて，その性質または法則を知りたい，しかしそれが分からないというとき，Aと類似の既知の事柄A′を思い出し（A′については性質または法則P′が成り立っているとする），そこでAについてもP′と同様な性質またはルールPが成り立つのではないか，というように思考を進めていこうとするものである」（片桐 2017）という推論である。

たとえば，多角形の内角の和が辺の数に関連していることを導き，理解したときに，外角も辺の数に関連するのでは？　と思うのが，類推の例である。し

かしこの場合は，辺の数に関係なく外角は常に360°である。類推も常に正しい推論とは限らない。

4．子どもの推論の能力

　子どもは命題を帰納的に，類推的に推論して見つけることが多い。さらに，その見つけた命題から演繹的推論を使って，それに続く命題を導くこともできる。たとえば，数種類の三角形の内角を測って，三角形の内角の和は180°であると帰納的に見つけた後では，極端な形をした三角形でなければ，初めて見た三角形でもその内角の和は180°であることを認める。さらに三角形2つから構成されている四角形の内角の和は，180×2で360°，一般の多角形は……，と演繹的に推論を進められる。発見には帰納的推論や類推を使い，ある程度の見当をつけてからは演繹的推論の連鎖を使うこともできるのである。

　さらに驚くことに，小学校2年生は背理法をも使える。「子どもが一列に並んでいます。正子さんは前から8番目，後ろから7番目です。みんなで何人いますか」という問いで，15人と主張する子どもに対して，14人であることを説明する子が，まず，「もしも15人だとすると」と言い始め，自分の主張である14人を否定して15人を仮定した。次に，15個のタイルを黒板に貼り，前から1，2，3，…，8と数えタイルに印をつける。さらに後ろから7番目と数えたタイルと，先に印をつけたタイルを持ち，「15人だと正子さんが2人になっちゃうから，おかしい」と言う。周りの子どもたちも，彼の説明に納得している。この子の論法こそ，結論を否定して推論すると矛盾が起きてしまうことを使って証明する背理法である。

　このように，小学生は決して論理に関して無知ではない。意図的な教育を受けずとも，日常的にこれだけの推論が使えるのである。ただし，自ら獲得した論理なので，間違いもある。子どもが使う推論（大人でも日常は使っているが）では，逆といわれる$\frac{A \to B}{B \to A}$や，裏といわれる$\frac{A \to B}{\neg A \to \neg B}$も正しいとして使ってしまうことに留意したい。逆の例として，「悲しいときには泣く」と皆が知っている。これを「泣くときには悲しいことがあった」と解釈して，「A君が泣いている」のを見て，「A君にはきっと悲しいことがあったんだ」と思うことである。しかし，うれしくて泣くこともあるので，必ずしも悲しいことがあったとは限らない。裏の例では，「このゲームが面白かったら貸してあげる」と約束したときに，暗に「面白くなかったら貸さなくてよいね」という意味が含まれている。

約束した友達がゲームを貸してくれなかったときは,「あのゲームは面白くなかったんだ」と思い,友達の言った内容の裏を認めて納得している。

では,論理の具体的な体系的指導を紹介する。

(1) 第1学年の内容

集合の考え方を用いて,not, and, orの論理語を扱う。それぞれを「〜でない (not)」「〜で,しかも,〜 (and)」「〜と〜 (or)」の言葉で指導するとよい。この学習では,事物の性質・特徴に注目して,not, and, orを表す関係を学習する。まず,前段階として,全体の集合と部分の集合を扱い,その後,not, and, orを表す集合を扱う。「〜でない」の集合では,「でない」という言葉の意味が,「ある性質をもっていない」であることを扱う。「〜で,しかも,〜の集合」では,「〜で,しかも,〜」という言葉の意味が,「ある2つの性質・特徴を併せもつ」であることを扱う。「〜と〜の集合」では,「〜と〜」という言葉の意味が,「ある性質をもっている事物とある性質をもっている事物のどちらも選ぶ」であることを扱う。通常,数学教育では,andを「かつ」という言葉を用いて表し,orを「または」という言葉を用いて表す。しかし,第1学年では,日常で「かつ」「または」を用いる経験が少ないと考えられるため,「〜で,しかも,〜の集合」のようにandを表し,「〜と〜の集合」のようにorを表すこととする。

たとえば,果物を全体集合としたときに,「りんごのしゅうごう」「バナナのしゅうごう」「みかんのしゅうごう」のように部分集合を扱う。全体や部分という用語を扱うことが大切なのではなく「全体の集合として何を扱っているのか」「そのなかに含まれる集合を表現する」ということが本質的な内容となる。

「〜でない集合」は,「バナナでないしゅうごう」のように表現し,全体集合のなかで,バナナ以外の果物を選ぶことになる。「〜で,しかも,〜の集合」は,全体集合をトランプのカードとしたときに,「ハートで,しかも,えの しゅうごう」(3枚)のように扱う。「〜と〜の集合」では,花の集合を全体集合としたときに,「あかと きいろの はなの しゅうごう」のように扱う。

(2) 第2学年の内容

第1学年で学習したnot, and, orの論理語をほかの言葉でも表せることを扱う。とくに,「かつ」「または」という論理語を扱う。日常では,「または」を排他的に用いることが多いことを考慮して,共通部分のある集合を提示するこ

第7章

とで，orが両方を含む集合の場合もあることを確認する。また，集合のベン図での表現や空集合も扱う。

次に「～で，しかも，～」と「～でない」や，「～と～」と「～でない」のように，andとnotやorとnotを組み合わせた集合を扱う。ただし，混乱を避けるためにandとorを組み合わせた集合はまだ扱わない。

さらに，集合の学習の発展として，数の集合や点の集合として領域の内側・外側を表現する学習が考えられる。

具体的な例を示そう。果物を全体集合としたときに，「りんごでなくて，しかも，まるいかたちのしゅうごう」のように，andとnotを組み合わせた集合を扱うことが考えられる。また，orとnotを組み合わせた集合では，「りんごでないしゅうごうとまるいかたちのしゅうごう」のように表現される。

発展的な内容としては，図7-68や図7-69のような数の集合と点の集合が考えられる。数の集合は，「以上」「以下」のような数の大小関係を表す用語の素地となる捉え方になる。

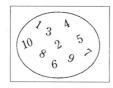

図7-68　数の集合

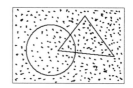

図7-69　点の集合

次のような練習をする。

> ・「6より　ちいさくて，しかも，3より　おおきい　かずを　ぜんぶ　いいましょう」
> ・「えんの　そとがわで，しかも，さんかくけいの　うちがわの　ぶぶんを　くろく　ぬりましょう」

(3) 第3学年の内容

第3学年では，推論を行うための基礎的な論理語「ならば」を扱う。そして，図7-70の推論規則で表現されるような1段階の推論を扱う。前提は「始めからわかっていること」と，仮定していることを確認する。学習で用いる命題には，

日常的な命題を取り入れるようにし，非日常的な命題は扱わないようにする。図7-71が例である。横線の上に書かれている命題は，仮定となる命題であり，横線の下は，推論の結果導かれた結論を示している。

$$\frac{A \quad A \to B}{B}$$

図7-70 →の除去の推論規則

$$\frac{\text{①今日は平日である。②平日ならば，学校に行く日である。}}{\text{今日は，学校に行く日である。}}$$

図7-71 1段階の推論の例

次に，児童が日常で用いているような具体的な文章を教材として，二重否定を扱う。さらに，「すべて」と「ある」という言葉を使って文章を記述する活動を通して，全称命題と特称命題の違いに触れる。

(4) 第4学年の内容

抽象的思考の始まる第4学年では，第3学年での「ならば」の学習をさらに発展させ，推論過程を記号化した推論規則を利用できるようにする。命題を記号で表現するときは，アルファベットA，B，…，Zを用いる。そして，「ならば」を「→」で表し，orを「∨」，and

$$\frac{A \vee B \quad \neg A}{B}$$

図7-72 子ども用に∨の推論規則として扱う

を「∧」，notを「¬」と記号化して表す。そのうえで，パズルなどを教材に用いて，図7-70と図7-72の推論規則を組み合わせて表される問題を扱い，1段階から2段階の連続した推論を扱う。また，記号化された推論過程を見ながら，推論の根拠を説明できるようにする。

→の推論規則は，児童にとって直観的に理解されやすい推論である。また，現行の中等教育で行われている数学の論証の問題は，→の推論規則で表現されるものがほとんどであり，重要な推論規則である。第4学年では，中等教育での論証の学習を行う準備として，1段階から2段階程度の推論を理解し，表現できるようにする。図7-72の∨の推論規則は，本来，図7-67の推論規則から導き出される定理であり，証明が必要である。しかし，子どもが幼児期から自然に用いている推論なので，推論規則として認め，公理のように用いることにする。また，この∨の推論規則は，第5学年の教育内容である消去法の基礎と

なる推論である。第4学年では、いくつかの場合から、ある場合を消去しながら、結論を導こうとする考え方に触れるようにする。このように、第4学年では、推論規則を用いて、推論過程を理解できるようにする。

第4学年の大切な教育内容は、どのような推論であっても、ある前提から結論が導かれるという推論過程があることを理解することである。そのために、問題に始めから示されている前提と、推論の結果導かれた結論を明確に分けることが大切である。また、記号化することで、文の意味を考慮せずに、推論過程に着目できるように配慮することが大切である。

(5) 第5学年の内容

第4学年の内容の復習をしたうえで、2段階、3段階の連続した演繹法を扱う。また、第5学年では、第4学年で学習した図7-72の∨の推論規則を梃子にして消去法を扱う。消去法は、考えられるすべての場合から、前提に合わない場合を消去していき、残った場合を結論とする論述方法である。その消去する命題の集まりが図7-72の「A」に相当する。

また、消去法で推論するためには、場合分けをして考える必要がある。そこで、効率的な場合分けの方法として、樹形図を用いて場合の数を扱う。場合の数は、3〜4程度の数を扱う。数学教育において、場合の数は、確率の学習の基礎として扱われるが、論理教育の基礎としても大切な考え方となる。

(6) 第6学年の内容

第6学年では、論述方法の一つとして背理法を扱う。背理法には、図7-73の否定の除去と図7-74の二重否定除去の推論規則が用いられる。また、背理法では、結論の否定を仮定として加えて推論を行い、図7-75の否定の導入の推論規則が必要となる。これらの推論規則を組み合わせて、背理法によるAを証明する推論過程を表現すると図7-76のようになる。

図7-73 否定の除去

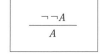

図7-74 二重否定除去

図7-75 否定の導入

図7-76 背理法の推論過程

> **課 題**
>
> 1. 本章で紹介されている作品を実際に制作しなさい。そのうえで，子どもに指導するときに留意しなければならない内容をまとめなさい。
> 2. 図形領域における指導困難な内容を，先行研究や先行授業を調べてまとめなさい。また，その原因を考察しなさい。
> 3. 第5節に載っている方法でみかんの表面積を求めなさい。
> 4. 果物などの体積を実際に求めて，データや実測したときの注意点をまとめなさい。

引用・参考文献・より深く学ぶための参考文献

秋山武太郎『わかる立体幾何学』日新出版，1966年

片桐重男『名著復刻　数学的な考え方の具体化』明治図書出版，2017年

加藤卓「空間と立体の学習」，横地清監修『検定外・学力をつける算数教科書　第1巻第1学年編』明治図書出版，2005年

亀谷俊司・田島一郎・横地清編『算数・数学授業の事典』岩崎書店，1971年，pp. 213-215

川口廷・花村郁雄編『算数の完全指導―つまずき分析と診断・治療―5年・6年』学芸図書，1977年，pp. 167-192

黒田恭史他「双方向通信を利用した遠隔協同学習の実際　(3)」『数学教育学会紀要』39（1・2），1998年，pp. 43-53

小山拓輝『「面積」とは何か―幾何・代数・解析の捉え方―』技術評論社，2018年

鈴木正彦「図形への試み」，横地清編著『数学教育学序説　上』ぎょうせい，1980年，pp. 135-201

福岡県教職員組合・算数・数学教育実践研究会『教育総研授業モデルプランシリーズ3　量と測定』福岡県教育総合研究所，2007年，pp. 105-127

守屋誠司「実在に学ぶ求積指導」横地清編著『現代算数・数学講座3　教育内容の開拓』ぎょうせい，1983年，pp. 257-272

守屋誠司・進藤聡彦「面積概念形成におけるコンピューターを利用したカバリエリの方法導入の試み」『教育方法学研究』15，1990年，pp. 109-116

守屋誠司ほか「双方向通信を利用した遠隔協同学習の研究」，教育実践研究センター『山形大学教育学部教育実践研究』第6号，1997年，pp. 61-70

守屋誠司「3章　量　2面積の指導」横地清監修『新版　21世紀への学校数学の展望』誠文堂新光社，1998年，191-202頁

守屋誠司ほか「双方向通信を利用した遠隔協同学習の実際（2）」，数学教育学会『研究紀要』39（1・2），1998年，pp. 33-42

守屋誠司「模様の数学」，守屋誠司編著『教科力シリーズ　小学校算数』玉川大学出版部，2015年，pp. 183-190

文部科学省『小学校学習指導要領（平成29年告示）解説　算数編』日本文教出版，2018年

ユークリッド『ユークリッド原論　縮刷版』中村幸四郎・寺阪英孝・伊東俊太郎・池田美恵訳・解説共立出版，1996年
横地清『大人のための算数教室』ぎょうせい，1977年，pp. 171-176
横地清『算数・数学科教育』誠文堂新光社，1978年，pp. 69-70
横地清『幼稚園・保育園　保育百科　1歳児から5歳児までの保育』明治図書出版，1981年
横地清編著『現代算数・数学講座1　図形・幾何の体系化と実践』ぎょうせい，1983年
横地清著作集刊行委員会編，横地清著『実践的数学教育学をめざして』三省堂，1984年
横地清「明治以降，1945年までの数学教育の概観」，横地清監修『21世紀への学校数学の展望』誠文堂新光社，1994年，pp. 10-34
横地清・菊池乙夫・守屋誠司『算数・数学科の到達目標と学力保障　別巻　理論編』明治図書出版，2005年
横地清『ここまで伸びる保育園・幼稚園の子供たち　―絵画・造形教育編―』東海大学出版会，2009年
横地清『ここまで伸びる保育園・幼稚園の子供たち　―数学・言語教育編―』東海大学出版会，2009年
全国学力・学習状況調査については，次のHPにくわしい。https://www.nier.go.jp/kaihatsu/zenkokugakuryoku.html（2019年7月8日確認）

第8章

測定（量）

　本章では，小学校1年生から3年生において指導される量について説明する。基本的な量の知識は生活していくうえで必要である。長さ，重さ，時間と時刻についての子どもたちのつまずきについて，先行研究からの指摘をまとめ，このつまずきを克服するための実践例を挙げた。とくに，体験しながら量を学ぶことが必要である。

キーワード　空間的量　時間的量　物的量

第1節　目標と系統性

　第1学年から第3学年における「C　測定」では，単位を設定して量を数値化して捉える過程を重視し，それぞれの量について，そこでの測定のプロセスに焦点を当てて学ぶことを目指している。

　量の概念の獲得は幼児期から始まっており，幼児期における量に関する子どもたちの認識や指導の可能性は横地（2009）にも示されている。ここに示されているような幼児期における教育内容を含む体を使った創作活動や絵画活動，日常に密着した事象における量の抽出や測定を下学年の時期に積み重ねることが大切であると考える。

　第1学年から第3学年の「C　測定」の内容をまとめると次のようになる。

系統表

小学校	内容の構成
第1学年	量と測定についての理解の基礎 ・長さ，広さ，かさなどの量の大きさの直接比較・間接比較 ・任意単位を用いた大きさの比べ方 ・身の回りのものの特徴に着目し，量の大きさの比べ方を見いだす。 時刻の読み方 ・時刻の読み方 ・時刻の読み方を用いて，時刻と日常生活を関連づける。
第2学年	長さ，かさの単位と測定 ・長さの単位（mm, cm, m），かさの単位（mL, dL, L）と測定 ・長さ・かさについてのおよその見当，単位を適切に選択した測定 ・身の回りのものの特徴に着目し，目的に応じた単位で量の大きさを的確に表現したり比べたりする。 時間の単位 ・時間の単位（日，時，分）とそれらの関係 ・時間の単位に着目し，時刻や時間を日常生活に生かす。
第3学年	長さ，重さの単位と測定 ・長さの単位（km），重さの単位（g, kg）と測定 ・長さや重さについての適切な単位と計器の選択（メートル法の単位の仕組み） ・身の回りのものの特徴に着目し，単位の関係を統合的に考察する。 時刻と時間 ・時間の単位（秒） ・時刻や時間を求めること ・時間の単位に着目し，時刻や時間の求め方について考察し，日常生活に生かす。

小学校学習指導要領（平成29年告示）解説算数編

　小学校第4学年から第6学年では面積，体積，角度，速さを学習する。さらに，中学校・高等学校では，熱量の単位cal，エネルギーの単位J，物質量の単位であるmolなど多くの単位を学ぶ。さらには社会では，生体の被ばくによる生物学的影響の大きさであるシーベルトなどと，身につけたい単位は増えていく。身の回りの内容を数学で処理するためには，質的データを数量化するのが必要であり，この数量化のスキルは社会人の必須事項と考えられるが，「C測定」はその導入である。

第2節　つまずきと課題

1. 長さと重さ

図8-1は長さに関する量感に関する問題（2009（平成21）年度全国学力・学習状況調査より）であり，正答率は89.9％であった。一方，図8-2は重さに関する量感の問題（2008（平成20）年度全国学力・学習実況調査より）では，正答率が65. 8％であった。この結果から，長さより重さに関する量感のほうが子どもたちは持ちにくい傾向があることが示唆される。この要因として次のような指摘がある。

3

千円札を長方形とみると，長いほうの辺は，どれくらいの長さですか。下の **1** から **4** までの中から１つ選んで，その番号を書きましょう。

1　3 cm
2　15 cm
3　30 cm
4　50 cm

図8-1　平成21年度全国学力・学習状況調査，2009年，小学校第6学年，算数Ａ「長さに関する量感」

6

次の問題に答えましょう。

(1)　約１kgの重さのものを，下の **1** から **4** までの中から１つ選んで，その番号を書きましょう。

1　空のランドセル１個の重さ
2　１円玉１枚の重さ
3　５段のとび箱全体の重さ
4　ハンカチ１枚の重さ

図8-2　平成20年度全国学力・学習状況調査，2008年，小学校第6学年，算数Ａ「重さに関する量感」

横地（2009）は，「重さの大小の細かな弁別は外観としては目立ちにくいこともあってか，5歳児には，長さや多さほどには関心が向かないよう」である，と幼児期の認識について指摘している。また，四条（2003）は，「身近くにある物の長さ，広さ，かさ（体積）は，視覚（見た目）である程度の大小比較はできる。しかし，身近くにある物の重さの大小(重い・軽い)比較は見た目(視覚)では判別できない。……重さの差が小さい物は，大小（重い・軽い）の判別ができないし，手に持っても筋肉にあまり感じないような軽い物になると，子どもたちは重さがないと思ってしまう」とし，「物はあるけど見た目では捉えにくく，感覚でも惑わされる重さには，子どもたちが体験や実験して学べるような学習をしなくてはならない」と指摘している。

2. 時刻と時間

図8-3は時刻と時間の関係を考える問題（2014（平成26）年度全国学力・学習状況調査より）であり、設問の正答率は、38.8％である。

教科書では時計の読み方や単位の換算に重きが置かれ、時刻と時間の関係は簡単に触れられている程度である。横地（1973）では、太陽の動きと時刻・時間との関係について日時計を通して学ばせ、時刻や時間の概念を導入することが示されている。図8-4は影うつしの概要と実験のようすであり、野外に設置したびんの影を写し取りながら、時刻と時間の概念を導入している。

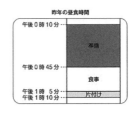

図8-3　平成26年度全国学力・学習状況調査、2014年、小学校第6学年、算数B「時刻と時間」の関係

図8-4　影うつしの実験のようす

第3節　長さ・重さ

1. 量の指導について

横地（1973）は、量を次のように分類し、その特徴を示している。
①空間的量—長さ（距離）、広さ（面積）、かさ（体積）
②時間的量—時間
③物的量—重さ
④速さ（距離／時間）
⑤密度（重さ／体積）

⑥実在にあわせて，改めてつくった量—濃度，比率，平均値など

このうち①，②，③の量に共通な特徴は次のとおりとしている。
a）大きさが考えられ，順序関係が定められる
b）大きさは連続量をもっている
c）量の分割，合成に際して，大きさは加法的である
d）上のa）b）c）の発展として，大きさは，適当な単位で実数として表現でき，加・減の演算が適用できる。

　量の4段階指導とは一般的には，直接比較，間接比較，任意単位，普遍単位の4段階で順に指導するものである。この指導は単位を導くためのものであり，単位の有用性を理解させることには有効である。この指導により測定の指導はできるが，量の概念の指導はしていないため，量そのものの概念の獲得には不十分である。
　次節からはこれらの指摘や前章におけるつまずきと課題を踏まえた長さと重さに関する具体的な実践例を挙げる。

2．2年生の長さの指導について

　教室での釣り堀大会を企画して紙で作った魚の釣りを楽しませ，その釣り上げた魚を使って長さの授業の導入を行った実践例を次に挙げる。
　「誰の魚が一番長いか」という発問に対して，意見を出し合いながら，「長さはどこからどこまでかの2点を決めないといけない」ということに気づかせる。そこで，2点を決めたうえで付箋1枚分の幅（1cm）を使って，これが何枚分であるかで調べる。魚に1枚ずつ貼っていくが，作業が大変であることから厚紙に付箋を先に貼りつけた簡易物差しを作る。

図8-5　端点を決めて測る

図8-6　簡易物差し

図8-7　簡易物差しを使って展開図を作製

図8-8　鉛筆立て

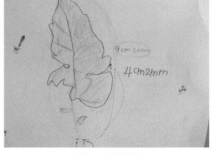
図8-9　観察記録

　次に長さを測るだけでなく、長さを生かす活動として鉛筆立てを作る。ここでは、一か所があいている六面体を作製することとし、展開図から鉛筆立てを作る。

　ここまでで、cmを自由に使えるようにしてから、mmの導入を行い、図8-9のように植物の観察記録などに生かす。

　このように、体験を通した学習内容の「受け」と、それを積極的に使ってみる「出し」が必要である。

3. 重さの指導について

　重富（1983）、四条（2003）の実践を参考に指導過程を考える。

(1) 重さ

　子どもにバケツを下げさせ、それに砂を少しずつ入れていく。手がだるく下におろしたくなるのはどうしてかというところから、下に下がる感覚をつかませる。これによって、「下に向かって動く力」があることを確認させ、この力のことを「重さ」ということを教える。そのうえで、重さの存在を確かめる道具を子どもたちに工夫して作らせる。ここで、子どもたちが作ったは

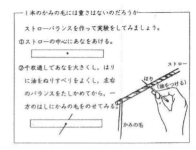
図8-10　ストローバランスの作り方（重富1983）

かりでは調べられないような軽いもの，小さくて細いものなどの重さの存在を確かめるために，図8-10の要領でストローバランスを作って実験してみる。

(2) 重さを量る活動とつくる活動

　重さを量る活動とつくる活動の両方を行うことで，重さという量の概念を獲得させたい。

　まず，重さ比べとして，重さの大小をゴムの伸びによって視覚化し，重さの大小はものの大きさ（体積）や材質では決めにくいことを理解させたい。重さを長さに置き換え数値化するための道具を工夫して作らせるのもよい。自分で作ったはかりで身の回りのものを測定させていくなかから，共通の単位の必要性に気づかせていく。子どもたちにとってはデジタルばかりが身近な計測器具であろう。そこで，デジタルばかりで身の回りのものを量る活動も取り入れる。

　次に，重さをつくり出す活動を行う。ここでは，ランドセルの重さなどを砂の重さにかえる活動を通して重さをつくる実験例を挙げる。計量カップ1杯を1ユニットとして考え，もとになるユニットがいくつあるかを考えさせて重さをつくり出す。また，主人公の肩にのるキャラクターの重さをつくりだす。アニメの設定が現実世界においてあり得るのかを検証する活動を行い，重さをつくり出す活動を行うのもよいと考える。

(3) 重さの加法性・保存性

　リットルますに水を入れ，そこへ水に浮くもの，沈むもの，溶けるものを入れたら全体の重さはどうなるのかを考えさせる。実測の結果から，どれでも重さはあるのだから全体の重さは増えることを理解させる。このような実験などを通して，重さの加法性や保存性を体感させながら学ばせる。たとえば，水に浮くスーパーボールを入れたときの全体の重さはいくらかを考える。ねんど玉の重さを量っておいて形をかえたときの重さや，水に味噌を溶かしたときの重さの測定実験を行う。

第8章

図8-11・12　水に浮くものや水に溶けるものを入れたときの全体の重さの測定

課　題

1. 量の指導について，先行研究を参考にまとめなさい。
2. 長さ・重さの指導について，授業実践例を考えて提案しなさい。

引用・参考文献・より深く学ぶための参考文献

重富記三明「重さの指導を考える」数学教育実践研究会編『算数・数学の授業』No.19，一光社，1983年

四条育男「算数の授業実践で心がけたいこと」算数・数学教育研究全国大会，2003年

守屋誠司「3章　量　2面積の指導」横地清監修『新版　21世紀への学校数学の展望』誠文堂新光社，1998年

文部科学省・国立教育政策研究所『平成20年度　全国学力・学習状況調査結果【小学校】報告書』2008年

文部科学省・国立教育政策研究所『平成21年度　全国学力・学習状況調査結果【小学校】報告書』2010年

文部科学省・国立教育政策研究所『平成26年度　全国学力・学習状況調査　報告書【小学校／算数】』2014年

文部科学省『小学校学習指導要領（平成29年告示）解説　算数編』2017年

横地清『算数・数学科教育法』誠文堂新光社，1973年

横地清『ここまで伸びる保育園・幼稚園の子供たち─数学・言語教育編─』東海大学出版会，2009年

第9章

変化と関係

　本章では，低学年での基本量の学習を基礎に2つの基本量を組み合わせて事象を定量化することを学ぶ。また，単位量当たりの大きさの表現は合理的に行われていることを理解する。また，割合や速さについての乗除数量関係図（ボックス図）を使った新しい指導法について提案する。さらに，2つの基本量に関係がある場合の比例と反比例の関係の要点について整理する。

キーワード　単位量当たりの大きさ　割合　速さ　比例　関数

第1節　目標と系統性

　変化と関係は，割合から関数に発展する教育内容である。事象は，ある2つの量の間に，まったく関係が存在しないものと，ある関係が存在するものに分けられる。ある2つの量の間に関係が存在する場合は，事象の数学的構造を考察し，関係する2つの量を特定し，見いだした関係を数式に表すことができる。その結果，極小・極大の考察や未知のデータの推定が可能になる。つまり，事象を関数の視点から捉えて問題解決を行い，科学技術の発展や多様な産業に活用できるようになるために学ぶ。学習の発展を意識して教材研究や指導を行えるよう，幼稚園から社会生活に至るまでの系統を系統表に示す。

系統表

小学校	C　測定
第1学年	・数の構成と表し方 　　個数を比べること【1対1対応】／個数や順番を数えること／数の大小，順序と数直線 ・加法【$a+b=c$（cが一定：和が一定）】，減法【$a-b=c$（cが一定：差が一定）】
第2学年	1. 長さ，かさの単位と測定 　　長さやかさの単位と測定【長さの単位・かさの単位】 2. 時間の単位 　　時間の単位と関係【時刻と時間】 ・乗法【$a\times b=c$（$a\cdot b$が一定：比例），$a\times b=c$（cが一定：反比例）】 　　乗法が用いられる場合とその意味／乗法九九【$y=ax$】
第3学年	1. 長さ，重さの単位と測定 　　長さや重さの単位と測定【長さの単位・重さの単位】 2. 時刻と時間 　　時間の単位（秒）／時刻や時間を求めること【時刻と時間の単位】 ・乗法 ・除法 　　余りのある割り算（確かめの式）【$a=bx+r$】 ・数量の関係を表す式 　　□を用いた式【問題場面どおりに数量の関係を立式】
	C　変化と関係
第4学年	1. 伴って変わる二つの数量 　　変化の様子と表や式，折れ線グラフ【2つの数量の関わり】（関数のグラフに発展） 2. 簡単な場合についての割合 　　簡単な場合についての割合【簡単な割合】 ・数量の関係を表す式 　　公式【（長方形の面積）=（縦）×（横）】／□，△などを用いた式
第5学年	1. 伴って変わる二つの数量の関係 　　簡単な場合の比例の関係【簡単な比例の関係】 2. 異種の二つの量の割合 　　速さなど単位量当たりの大きさ【単位量当たりの大きさ（速さ・密度・含有率・濃度）】 3. 割合（百分率） 　　割合／百分率【割合と百分率】 　　円グラフ・帯グラフ

第5学年	・数量の関係を表す式 　数量の関係を表す式【□＝3×△＋1など】	
第6学年	〈算数〉 1. 比例 　比例の関係の意味や性質／比例の関係を用いた問題解決の方法／反比例の関係【比例と反比例】 　【$y=ax$】【$y=\frac{a}{x}$】（aは定数で正の数） 2. 比 　比【比】 ・文字を用いた式 　文字を用いた式	〈理科〉 エネルギー てこの規則性 ・てこのつり合いの規則性 　【$y=\frac{a}{x}$】 ・てこの利用
中学校	C　関数	
第1学年	〈数学〉 比例，反比例 ・関数関係の意味 ・比例，反比例 ・座標の意味 ・比例，反比例の表，式，グラフ 　【$y=ax$】【$y=\frac{a}{x}$】（aは変数で有理数） 文字を用いた式 ・文字を用いることの必要性と意味 　【項，係数，≦，≧】 ・乗法と除法の表し方【$a\times b=ab$，$a\div b=\frac{a}{b}$，$a\times a=a^2$】 ・一つの文字についての一次式の加法と減法の計算 ・一元一次方程式【比例式】 ・方程式の必要性と意味及びその解の意味【等式の性質】 ・一元一次方程式を解くこと	〈理科〉 物質のすがた ・身の回りの物質とその性質 　【密度＝$\frac{\text{重さ}g}{\text{体積}cm^3}$】 ・気体の発生と性質 〈理科〉地球 気象観測 ・気象要素【圧力＝$\frac{\text{力}N}{\text{面積}m^2}$】 ・気象観測【湿度＝$\frac{\frac{\text{水蒸気量}g}{m^3}}{\frac{\text{飽和水蒸気量}g}{m^3}}\times 100$】 〈理科〉 水溶液 ・水溶液 　【質量パーセント濃度＝$\frac{\text{溶質}g}{\text{溶液}g}\times 100$】

第2学年	〈数学〉 一次関数 ・事象と一次関数 ・二元一次方程式と関数 ・一次関数の表，式，グラフ 文字を用いた式の四則計算 ・2つの文字を含む簡単な整式の加減及び単項式の乗除の計算 【$2(3x-2y)-3(2x+5y)$ 程度】 ・文字を用いた式で表したり読み取ったりすること【奇数を $2m+1$ と表現】 ・文字を用いた式で捉え説明すること ・目的に応じた式変形【$S=\frac{1}{2}ah \rightarrow a=\frac{2S}{h}$】 連立二元一次方程式 ・二元一次方程式の必要性と意味及びその解の意味 ・連立方程式とその解の意味 ・連立方程式を解くこと	〈理科〉 エネルギー 電流 ・回路と電流・電圧 【電力W＝電流A・電圧V】 ・電流・電圧と抵抗 【電圧V＝電流A・抵抗Ω】 【電力量J＝電力W・時間S】
第3学年	〈数学〉 関数 $y=ax^2$ ・事象と関数【$y=ax^2$】 ・いろいろな事象と関数 ・関数 $y=ax^2$ の表，式，グラフ 二次方程式 ・二次方程式の必要性と意味及びその解の意味【$ax^2=p$, x^2+px+q】 ・因数分解や平方完成して二次方程式を解くこと ・解の公式を用いて二次方程式を解くこと【$x=\frac{-b\pm\sqrt{b^2-4ac}}{2a}$】	〈理科〉 エネルギー 運動の規則性 ・運動の速さと向き ・力と運動 〈理科〉エネルギー 力学的エネルギー ・仕事とエネルギー 　仕事【仕事J＝力N・距離m】 【仕事率W＝$\frac{仕事J}{時間S}$】 ・力学的エネルギーの保存
高校		（高校の理科に関しては省略する）
数学Ⅰ	一次不等式【$y<ax+b$】，三角比，正弦定理，余弦定理，二次関数，二次関数と二次方程式【$y=ax^2+bx+c$】，二次不等式，分散，標準偏差，散布図，相関係数	
数学Ⅱ	多項式，分数式，高次方程式【$y=ax^3+b$……】，指数関数・対数関数，三角関数，微分・積分の考え	
数学Ⅲ	極限，分数関数と無理関数，合成関数と逆関数，微分法，導関数，積分法，不定積分と定積分	

数学A	場合の数と確率
数学B	数列とその和,等差数列と等比数列,漸化式と数列,数学的帰納法,確率変数と確率分布,二項分布,連続型確率変数,正規分布
数学C	二次曲線,複素数平面,数学的な表現の意義やよさ,行列(行列の積のスカラー倍など)
社会では	代数学,解析学,統計学,暗号,アルゴリズム,プログラミングなど (平文の暗号化・復号,アルゴリズム,プログラミングには,関数が使用される)

小学校・中学校・高等学校学習指導要領解説(文部科学省)算数編,数学編に加筆

第2節　つまずきと課題

　保育園・幼稚園での教育内容改善の指導と実際の膨大な指導実践をもとに総合的に判断すると,速さや濃さなどの認識については,3歳までは質的だが,4歳に量的な萌芽が見られ,5歳には量的なものになることを横地(1973)は報告している。ここでの量的なものとは,比較できることであり,定量化を意味するものではない。同じ道のりで同時にスタートした場合は,ゴールに先に着いたほうが速い,同じように走っているならば追い抜いたほうが速いなどの認識ができることである。このことから,速さや濃さなどは,幼児のころから認識されていると推察される。

　さて,物の個数や人数,袋や箱の数,金額などがいくらあるのか自然数で表すことができる量を「離散量」という。一方,単位を決めて測定できる長さや広さや体積・容積,重さなど,連続している量を「連続量」という。なお,国際単位系(SI)では,長さ(m)、質量(kg)、時間(s)、温度(K)、電流(A)、物質量(mol)、光度(cd)を7つの基本量としているが,小学校の算数で学習するのは,長さ・長さの積で表すことができる面積・体積,質量,時間などの連続量である。

　離散量や連続量の中の異種の2つの量を組み合わせると,速さ・密度・濃度など「複合量」といわれる単位量当たりの大きさを表すことができる。また,同種の2つの量を組み合わせると,割合・比率などの大きさを表すことができる。

　以下,単位量当たりの大きさ(速さ・密度・含有率・濃度など),割合,比例と反比例の順に述べる。

第9章

1．単位量当たりの大きさ

単位量当たりの大きさについては，おもに次のようなつまずきがある。
①単位量当たりの大きさを構成する離散量・連続量についてのつまずき
②測定などの数学的活動を十分に行わないことによるつまずき

複合量は，2つの基本量を組み合わせてつくり出された大きさであるので，それに関連する性質が十分に理解されていないことがある。たとえば，速さについては，速さの概念が獲得されていないことがあれば，学習内容の習得は望めない。概念の獲得を調べるためには，たとえば図9-1（筆者自作）のようなテストを行って，各区間の速さがどのようになっているかを問うとよい。図9-1の問題の正答率は，20.6％である（小学校第6学年，速さを未習時）であり，瞬間の速さと平均の速さの違いについての概念が獲得されていないことがわかる。概念を獲得させるためには数学的活動を通した学習が欠かせない。

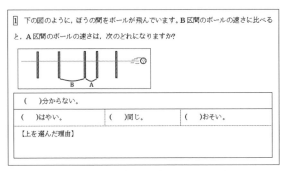

図9-1　速さの概念の獲得を調べるテストの例

③速さを表す方法についての意味理解のつまずき
④平均や均一・均質など，問題の文脈の前提に関するつまずき
⑤時速・分速・秒速の換算と速さの表記についてのつまずき
⑥複雑な状況の問題に関する解決でのつまずき

2. 割合

割合は，小学校の算数のなかでも到達度の低い単元である。

【問題】 ◻︎◻︎kmの0.64の割合に当たる長さが8kmです。◻︎◻︎にあてはまる数を求めなさい。（星野ほか 1995） 中学校1学年6月実施

正答率 30.7％

この問題では無答が21.3％と多く，次に誤答5.12（8×0.64）が16.6％となっている。

また，全国学力・学習状況調査のB問題において，記述式の到達度が約15〜50％（〜2017（平成29）年度）と低く，記述式の活用問題はとくに到達度が低い。

割合に関するおもなつまずきには次のようなものがある。

①割合の意味理解に関するつまずき

割合がどのように求められたり使われたりするのかという経験が少ないために，割合に関する意味がよく理解できていないことがある。

②「基準量」・「比較量」・「割合」の数値の判定に関するつまずき
③倍概念の獲得に関するつまずき
④複雑な文章問題に関するつまずき
⑤記述を求める問題に関するつまずき
⑥忘却に関するつまずき

3. 比例と反比例

具体的な場面を提示された比例の問題（図9-2）の正答率は次のようになっ

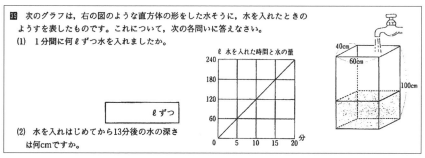

図9-2 比例の問題（星野ほか 1995）

ている。

　(1)のグラフの読み取りの正答率は，80％，(2)の正答率は15％である（中学1年6月実施）。この問題の(1)では流入量が一定で，時間と水量が比例している事象のグラフを提示しているが，(2)では水槽の底面積が一定で，水の深さと水量が比例している事象に文脈が変わっている。つまり，事象の比例関係にある2つの基本量の変化を認識し抽出しなおさなければならない。実際の事象に近い問題であるため，水槽などの水を入れたり抜いたりする実測・記録の経験が有効である。

　比例と反比例については，次のようなつまずきがある。
①事象の認識と変化に関連する2つの基本量の抽出に関するつまずき
　ある事象について，関係があるかないかを，児童が認識していないことがある。また，比例関係にある2つの基本量を特定すること自体が難しいことがある。
②事象を測定・記録する経験の少なさによるつまずき
③変化に関連する2つの基本量の数理的分析のつまずき
④比例と反比例のグラフの特徴の認識に関するつまずき

第3節　単位量当たりの大きさと割合

1. 単位量当たりの大きさ

　はじめに，第5学年で学習する速さについて述べ，次に，第4・5学年で学習する割合について取り上げる。

(1) 速さ
①単位量当たりの大きさに関する離散量・連続量についての理解を図る指導
　単位量当たりの大きさを構成する離散量・連続量についての理解を図る指導については，第8章（1～3年の「C　測定」）を参照されたい。
②測定などの数学的活動についての実測活動による深い理解を図る指導
　数学的活動を通した具体的な指導改善については，第11章「数学的活動」に詳述されているので，参照されたい。

③速さを表す方法についての意味理解を図る指導

　速さは，測定が比較的容易であり，定量化しやすい。また，道のり＝速さ×時間と表わされるので，道のりは，速さ・時間と比例関係にあり，比較的認識しやすい。

　時間と道のりの2つの基本量を用いて速さを定量化するにあたり，次の2通りの表記方法があることを指導する必要がある。

・［道のり÷時間］　単位時間当たりに進む道のりで表す。
・［時間÷道のり］　単位とする道のりの長さ当たりにかかる時間で表す。

　速さに関する同一の状況を2通りに表現することができることと，それぞれの表現を柔軟に解釈し理解できることが必要になる。そのうえで，どちらがより合理的であるかについて考察させる。児童は，これまでの多様な速さに関する経験を想起し，討論を行う。その後にまとめとして，一般的には，人間がより直観的に認識しやすい「度・率・量が多いと，数値も増える」表記を採用することが多いこと，しかし，道のりが短い場合（100m走など）や速さにあまり差がない場合（マラソンなど）の場合は，所要時間で表すことを示すとよい。その際には，表9-1のような具体例を提示し，速さなどは，直観的によりわかりやすい表記を場合に応じて採用していることに，可能な限り作業を通して気づかせるようにする。

表9-1　2通りの方法で表した陸上競技の速さ

100m走記録	［道のり÷時間］での表記	［時間÷道のり］での表記
ウサイン・ボルト（2009）	時速37.58km	9秒58
サニブラウン・アブデル・ハキーム（2019）	時速36.10km	9秒97

④平均や均一・均質など，問題の文脈の前提を納得させる指導

　速さの問題では，速さはスタートからゴールまでの平均値を前提としている。速さに限らず単位量当たりの問題でも，棒・針金や紙・板などに関するものでは，素材が均質・均一であることが前提となっているが，問題文には記載されないことが多いため，素材は均質・均一であるという前提を必ず確認して指導する。

⑤時速・分速・秒速の換算と速さの表記についての指導

　時速・分速・秒速の表記は，より直観的にわかりやすいように表記されてい

第9章

る。どのように使い分ければわかりやすいか，いろいろな移動するものの速さを調べ，表9-2のような表にして考察させる学習活動を行う。

表9-2 いろいろな移動するものの速さ調べ

	時速	分速	秒速
光	—	—	約40万km
ロケット	39895km	約664.9km	約11.1km
音（気温0℃）	[ ]m	約19.9km	331.5m
ジェット旅客機	1000km	約16.7km	約[ ]m
リニア中央新幹線	600km	10km	約[ ]m
F1レース	360km	[ ]m	100m
山陽新幹線	300km	[ ]m	約83.3m
電車	130km	約[ ]m	約36.1m
高速道路の車	100km	約1.7km	約[ ]m
一般道の車	60km	[ ]m	約16.7m
100m走選手	[ ]km	600m	10m
自転車・マラソン選手	[ ]m	333m	約5.6m
速足	5.4km	[ ]m	1.5m
並足	3.6km	60m	[ ]m
どんな関係？		÷60	

　時速・分速・秒速の換算では，時間は10進数ではなく，60進数であることに注意させ，数値が大きくなるのか小さくなるのか見通しを立てた上で計算させる。表9-2を使用する速さ調べの学習活動では，繰り返し何度も換算を行うことが求められるため，自然に時速・分速・秒速を換算するための要領を見い

だすことができる。なお，時速・分速・秒速の換算は単位換算と同じであり，児童は苦手であるので，完全に習得できるまで繰り返し練習するようにする。

⑥複雑な状況の問題に関する解決力を高める指導

　速さの問題については，多種多様な文脈の問題が提示される。1つの対象に関する速さを求めるだけでなく，2つ以上の複数の対象の速さに関する大小比較，求差などの問題は，直線的な移動だけでなくサークル上の移動の場面としても出題される。次のような問題解決を児童に数学的活動として体験させる。

> 【問題1】　AとBは，周囲2600mの池の周囲を逆の方向に歩きます。Aは分速60m，Bは分速70mで同時に同一地点から歩き出します。AとBは，何分後に出会いますか。
>
> 【問題2】　AとBは，周囲5200mの沼の周囲を同じ方向に歩きます。Aは分速200m，Bは分速70mで同時に同一地点から歩き出します。AとBは，何分後に出会いますか。

　サークルの上を逆の方向に進む状況の問題1は，円状の道のりを引き延ばして直線にすれば，直線上を反対方向に進む問題として解釈でき，直線の問題と同様に解くことができる。また，サークル上を同方向に周回する文脈の問題2は，透明なスパイラル状の道のりに置き換えると理解しやすい。そのうえで，スパイラル状の道のりを引き延ばして直線の道にすれば，直線の問題と同様に解くことができる。つまり，AがBより5200m先行したときにBに追いつくことになる。複雑な問題の文脈を上手に解釈すれば，より単純な文脈，直線的な移動の状況に帰着させて解くことができるように指導する。

(2) 割合
①割合の意味理解を深める指導

　横地（1980）は，割合の意味理解を深める指導として次のような提案をしている。割合に発展する内容として「倍」について，低学年では，児童が与えられた線分の2倍・3倍や$\frac{1}{2}$・$\frac{1}{4}$を作図する活動を行い，比の第2用法に触れる。中学年では，任意の直線の10等分を作図する活動や，小数倍にする作図活動を行い，比の第1用法に触れる。第5学年では，数直線上に基準量を設定してその延長線上に比較量を表現する活動を行う。また，児童が測定した長さなどの大きさをもつ測定値を使い，計算で割合を求める。

　上記の提案をもとに，守屋ほか（2016a）は，2本数直線を使用した割合の文章問題の解決を目標とした授業プランとして，第5学年において次のような

第9章

基本方針を提案している。
ア）任意の長さを1単位とし，k倍（整数倍・分数倍・小数倍）となる大きさを作図する活動を十分に行う。また，学習者自身が測定した実測値を使用して，比の3用法の計算を行う。
イ）実測値と割合の関係を表す方法として，2本の数直線の作図を繰り返し行わせる。
ウ）児童にとって比較的容易である比較量を求める第2用法の学習を先行させ，第1用法，第3用法の順に学習する。
エ）第1用法と第3用法は，□を使用して第2用法で立式を行う。
　この具体的な数学的活動は，次のように展開される。
・自分の「1あた」（親指と人差し指が直角になるように広げたときの親指の先端と人差し指の先端を結んだ距離〔平成26年度の全国学力・学習状況調査　算数B問題に準じる〕）を測定する。その後に，横地（1980）で紹介されている図9-3に示した11本の等間隔の平行線を利用し10等分する方法を用いて1あたを10等分し，0.1あた……1.2あたを数直線上にとる活動を行う。また，自分の身長を測定し「1測定者氏名」と単位の名前をつけて，図9-4（守屋ほか 2016a）のように「自分物差し」を作成し，同様の活動を行う。
・同時刻での自分の影の長さを測定し，「自分物差し」の何倍になっているかを求めると，個々の身長に違いがあっても同じ倍数になることを確認し，数直線上に表現する。また，影の長さが自分物差しより長い場合は1倍より大きくなり，自分物差しより短い場合は1倍より小さくなることを確認する。
・さらに，基準量の1あたの長さと使いやすい箸の長さは1.5あたであることが

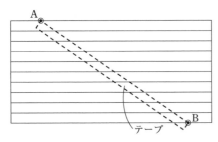

図9-3　等間隔の平行線を利用して10等分（横地 1980 p. 32より）

図9-4　自分物差し作り

わかってることから，1あたと1.5あたを記入した倍率の数直線をかき，その後に実際の値を記入した数直線を追記して，2本の数直線をかく。そして，第2用法により，自分に合ったはしの長さを□で表し，（自分の1あたの長さ）× 1.5 ＝□　と立式して求める。

- 2人組になり，自分物差しを基準量として相手の身長が約何倍になっているか，自分物差し上でお互いの大体の倍率を求め，基準量を変更すると割合が変わることに気づかせる。次に，身長の基準量と比較量を数直線に記入させ，不明な正確な割合を下の数直線に□として記入する。身長の基準量と比較量がわかっているので，不明な割合を□として第2用法で立式し，式変形をして割合を求め，第1用法の割合を求める方法を学ぶ。
- 第1用法から第3用法の練習問題を使用して，数直線のかき方と立式を確認する。割合と相手の身長がわかっている場合に，基準量である自分の身長を□として第2用法で立式し，式変形をして割合を求め，第3用法の基準量を求める方法を確認する。

　この提案に基づいた文章題の問題解決力は，プリテストで第1用法40％，第2・3用法60％であったが，ポストテストは，第1用法60％，第2・3用法80％と向上している。この学習活動では，学習者自身が自分の身長を測定し，主体となる自分の身長が基準量であるという原体験をもたせ，さまざまな活動を多数行うことにより，「基準量」・「比較量」・「割合」の認識を強固にすることができる。児童にとって理解しやすい第2用法で立式し，式変形によって解決する方法も有効である。ただ，2本の数直線をかいて解決方略とすることの指導は，高学年だけでなく低学年から着実に積み上げる指導が必要であり，児童にとっても指導者にとっても難しいといえよう。

② 「基準量」「比較量」「割合」を的確に判定する指導

ア）問題文の表現の型にもとづいて判定する視点

　条件過多の問題である場合があるため，最初に，問題中に提示された問題解決に関係のない条件を除外し，必要な条件だけに絞り込むことが必要になる。単純な問題でも，「基準量」「比較量」「割合」の判別が苦手な児童には，問題文の表現方法が複数あることを体験させ，どの数字が「基準量」「比較量」「割合」を表すのかを認識させる指導が大切である。たとえば，「基準量」を「……」，「比較量」を「〜〜」，「割合など」を「□」で表記すると，割合に関する単純問題には表9-3のような文章の型が見られる。

表9-3　割合に関する単純問題の文章の型

答	条件	問い
割合 （第1用法）	……を1倍とすると，～～の割合は	どれだけですか。
	……をもとにした，～～の割合は	どれだけですか。
	～～は，……の	何倍ですか・何％ですか。
	定員は……で，希望者は～～です。定員をもとにした希望者の人の	割合を求めなさい。
比較量 （第2用法）	……の□％は	いくらですか。
	全部で……あります。□％含まれています。	含まれているのはどれだけですか。
	（定価）が……のとき，□％の（ねだん）で買います。	（ねだん）はいくらですか。
基準量 （第3用法）	～～が□％にあたる（ねだん）は	……ですか。
	～～は，以前の□％にあたります。	以前はいくらでしたか。

イ）「基準量」「比較量」「割合」の表現の型にもとづいて判定する視点

　表の中で，「基準量」「比較量」「割合」を表す表現は，大まかに表9-4のようになることに気づかせる。

　表9-4のように，比較量に関する記述は判別しにくく，1倍である基準量に関する記述は比較的判別しやすい。しかし，たとえば助詞「……の」（※）の直前の言葉を単純に基準量であると判断することは，副詞が多い文章問題の場合では危険である。一部の言葉だけでなく，問題文中の複数の条件を検討して「基準量」・「比較量」・「割合」を総合的に判別・判断できるように指導する。

③倍概念の獲得を確認する指導

　倍概念の基本は，基準量を決めそれを何倍かすると比較量が求められるということである。その逆に，比較量を基準量で割って何倍かを知るということも必要になる。倍概念の学習は，1学年での「yはxのいくつぶん」から始まり，2学年でのかけ算で，「なんこずつ×いくつ分＝ぜんぶの数」に続く。さらに，3学年での「x×整数倍＝全部の数」に続き，4学年での「1とみた量×何倍＝何倍の量」に発展する。

　4学年までで既習の倍概念が獲得されていない児童がいないか，学習前にプ

表9-4 「基準量」「比較量」「割合」を表す表現

区別	表現
基準量	「……を1倍とすると」「……をもとにした」「全部で……あります。」「……の」(※) 「定員は，定価は　（基準量でない場合もありうる）」
比較量	「～～の割合は」「(一部分) は～～です。」「～～が□％にあたる」
割合など	「割合はどれだけですか。」「何倍ですか。」 「何％ですか。」「百分率で表しなさい。」「歩合で表しなさい。」

リテストを行って概念の獲得を確認し，獲得できていない児童には，単元の導入前に補充指導を行う。

④複雑な文章問題に対応する指導

　複雑な文章問題の解決の到達度を高めるためには，「領域固有の知識」を獲得させることが必要であり，多様な問題解決の経験を積ませる指導が行われてきた。また，文章問題の文脈によって型分けされ，認識しやすいように「仕事算」などの名称をつけて提示する工夫がなされてきた。

　さまざまな文脈の設定がある複雑な文章問題ではあるが，共通して存在する演算の構造があり表9-5のように分類できると加藤（2015）は指摘している。なお，加減算の文章題についても同様の演算構造の分類ができる。

　この演算構造の分類によれば，図9-5に示す全国学力・学習状況調査の算数B問題に出題された問題（正答率17.4％）の演算構造は，複線型，加工・換算ありの問題となる。

　図9-5の問題を例にして，加工・換算あり，単線型・複線型の違いを表9-6に示す。

　演算構造による問題の分類での「加工・換算」には，主となる演算の前に，問題文の条件を加減算したり単位換算したりして数値を主演算に乗せる場合と，主となる演算で算出した数値を加減算したり単位換算して，求められている答えの形にする場合とがある。主となる演算の前に加工・換算が必要である型と連鎖がある型の問題は，複合式となるため答の概算を簡単にできず，解決の見通しがつきにくいという特徴がある。

　「連鎖なし」の問題では，主となる演算（比の3用法など）が1つで解決でき，「連鎖あり」の問題では，解決のために主となる演算が2つ以上必要となる。連鎖

第9章

表9-5　演算構造による問題の型

型	単線・複線	連鎖	加工・換算
1-1-1	単線型	連鎖なし	加工・換算なし
1-1-2			加工・換算あり
1-2-1		連鎖あり	加工・換算なし
1-2-2			加工・換算あり
2-1-1	複線型	連鎖なし	加工・換算なし
2-1-2			加工・換算あり
2-2-1		連鎖あり	加工・換算なし
2-2-2			加工・換算あり

がある問題も，複合式となるために答の概算を簡単にできず，解決の見通しがつきにくいという特徴がある。

「単線型」とは，1つの事象について回答する問題の型であり，「複線型」とは2つ以上の事象について大小比較または差を求める問題の型である。

この演算構造による分類によれば，これまでの全国学力・学習状況調査で出題されたB問題は，1-1-2と1-2-2と2-1-1と2-1-2であり，2-2-1・2-2-2は出題されていない（加藤 2015）。指導者が文章題の演算構造について理解していれば，文章問題を深く認識したうえで的確な指導を行うことができる。また，B問題のような演算構造をもつ問題は，教科書内の記載はごく小数である。そのため，B問題に対応できる力をつけさせ

図9-5　平成22年度全国学力・学習状況調査，2010年，小学校第6学年，算数B⑤(2)

表9-6 単線型・複線型,連鎖の有無,加工・換算の有無の問題例

単線型・複線型	連鎖	加工・換算	問　題　文
単線型	なし	なし	定価1900円のシャツがあります。値引きされる金額は,定価の0.2倍です。いくら値引きされますか。
	なし	あり	定価1900円のシャツがあります。値引きされる金額は,定価の20％です。いくら値引きされますか。
	あり	なし	定価1900円のシャツがあります。シャツが値引きされる金額は,定価の0.2倍です。定価3600円のズボンからは,シャツが値引きされる金額が値引きされます。ズボンから値引きされる金額は,ズボンの定価の何倍ですか。
複線型	なし	あり	定価1900円のシャツと定価3900円のズボンがあります。値引きされる金額は,定価の20％です。値引きされるのはどちらが（どのくらい）多いですか。

るためには,指導者が演算構造を認識し,目的とする演算構造をもつ問題を作問し,児童に実際に解かせて指導することが必要となっている。

なお,2019年度より全国学力・学習状況調査では,A問題（知識・技能）とB問題（活用）を統合して実施されている。今後も,活用力を問う文章問題は出題されるため,高い到達度を目指して指導する必要がある。

⑤記述を求める問題に対応する指導

図9-5の問題の正答率が17.4％であることから,記述・論述能力を高める指導が必要である。記述・論述における要所は,記述・論述の内容と順序を明確に指導することである。①求める答えの宣言,②条件の整理,③図,④立式の理由,⑤立式,⑥答のように,これらの内容を①から⑥の順に記述・論述すればよい（加藤ほか 2017a）。

ドイツの教科書（Element der Mathematik 2015）には,具体的な回答例の記載がある。基本問題の回答の記述は,「①与えられた条件,②求める答え,③検討する図,④計算式,⑤結果」であるとし,内容・順序が明記されている（加藤ほか 2017b）。

日本の教科書には,記述・論述に関する内容と順序に関する記載はないため,今後,より一層の記述・論述に関する教育の均質化と充実を図るためには,日本の教科書にも記述・論述の具体的な内容と順序についての記載が必要である。

第9章

　さて,記述において,児童にとって一番難しいのは,立式の理由を記載することである。立式の理由となる記述には次の2つがある。
・比の3用法の公式を,使用する形に変形して記載する。　……公式
・基本量と割合と比較量の関係を記載する。　　　　　　　……比例関係
　2通りの理由の記述内容をまとめ,表9-7に示す。

表9-7　立式の理由・記述内容

理由	記述内容
公式	・問題中の条件を整理し,立式が何用法であるかを判断する。 ・公式を立式に合わせた形に変形して,言葉の式を記述する。 ・公式の割合・比較量・基準量に合わせて,問題文中の条件を記入し立式する。 ・式を計算し,答えを導く。
比例関係	・問題中の条件を整理し,乗除数量関係図を読み,比例の関係を記述する。 ・第2用法の式に,求める答えを□とし,問題文中の条件を記入し立式する。 ・式変形をする。 ・式を計算し,答えを導く。

　公式を使った解決方略では,「基準量」「比較量」「割合」が問題文中の条件のどれであるかを示した後に,答えを求める公式を記載することになる。しかし,その公式の意味を理解せずに暗記によって使っているのならば,機械的に行っているにすぎない。つまり,公式を使用して解決できても,割合の意味を理解できていない可能性は残る。また,公式を理由とする際には,立式の用法に適合した形に公式を式変形して記載しなければならないが,これを苦手とする児童がいる。3つの公式を自由自在に理由として記載する方法をすべての児童が行うことは,難しい。
　比例関係を短く端的に表す文章は,「1倍が「基準量」のとき,□（割合）倍は,「比較量」である」であり,これは第2用法の立式の「基準量×割合＝比較量」の理由となり,関数に発展する代数式の基本形でもある。第2用法は,児童がもっとも容易に理解し,正答率も高い。記述力を高めるためには立式の理由となる文を比例関係の表現で記載し,立式は求める値を□として第2用法で行うようにする。公式の変形・適用による理由と比較すると,比例関係を端的に表現した第2用法の文を理由としたほうが児童にとっては簡単明瞭である。
　さて,単位量当たりの大きさの到達度を高めるため,さまざまな図を描いて

問題解決力を高める工夫がなされてきた。これらの図は，問題文中の条件を整理し，条件の関係を認識させて的確に演算決定を行えるようにする図であり，正確に描くことができればどの図でも問題解決のヒントになる。

単位量当たりの大きさや割合を表す図に関しては，現行の教科書において2本の数直線の図を用いたものがほとんどである。しかし，実際には，2本数直線の図は，児童にとって問題解決のヒントになっていないことを進藤ほか(2015)は指摘している。

文章問題の条件には，小数や分数・非常に大きな数値などがあり，大小の判断や縮尺の操作が必要というされる場合には，正確にプロットして図を描くことは難しい。数量の大きさや数量の関係を把握しやすいという2本数直線の図の長所が失われることがある。

また，従来の多くの図では，複雑な文章題の解決方法を言葉と式で記述する際に不可欠である記述の内容と順序を示すことができていない。つまり，PISA型や活用力を問う記述式の問題に対処することが容易でない図である。

次に，PISA型の問題に対応可能な図として「乗除数量関係図」を加藤(2008, 2015)が提案している。図9-5の問題の解決方法の記述の一部を図9-6に示す。

記述の順序と内容は，立式に至るまでは乗除数量関係図の外側から開始して加工・換算を説明し，1から出発して反時計回りに比例関係を読んで演算の理由を示す。また，連鎖がある場合は，求められている答えに向かって順に説明する。記述の順番は，①求める答えの宣言，②条件の整理，③図，④図の読みによる立式の理由，⑤立式，⑥答えの順に行う（加藤ほか 2016）。この数量関係図を使用し，記述のワークシートを使用する方法による到達度は，図9-5では約76.5％である（加藤ほか 2017a）。

また，プレゼンテーションを評価対象とすることも考慮したい。算数でも言語活動は行われているが，説明を得

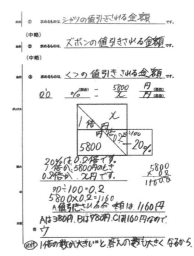

図9-6 「乗除数量関係図」を使用した問題解決の記述例

意とする一部の児童の発表にとどまることが多い。また，日本の場合は，口述力の育成＝記述力の育成となりにくい。日本語の特性として，口述では主語や目的語などが頻繁に省略されたり指示語に置き換えられたりするため，口述をそのまま記述しても不完全な記述になりがちだからである。主語などを省略せず，指示語を可能な限り使用しないで記述するための指導が必要である。

さらに，記述内容に対する児童の価値観を高める必要がある。式と答えを書けば満点となるテストだけではなく，広い回答スペースに図や言葉によって理由を記述するテストを日常的に行うことが求められる。

このように，従来の指導では，記述式の問題を解決・記述できるところまでは至っていない。確実に解決し記述できる方法を，まず指導者が明示できなければならない。日本では，記述に関しての体系的な指導は行われていないため，複雑で長い思考過程を正確に記述可能にする指導を補うことが必要である。

ところで，ドイツでは，図9-7のように割合はG7（中学1年）で，等しい比を利用した1％に当たる量を求めることを解決方略の基本にし，公式に依らない方法を学習している。関数を背景に公式での解決方法を学習するのは，G9（中学3年）になってからである。諸外国に比較すると，日本では割合の学習が早期に行われている。

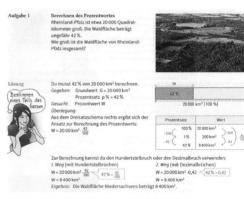

図9-7　ドイツの教科書の割合の求め方と記述の例
『Element der Mathematik Rheinlaud-Pfalz』G7. 2015

⑥忘却に対応する指導

割合の学習後，約1年経過した場合の到達度を調査した結果，ほかの2つの用法に比べると第2用法が比較的高い到達度であることがわかっている（加藤ほか 2018）。とくに，第2用法が忘却への耐性が高いのであれば，第2用法を中心とした単一の解決方略の指導を足掛かりにして忘却に対抗できる可能性がある。

変化と関係

第4節 比例と反比例

　関数的な見方を習得して，実際の生活のなかに関数的関係を見いだし，活用できるようになることが目的である。そのため，教科書で提示されている教材・数値だけでなく，実際に生活のなかにある変化を見いだし，実測・記録し，関数関係を考察する学習活動が大切になる。

(1) 事象の認識と変化に関連する2つの量の抽出に関する指導
　関数関係にある事象を認識させるために，次の順に指導を進める。
①身の回りにある事象で，変化がある事象を複数挙げさせる。
②変化に何らかの決まりがありそうな事象と，変化に決まりがなさそうな事象があることに気づかせ，注意深く分けさせる。
③変化に何らかの決まりがありそうな事象について，変化に関係がありそうな量を2つ考えさせる。
④生活のなかの事象は，変化に決まりがある事象と決まりがない事象に分けられることに気づかせる。
⑤変化に決まりがある事象では，2つの量のうち，ある量（独立変数x）が決まると，もう一つの量（従属変数y）が決まるのかの関係について考えさせる。複数の事象を考察させ，時間は不可逆的に進行するので，独立変数になりやすいこと，より容易に測定できる量が独立変数になりやすいことに気づかせる。
⑥独立変数xと従属変数yの関数関係は，表9-8のように分類できることに気づかせる。

表9-8　独立変数と従属変数の関数関係

	関数$y=f(x)$	変化のようす
定数関数	$f(x)=c$	独立変数が増加すると，従属変数の値は一定。
増加関数	$x_1<x_2$ならば$f(x_1)<f(x_2)$	独立変数が増加すると，従属変数も増加する。
減少関数	$x_1<x_2$ならば$f(x_1)>f(x_2)$	独立変数が増加すると，従属変数は減少する。

(2) 事象を測定・記録する経験を豊かにする指導
　変化に決まりがある事象において量A（独立変数）と量B（従属変数）を特

定した後，実際に児童自身に事象の変化を測定させ，表に記録させる。その際には，必要な測定用具を準備する。

比例については，放射温度計を使用すれば，表9-9・表9-10のように，加熱時間と鍋の水やフライパンの温度の変化なども簡単に記録し，図9-8・図9-9のようにグラフに表せば，グラフの直線部分は増加関数となっていることが認識できる（加藤2005a）。

反比例については，小学校6学年の理科の「てこの規則性・てこのつり合いの規則性」での学習は，もっとも身近で再現しやすい事象である。理科の教材として，遠くからでも見やすい巨大なてんびんや，図9-10のような児童が個々に使用できるてんびんが準備されている場合が多いので，理科室・理科教材ともに活用するとよい。

てんびんの左右のうでが釣り合う場合，次のような性質がある。

表9-9　鍋の水を加熱する事象での時間と温度の変化（加藤 2005a）

時間（分）	0	1	2	3	4	5	6	7	8	9	10	11	12	13	14	15
温度（℃）	14	16	21	28	35	43	51	60	69	77	85	92	98	99	99	99

表9-10　フライパンを加熱する事象での時間と温度の変化（加藤 2005a）

時間（秒）	0	5	10	15	20	25	30	35	40	45	50	55	60
温度（℃）	14	46	68	86	106	120	135	150	169	180	193	209	221

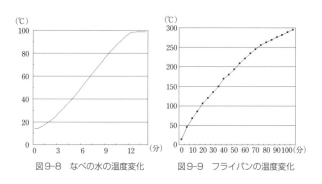

図9-8　なべの水の温度変化　　図9-9　フライパンの温度変化

〈支点からの距離〉×〈おもりの重さ〉=〈支点からの距離〉×〈おもりの重さ〉

左辺の積を12に設定し，右辺の支点からの距離とおもりの重さを調節してちょうど釣り合う組合せを調べると表9-11のようになる。

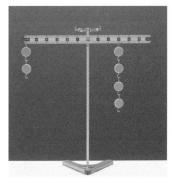

図9-10 理科室の実験用てんびん

表9-11 てんびんの釣り合いの記録の表

左うで	支点	右うで					
12	支点からの距離	1	2	3	4	6	12
	おもり（作用点）	12	6	4	3	2	1

(3) 変化に関連する2つの基本量の数理的分析の指導

表にまとめた実測の値を観察し，xからyへの対応のようすが，xが1つ決まるとyが1つ決まる1対1対応の関係になっていることを確認させる。また，変化が一定の場合は，常に何倍になるという規則性があることに気づかせる。

(4) 比例と反比例のグラフの特徴の認識を高める指導

事象の測定・記録をもとにグラフ化させ，測定した実際量には，一定の決まりがある区間と決まりがない区間があることに気づかせる。

その後，図9-11・12の面積図を使用した作業を行う。

反比例の場合は，測定で表に記録した数値を座標平面上にプロットしてもドットの間隔が大きいため，ほかのドットも想定させて認識させる。その後に，原点が上になるように紙を移動し，フリーハンドで滑らかな曲線になるようにドットを結ばせる。

比例のグラフは，原点を通る直線になること。反比例のグラフは，軸に対して漸近線となる曲線になることを強く認識させる。原点を通らない右下がりの直線のグラフは比例でないことを強調して指導する。

縦2cm，横1cmの長方形の拡大図の縦と横の長さの変化

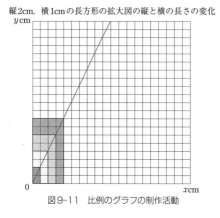

図9-11　比例のグラフの制作活動

面積が$12cm^2$の長方形の縦と横の長さの変化

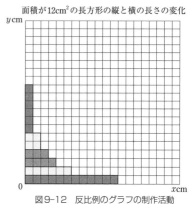

図9-12　反比例のグラフの制作活動

課　題

1. 表9-2を完成させ，気づいたことを記述しなさい。
2. 単位量当たりの大きさや速さ，割合の活用に関する記述式の問題を自分で作問し，模範解答を作成しなさい。
3. 生活のなかの比例と反比例の事象を測定・記録してグラフに表し，どのようなことに活用したいかについてレポートにまとめなさい。

引用・参考文献・より深く学ぶための参考文献

小倉金之助『数学教育の根本問題』イデア書院，1924年

加藤卓「Ⅱ章　折れ線グラフから関数へ」，横地清監修，菊池乙夫編『算数科の到達目標と学力保障　第4巻　第4学年編』明治図書出版，2005年a，pp.89-117

加藤卓「第Ⅰ章　九九と和で数を表す―整数の構造の学習―」，横地清監修，守屋誠司・渡邉伸樹編著『検定外・学力をつける算数教科書　第3巻　第3学年編』明治図書出版，2005年b，pp.19-39

加藤卓「数量関係図の導入により算数の苦手意識を克服する―実質・形式陶冶の両面の強化を図り，思考の筋道を明示し説明に使う「数量関係図」の開発―」『平成20年度優良教育研究概要』一般社団法人山形県教育共励会，2008年，pp.34-35

加藤卓「射影量の文章問題の演算構造による分類について」『数学教育学会春季年会発表論文集』2015年，pp.234-236

加藤卓・守屋誠司・進藤聡彦「乗除数量関係図（ボックス図）を使用した割合に関する教育内容・

方法について」『数学教育学会 秋季例会予稿集』2016年,pp. 164-166
加藤卓・守屋誠司・進藤聡彦「乗除数量関係（ボックス図）を使用した割合に関する教育実践と結果について」『数学教育学会 春季年会予稿集』2017年a,pp. 119-121
加藤卓・守屋誠司「ドイツにおける割合に関する教育内容・教育方法について」『数学教育学会秋季例会予稿集』2017年b,pp. 76-78
加藤卓・守屋誠司「乗除数量関係(ボックス図)を使用した割合に関する問題解決力の変化について」『数学教育学会秋季例会予稿集』2018年,pp. 53-55
進藤聡彦・守屋誠司「割合に関する問題解決の困難さ―数直線の把握の観点から―」『日本教育心理学会第57回総会発表論文集』2015年,p. 605
星野泰男・堀西彰・田村路人・鹿野俊之・橋本雅子『中学数学『誤答分析』』教育企画調査研究所,1995年,p. 7,p. 13
守屋誠司・進藤聡彦「数直線の指導による割合問題の指導改善」『数学教育学会誌』57（3・4），2016年a,pp. 187-197
守屋誠司・加藤卓・進藤聡彦「乗除数量関係（ボックス図）を使用した割合に関する教育実践と結果について」『数学教育学会誌』57（3・4），2016年b,pp. 211-219
文部科学省・国立教育政策研究所『平成22年度　全国学力・学習状況調査【小学校】報告書』国立教育政策研究所,2010年,pp. 208-211
文部科学省『小学校学習要領（平成29年告示）解説　算数編』日本文教出版,2018年
横地清『子どもの認識の構造』三省堂,1973年
横地清「倍と割合の見直し」『授業の創造8』教育研究社,1980年,pp. 29-34
横地清『ここまで伸びる保育園・幼稚園の子供たち―数学・言語教育編―』東海大学出版会,2009年
Prof. Dr. Heinz Griesel・andere, *Element der Mathematik Rheinland-Pfalz*, Schroedel, 2015, p. 58.

第10章
データの活用

　近年，世界的動向もあり，確率・統計教育が大変重視されている。子ども一人ひとりが目的をもって，データを収集し，分析を行った結果をもとに，統計的に判断をしていく授業が望まれている。
　本章では，確率・統計教育における今日的課題を整理するとともに，その目標，内容を明らかにする。また，確率・統計教育の指導の具体について述べる。

キーワード　確率・統計教育　代表値　順列・組み合わせ

第1節　目標と系統性

　近年，確率・統計教育が大変重視されている。その背景としては以下のものが挙げられる。
・コンピュータの発達やデータサイエンスの進展。
・さまざまなデータを高速で処理し活用することが，ビジネスや研究などの多くの場面で可能になってきたこと。
・自分の考えの正当性を主張するには，データに基づいて，論を構築し，説明することが大切だとの認識が急速に高まっていること。
　このような社会の変化や要請を受けて，社会生活などのさまざまな場面において，一人ひとりが必要なデータを収集して分析し，その傾向を踏まえて課題を解決したり意思決定をしたりすることが求められている。そのような能力を育成するためには，高等学校情報科などとの関連も図りつつ，小中高を通して，確率・統計教育の内容について改善していくことが必要である。

小学校学習指導要領に示されている「D　データの活用」領域のねらいは以下のとおりである。
・目的に応じてデータを集めて分類整理し，適切なグラフに表したり，代表値などを求めたりするとともに，統計的な問題解決の方法について知ること。
・データのもつ特徴や傾向を把握し，問題に対して自分なりの結論を出したり，その結論の妥当性について批判的に考察したりすること。
・統計的な問題解決のよさに気づき，データやその分析結果を生活や学習に活用しようとする態度を身につけること。

　「D　データの活用」の内容を概観すると以下の2つにまとめられる。
(1) 目的に応じてデータを収集，分類整理し，結果を適切に表現すること。
(2) 統計データの特徴を読み取り判断すること。
　(1)において，目的に応じてデータを収集することが挙げられている。これは児童が自分で事象からデータを集めることを大切に扱うことを意味している。これは今までの学習指導要領ではあまり触れられていなかったことである。しかし，学習した知識を活用することを考えると，知識を活用できるように学ぶことが重要である。統計的な知識を実際の社会生活・日常生活のなかで生かすことを考えると，自分で目的に応じてデータを収集できる力をつけておくことは大変重要であり，大切にしたい視点である。
　また，(2)では，判断という言葉が含まれている。このことは統計的な判断力を高めることが目標とされていることにほかならない。今までのように，個々の統計の知識を学ぶことが目的ではなく，それらを活用して一人ひとりが統計的な判断をすることが重視されているのである。そのためには，児童一人ひとりが自ら統計的な問題解決を行うことが必要となる。
　以下の表は，これらの観点から，各学年の内容を整理し，配置したものである。

系統表

小学校	内容の構成
第1学年	○絵や図を用いた数量の表現
第2学年	○簡単な表やグラフ ●不確定な事象の意味

第3学年	○表と棒グラフ ・データの分類整理と表 ・棒グラフの特徴と用い方 ●起こりやすさの比較
第4学年	○データの分類整理 ・2つの観点から分類する方法 ・折れ線グラフの特徴と用い方 ●統計的な確率と数学的な確率
第5学年	○円グラフや帯グラフ ・円グラフや帯グラフの特徴と用い方 ・統計的な問題解決の方法 ○測定値の平均 ・平均の意味 ●簡単な場合の数学的な確率
第6学年	○データの考察 ・代表値の意味や求め方 ・度数分を表す表やグラフの特徴と用い方 ○起こりうる場合
中学校	
第1学年	○データの分布の傾向 ・ヒストグラムや相対度数の必要性と意味 ○統計的確率 ・統計的確率の必要性と意味
第2学年	○データの分布の比較 ・四分位範囲や箱ひげ図の必要性と意味 ・箱ひげ図で表すこと ○数学的確率 ・確率の必要性と意味 ・確率を求めること
第3学年	○標本調査 ・標本調査の必要性と意味 ・標本を取り出し整理すること
高校	
数学I	○データの分析 ・データの散らばり ・データの相関
数学A	○場合の数と確率 ・場合の数（数え上げの原則，順列・組み合わせ）・確率（確率とその基本的な法則，独立試行と確率，条件付き確率）
数学B	○確率分布と統計的な推測 ・確率分布（確率変数と確率分布，二項分布）・正規分布 ・統計的な推測（母集団と標本，統計的な推測の考え）

　確率や統計（統計学）は，現在では，医学（疫学，EBM），薬学，経済学，社会学，心理学，言語学など，自然科学・社会科学・人文科学の実証分析を伴う分野について，必須の学問となっている。記述統計とは，収集したデータの要約統計量（平均，分散など）を計算して分布を明らかにすることにより，データの示す傾向や性質を知ることを目的とする分野であり，推計統計とは，データからその元となっている諸性質を確率論的に推測する分野である。推計統計の分野は，確率論との関わりが大変深い。

しかし，統計が強調された今回の指導要領での改訂でも，小学校においては，確率の内容は扱われていない。今までにおいても，小学校において確率が扱われたのは，戦前の一部と現代化の時期だけである。一方，世界に目を向けると多くの国で小学校段階で確率教育が行われている。小・中・高等学校を見通して統計教育を進めるにあたって，確率の見方・考え方を踏まえることは大切である。そこで，上の系統表では，●印をつけて小学校段階の確率を位置付ける場合の試案を示した。詳しくは岡部（2007）などを参照されたい。

第2節　つまずきと課題

2018（平成30）年度全国学力・学習状況調査のA⑨の問題は，折れ線グラフから変化の特徴を読み取ることができるかどうかを見る問題である。

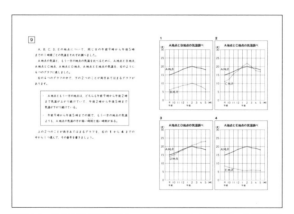

図10-1　平成30年度全国学力・学習状況調査，2018年，小学校第6学年，算数A⑨より

折れ線グラフから変化の特徴を読み取るとは，一方の数量が増加するときの他方の数量の増減を視覚的に捉え，2つの変化する数量の間にある関係を明確にすることである。グラフの部分の変化の特徴だけでなくグラフの全体の変化の特徴に着目して考察できるようにすることが大切である。

正答率は63.8%であり，3，4と解答している児童が，それぞれ8.8%，4.9%

と比較的少ないことから，時間の経過に伴う変化のようすに関することがらを読み取ることはできている。一方で，1と解答している児童が，全体の約15％を占める。このことから，同時刻の気温の違いに関する事柄は読み取ることができない児童が存在することがわかる。

　複数のグラフを比較しその特徴を読み取ることは，統計的判断をすることが求められている今回の学習指導要領においては，必ず児童につけさせたい力だと考えられる。この結果から従前の指導では，統計的判断をするための力が十分についていないと考えられる。

　2018（平成30）年度の全国学力・学習状況調査のB③の問題は，日常生活の事象を，グラフの特徴を基に，複数の観点で考察したり，表現したりするこ

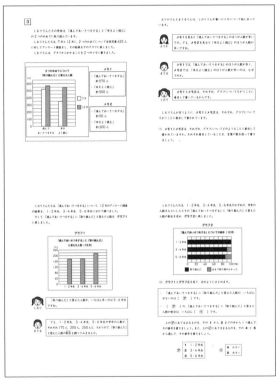

図10-2　平成30年度全国学力・学習状況調査，2018年，小学校第6学年，算数B③より

とができるかどうかを見る問題である。ここでは，とくに設問（2）に着目する。この設問は，グラフの特徴を理解し，複数のグラフから読み取ることができることを，適切に判断することを求めている。

この設問は，1つの事象について表した棒グラフと帯グラフから読み取ることができることを，適切に判断することができるかどうかを見ている。

正答率は24.0％で，上記のことに困難性があることがわかる。また，㋐に3，㋑に4と解答している児童が52.2％であり，これらの児童は2つのグラフではなく，グラフ2のみで判断していることがわかる。また，それ以外の解答に㋐に3，㋑に5というものがあり，これは㋐に関してはグラフ2で判断し，㋑に関してはグラフ1で判断していると考えられる。複数種のグラフを同時に活用して判断することに困難を感じる児童が多いことがわかる。

それぞれのグラフから読み取った情報を関連づけながら考察を進めていくことは統計的判断力を高めるためには必要な能力である。このような能力を育てていくためには，個々の統計的知識を学ぶだけでなく，それらを活用して統計的な判断をそれぞれの児童が自分のこととして行っていく，統計的問題解決の活動をふだんから取り入れていくことが必要となる。

この2つの課題から読み取れることは，現実場面からデータを収集し，自らの疑問を解決したり，課題に応じて判断をしようとして，統計の知識や手法を必要としたり，それを活用して分析したりする経験が十分でないということ，つまり，実際の調査を通して学んでいないということである。

また，グラフの学習は，今後の他領域の学習にも大きな影響を及ぼす。この領域で扱うグラフは統計グラフである。しかし，そのなかには折れ線グラフなどのように変化を扱うグラフもあり，この段階でその増加や減少のようすなどを変化や傾きに着目して考察した経験が，それ以降の学習で大きく扱う関数のグラフの理解に影響を及ぼす。関数のグラフについては，中学校段階で大きなつまずきが見られることが知られている。算数・数学は系統的な科目であり，小学校の段階でどのように学んだかがそれ以降の学習，とくに中学校・高等学校の段階の学習に大きく影響する。

第3節　グラフと統計（代表値・散布度）

　小学校第6学年で学習する代表値を取り上げる。第1節，第2節でも述べたように，代表値を単に統計的知識として学ぶのではなく，その統計的知識を活用することが大切であった。そのためには，一人ひとりの児童がデータを収集し，統計的に判断したくなるような問題解決をする活動を保障する必要がある。このことを念頭に置いて単元を構成したい。

　統計的な問題解決のためのフレームワークの一つとして「PPDACサイクル」がある。これは表10-1のようなフレームワークである。

　統計的な問題解決を考えるときこのフレームワークは参考になる。児童が，解決すべき問題を明確にしていること，児童が自らデータ収集を行う必要があること，児童自らが解釈したことをもとにした判断が求められることなど，これからの統計教育の求められていることにつながるフレームワークだといえる。単元構成の参考にされたい。

　今，パックに入ったいちごがある。個数を数えると13個であった。それぞれの粒の重さを量ると以下であった。（単位はg，最小目盛1gのキッチンメーターで計測）

　22，23，23，20，24，25，20，26，20，19，17，19，19

　このデータからどのようなことがわかるだろうか。

　まずは，同じ重さのものがあることに気づくかもしれない。そこで，ドットプ

表10-1　PPDACサイクル（文部科学省 2017）

①問題発見（Problem） ・問題の把握と明確化 ・分析すべきデータと仮説の予想 ②調査の計画（Plan） ・研究計画の作成 ・既存のデータを使うのか新たに調査するのか ・付属している知識の習得 ③データの収集（Data） ・データの収集 ・データの整理 ・統計表の作成 ④分析（Analysis） ・グラフの作成 ・問題点の分析 ⑤結論（Conclusion）　→　①へ ・分析結果の解釈 ・レポートの作成 ・発表と討論 ・新たなアイデア

ロットと呼ばれる図10-3のグラフに表してみる。ドットプロットとは数直線上の該当する箇所にデータを配置し，同じ値のデータがある際には積み上げて表したものである。

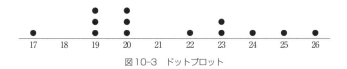

図10-3 ドットプロット

こうすると小さい19g，20gの粒が3つずつあることがすぐにわかる。さらに小さい17gの粒が一つある。これらの小さめの粒はパックの下段に入っていた。

上段にはそれより大きめの粒が入っていたが，それぞれ個数は少ない。このパックに入っているいちご13個の平均を求めてみると，約21.3gである。しかし，21gの粒は一つもない。

データの分布とは，データ全体のばらつき具合などの全体的なようすを捉えたものである。ドットプロットの形を見ることで，分布の特徴を知ることができる。分布の特徴としては，以下がある。

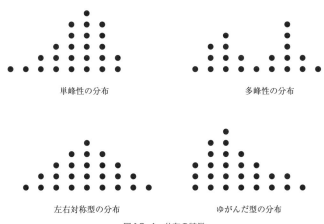

図10-4 分布の特徴

単峰性の分布とは，データが集中している部分（峰）が1つのものをいう。ほかに左右対称型の分布，ゆがんだ型の分布などがある。また，データが集中

第10章

している部分（峰）が2つ以上あるものを多峰性の分布という。

たとえば、「AとBのどちらのパックのいちごのほうが重いといえるか」という疑問が生まれたとする。この疑問（問題）を解決するために自らデータを収集

表10-2 パックのいちごの重さ

| A. 29　23　21　27　25　29　29 23 |
| 　　23　25　22 |
| B. 24, 29, 28, 24, 24, 20, 28, 20, |
| 　　26, 26, 27 |

し（表10-2），統計の知識を学び，そして学んだ知識を活用して議論し解決していく。そして，問題の結論について判断するとともに，その妥当性について考察していく。その過程を通じて，量的データについて分布の中心や散らばりのようすを考察することができるようになるのである。

ここで必要になるおもな統計の知識は，代表値の意味や求め方である。扱う代表値は，平均値，最頻値，中央値などである。上で述べたドットプロットなどの技法を用いて考察することになる。

平均値とは，データの個々の値を合計しデータの個数で割った値である。中央値とは，データを大きさの順に並べたときの中央の値である。最頻値はデータのなかでもっとも多く現れている値である。代表値は，1つの数値で表すことで，データの特徴を簡潔に表すことができ，複数のデータを比較することも容易になる。しかしその反面，分布のようすなどの情報は失われているのでの用い方には注意が必要である。

この2つのパックのいちごの重さを比べるため，たとえば，代表値を用いる。平均値は一般にもよく用いられる指標であるが，代表値として適切であるとはいえない場合がある。たとえば，分布が非対称であったり多峰性をもったり，極端にかけ離れた値があったりすると，平均値はデータが集中している付近からずれてしまうことがあり，そのような場合には代表値としてふさわしくない。このようなとき，中央値や最頻値を代表値として用いることとなる。児

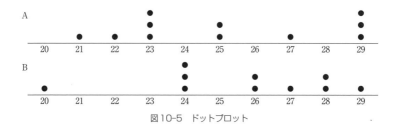

図10-5　ドットプロット

童は,学習した代表値などを根拠としながら,どちらのパックのいちごのほうが重いか,議論していくのである。

　分布や散らばりを見るには,ドットプロットが有効である。

　ドットプロットを用いることでデータの散らばりのようすが捉えやすくなる。データの特徴や傾向に着目し,代表値などで分析した結果を用いて問題の結論,つまり,どちらのパックのいちごが重いかという問題について判断する。そしてそれぞれが判断した内容の妥当性について,相互に批判的に考察していく。つまり,自分たちが出した結論や問題解決の過程が妥当なものであるかどうかを別の観点や立場から検討してみるのである。提示された統計的な結論が信頼できるだけの根拠を伴ったものであるかどうかを検討することは重要である。また,学習した知識を活用して解決できる新たな課題を生活のなかから見つけることも大切にしたい。そして,自分でデータを収集し,分析し,レポートにまとめるという活動に取り組むことが重要である。

　中学校第1学年では,度数分布を表す表やヒストグラムなどを用いて問題解決をする学習を行う。ここでの学習はその素地となるものである。

第4節　順列と組み合わせ

　小学校第6学年で学習する「順列と組み合わせ」を取り上げる。第6学年では,起こり得るすべての場合を適切な観点から分類・整理して,順序よく列挙できるようにすることをねらいとしている。ここで育成される資質・能力は,中学校第2学年で学習する確率などの考察につながっていくものである。

　小学校の段階では,起こり得る場合を順序よく整理するための図や表などの用い方を知ることも大切な目的である。事象の特徴に着目し,順序よく整理する観点を決めて,落ちや重なりなく調べる方法についていろいろな方法を比較しながら考察していく。

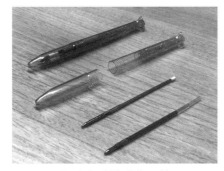

図10-6　生活のなかでの例

順列・組み合わせの場面は、生活のなかにも多く存在する。たとえば、以下のようなボールペンが販売されている。

本体は、2色用、3色用、4色用、5色用の4種類がある。リフィルは3種類の太さ（0.3mm, 0.4mm, 0.5mm）があり、それぞれ15色の色の違うリフィルがある。今は、3色用の本体に赤色系のリフィル（レッド，チェリーピンク，ベビーピンク，ピンク）のうち、3色を入れることを考える。

> レッド，チェリーピンク，ベビーピンク，ピンクの4色のリフィルがあります。このリフィルのうち、3つを組にしてボールペンを作ります。リフィルの組み合わせをすべて書きましょう。何通りできますか。

高校生であれば、${}_4C_3 = \frac{4!}{1!3!} = 4$ 通りなどと計算で求めることになる。小学校ではこれらを図や表に表すことで解決していく。たとえば、児童は以下のように考えるだろう。

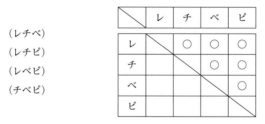

図10-7 児童の考え方（数え上げと表）

児童は、書き出して何とか数えようとするだろう。しかし、順序よく考えていかないと落ちや重なりができて間違ってしまう。そこで、表や図を使って考えることになる。

順列で考えてから、重なりを消していくこともあるだろう。

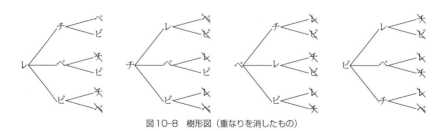

図10-8 樹形図（重なりを消したもの）

また，表で考えた子どもたちのなかには，以下の2つの表の関係に気づく子どももいるだろう。

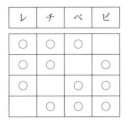

図10-9　補集合の考え方

選んだリフィルの組み合わせを考えることと，選ばなかったリフィルの組み合わせを考えることが同じだということに着目して考えるのである。

この考え方は，第6学年の児童にとって決して簡単なものではない。しかし，この考え方は，これ以降の学習でも有効に働く数学的な見方・考え方の一つである。たとえば，中学校第2学年の確率の単元で以下のような問題を学習するが，この学習は余事象の考え方につながっていく。

> 2つのサイコロを同時に投げるとき，次の確率を求めなさい。
> (1) 同じ目が出る確率
> (2) 違った目が出る確率

同じ目が出る場合の数は，(1, 1) (2, 2) (3, 3) (4, 4) (5, 5) (6, 6) の6通りである。よって，同じ目が出る確率は $\frac{1}{6}$ である。(違った目が出る場合の数) = (起こるすべての場合の数) − (同じ目が出る場合の数) なので，(違った目が出る確率) = 1 − (同じ目が出る確率) となる。つまり，余事象の確率の求め方である。このような数学的見方・考え方も小中高の教材で系統的につながっている。小中高の教材のつながりを意識しておくことは重要である。

これらの学習後，子どもたちは，全15色では一体どれくらいの組み合わせがあるか考えたくなるのではないか。児童が新たな課題を見いだす瞬間である。児童は，学習した方法で解決しようとするだろう。しかし，場合が多すぎて表や樹形図では書ききるのが大変である。しかし，書こうとするなかで何か規則性を見つけるかもしれない。新たなアイデアに気づいたり考え出したりできる機会である。確かに発展的な課題ではあるが，解決できる児童もいるだろう。

算数科での自由研究などでは面白い課題になるのではないだろうか（高校で学習する考え方（組み合わせ）で計算すると $_{15}C_3 = \frac{15!}{12!3!} = 455$ 通りとなる）。また，リフィルにはシャープペンシルもある。また，本体を4色用，5色用に変えていくとさらにいろいろと問題ができる。

第5節　確率の教育（発展）

第1節でも述べたが，小学校段階での確率教育の内容づけは大きな課題である。近年では，小学校段階での確率教育の研究も進んできている（口分田ほか2014，曽田・太田 2018など）。そこで，本節では，小学校段階での確率教育について述べることとする。

まず，用語を整理しておく。実際に試行を繰り返して測れた確率を統計的確率といい同様に確からしいことをもとに計算で求めた確率を数字的確率という。試行で確定する結果の1つだけによって表される事象を根元事象という。

新しくカリキュラムを作成するには，その構成原理が必要である。そこで，岡部（2007）は確率概念の認識における水準を先行研究などをもとに設定した。

表10-3　確率概念の認識における水準

第0水準：
偶然的な事象を対象とし，結果を列挙したものを方法として考察する。
第1水準：
結果を列挙したもの（の集合）を対象とし，根元事象を方法として考察する。
第2水準：
全事象の空間（根元事象の集合全体）を対象とし，数学的確率を方法として考察する。
第3水準：
数学的確率（の集合）を対象とし，確率の命題を方法として考察する。
第4水準：
確率の命題が成り立つ空間（確率の命題の集合）を対象とし，公理を方法として考察する。

それぞれの水準から次の水準に移行するためには，前水準での活動を十分に行うとともに，水準の上昇を教師が意識し，水準の上昇を促進するように教材を作成し，カリキュラムに位置づける必要がある。

ここでは，第0水準から第1水準や第2水準への上昇を促進するための小学

校第4学年での教材例について述べる。まず，以下の問題について，予想し，考えをもとにクラスで交流する。

> サイコロを使って「アンパンマンとバイキンマン」のゲームをします。サイコロを振って1と3と5が出たら，アンパンマンのポイントになります。2と4と6が出たらバイキンマンのポイントになります。ポイントが多いほうが勝ちとなります。どちらが勝つと思いますか。

具体的な学習の進め方は以下の通りである。
1) どちらが勝つと思うか考える。
2) 2人1組などで1つのサイコロを30回振る。
3) ワークシートに「正」の字を用いて記録する。
4) クラス全員の結果を黒板を用いて記録する。
5) 「このゲームをまたするとしたら，○○マン（勝ったほう）がいつも勝つと思うか？」を考える。

　今，クラス全員の結果をあわせるとアンパンマンが567ポイント，バイキンマンが587ポイントになったとする。そして，このゲームをまたするとしたら，バイキンマンがまた勝つと思うか，話し合う。第0水準の児童は，アンパンマンかバイキンマンのどちらかが勝つことは理解しているが，その根拠は主観的なものであることが多い。

　たとえば，「バイキンマンはメカがあるからバイキンマンが勝った」「バイキンマンが強いからバイキンマンが勝った」というものや「2，4，6のほうが数が大きい」とか「2，4，6のほうが今までよく出たから」など自分の以前の経験に言及するものなどである。なかには「負けたり勝ったりする」「どっちが出るかわからない」などというものもあるが少数である。

　しかし，このようなゲームの経験をした後，「いつもバイキンマンが勝つのか」と聞かれたときには児童の記述は変化していく。「いつも勝つわけではない」「運による」「何が出るかわからない」というような記述が増え，逆に「気持ちによる」というような記述は少なくなる。理由として，「実験の結果を見ると，アンパンマンのほうもたくさんの数が出たから」「サイコロには1から6の目があってどれが出てもおかしくない」など結果の列挙を対象としたり，根元事象に目をつけ考察したりするものが見られる（第1水準）。なかにはサイコロの面の数に言及するなど全事象の空間（根元事象の集合全体）を対象とする数学的確率につながる考え方（第2水準）も見られるようになる。

第10章

　このように，この経験は今後の確率教育によい影響を及ぼすことは間違いない。この例からもわかるように，大切なのは，どちらが起こりやすいかということを考えようとして，実際に自分で手を動かして調べた経験である。そのことが確率の見方や考え方を変容した，つまり，水準の移行を促していったのである。PCやタブレットを使えば，シミュレーションを行うこともできる。しかしその前に一人ひとりが課題をもち，それを解決しようとして，実際に手を動かして調べるような教材を作成し，授業づくりをすることが大切なのである。

課　題
1. 「データの活用」の教育における問題点を挙げ，その原因と解消の方法について考察しなさい。
2. 「データの活用」の具体的な単元を1つ挙げ，その指導の実際について提案しなさい。

引用・参考文献・より深く学ぶための参考文献

岡部恭幸「確率概念の認識における水準とそれに基づくカリキュラムに関する研究」神戸大学学位論文，2007年

口分田政史・渡邉伸樹「小学校高学年における確率に関する子どもの認識に関する研究」『数学教育学会誌』54（3・4），2014，pp.87-98

文部科学省・国立教育政策研究所『平成30年度　全国学力・学習状況調査【小学校/算数】報告書』2018年

曽田菜月・太田直樹「小学校第3学年を対象とする確率教育の教材開発」『数学教育学会誌』58（3・4），2018年，pp.1-12

文部科学省『高等学校学習指導要領解説　数学編　理数編』実教出版，2009年

文部科学省『小学校学習指導要領（平成29年告示）解説　算数編』日本文教出版，2018年

文部科学省『中学校学習指導要領（平成29年告示）解説　数学編』日本文教出版，2018年

横地清『大人のための算数教室』ぎょうせい，1977年

第 11 章

数学的活動

　これまで用いられてきた「算数的活動」の名称が，2017（平成29）年告示の学習指導要領で「数学的活動」に変更された。これは小・中・高等学校教育を通じて，数学的活動の一層の充実が求められたことによる。では，この数学的活動とは一体どのようなものなのであろうか。また，授業に取り入れる良さはどこにあるのだろうか。本章では，数学的活動の本質や意義について具体的な事例を通して述べる。また，数学的活動を取り入れた効果的な授業実践例を紹介する。

キーワード　数学的活動　学びの過程　意義　子どもの生きる現実

第1節　数学的活動とは

1．算数科と「活動」

　「活動」の重要性は，多くの教科において広く認識されている。たとえば，理科では，「カエル」がどのような生き物かを理解するために，実物を探し，見て，触り，時には解剖までする。社会科では，消防署や自動車工場の見学に行き，そこでの体験が学びとなる。では算数科はどうであろうか。「算数」を探し，見て，触った人はいるだろうか。算数を学ぶことを目的に，校外学習に行った経験はあるだろうか。おそらく多くの人がイメージする算数の学習活動は，文章問題の解決や公式の暗記といった机上の活動であろう。こうした活動が学習の中心となる最大の理由は，算数科で学習する数，量，図形，関数などがどれも抽象的なものだからである。しかしだからといって机上の活動だけで

第11章

よいのではない。それでは，算数科で求められる「活動」とは一体どのようなものなのであろうか。

2.「活動あって学びなし」の算数授業

算数授業における活動で多いのは，日常場面を切り出した文章問題が提示され，その解決に取り組む学習活動である。子どもは，ノートや鉛筆，時にはブロックを操作して問題の解決にあたる。こうした「活動」によって文章問題を解く力は一定程度身につくであろう。しかし，これだけでは算数科で求められる活動として十分ではない。なぜなら文章問題は枠にはまった現実モデルの世界であり，子どもの生きる現実と離れていることが多いからである。そのため，学んだ算数を自らの実生活へ役立てようとする態度までは育たないのである。とりわけ低学年の子どもは，机上の文章や言葉の論理的筋道だけで，新しい概念にたどり着ける段階ではない。視聴覚や身体全体の動きを通して算数の概念を学んでいくのである。

それでは，視聴覚や身体の動きを取り入れた「活動」として，算数授業に「遊びやゲーム」を取り入れるのはどうであろうか。こうした活動は一般的に，子どもに興味をもたせたり，授業を楽しいものと感じさせたりする点では有効である。しかし，同時に次のことが懸念される。まず，算数に関する「遊びやゲーム」は，ある算数・数学の構造をもつように仕組まれた人工的なものであり，子どもの生きる現実と離れていることが多い。そのため「遊びやゲーム」を通して学んだ算数・数学を，子どもは自らの実生活へ役立てることができないのである。さらに活動を楽しんではいるものの「遊びやゲーム」自体に夢中になり，その裏にある算数・数学を理解する段階まで発展しないことが多い。このことから，このような授業は「活動あって学びなし」と呼ばれる。それでは，近年より一層の充実が求められている数学的活動とは一体どのようなものなのであろうか。

3. 数学的活動とは

2017（平成29）年告示の小学校学習指導要領では，数学的な資質・能力を育成するためには学習過程の役割が重要であるとし，数学的活動を次のように定義している。

事象を数理的に捉え，算数の問題を見いだし，問題を自立的，協働的に

解決する過程を遂行すること

　上記の定義を捉える上で大切な視点について2点述べる。1つ目は，数学的活動を，「算数科における学びの過程」として捉える視点である。この学びの過程を通して，知識および技能の習得，思考力・判断力・表現力の育成を目指すのである。2つ目は，数学的活動を現実世界と数学世界における2つの学びの過程として捉える視点である。より詳しく述べれば，これらは相互に関わり合っており，前者は「日常生活や社会の事象を数理的に捉え，数学的に表現・処理し，問題を解決し，解決過程を振り返り得られた結果の意味を考察する，という問題解決の過程」であり，後者は「数学の事象について統合的・発展的に捉えて新たな問題を設定し，数学的に処理し，問題を解決し，解決過程を振り返って概念を形成したり体系化したりする，という問題解決の過程」である（図11-1）。

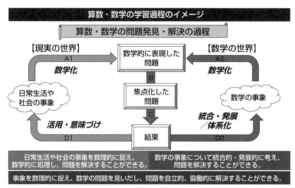

図11-1　2つの学びの過程としての数学的活動
出典：小学校学習指導要領（平成29年告示）解説算数編

　数学的活動を日々の算数授業に取り入れる上で大切なことは，こうした学びの過程の一連の流れを意識した上で，どの活動に焦点を当てるのかを明確にすることである。

第2節　数学的活動の意義

1．数学的活動の意義とは

　算数授業に数学的活動を取り入れることで，子どもは算数の内容をより理解するようになるであろう。しかし，テストの点数を上げることだけが目的であれば，授業で内容を丁寧に説明し，数多くの問題演習に取り組ませたほうがよい。数学的活動は，内容を理解させるための単なる「方法」ではないのである。では，数学的活動の意義はどこにあるのだろうか。この点について，数学教育学研究では，教具，作業，操作，実験，実践，総合学習，数学的モデリングなど，さまざまな言葉を介して議論がなされてきた。したがって，ここからはより広く数学教育学の立場から検討する。以下，「算数・数学」を「数学」と表記するが，算数の内容も含まれていることに注意してほしい（算数と数学については守屋編著『教科力シリーズ　小学校算数』を参照するとよい）。

2．数学教育学の立場からの検討

　そもそも「数学的活動」はいつから重視されるようになったのであろうか。岡森（1994）によれば，1911年にドイツのトロイトライン（P. Treutlein）による「幾何学的直観教授」が北川五郎によって翻訳され出版されたことが，国内における「教具・作業」による教育の始まりとされる。そこでは，空間的直観能力の養成のため，立体模型の使用をはじめ，指導過程でさまざまな教具の使用が重視された。以降，国内において「数学的活動」の正しい位置づけが志向されてきた。たとえば，横地（1969）は数学的活動に関わる概念を「実践」という言葉で表し，重要性を次のように述べている。

　　　実践を通すということは，単に概念を知るための方便ではない。まず，現実の具体的事象の中から，概念を抽き出してくる，という意味をもっている。それだからこそ，そうして抽き出された概念は，子どもに，現実的なものとして把握される。そしてまた，こういう過程を経て得られた概念であるからこそ，その概念を現実の事象に，逆に適用していけるのである。（中略）実践における対象も，りんごから皿という，日常生活に出るまま

のものではなくなってくる。それらの代用ですませたり，意識的に適当な装置を作ったりもする。また時には，具体物が，小数，分数自体であったり，さまざまな比例関係であったりもする。（中略）実践は，学年が進むにつれて，実験的な性格を帯び，対象は次第に抽象的なものとなる。

　第1節で示した数学的活動の定義と比べてみてほしい。共通する点が多いことに気づくであろう。つまり，今日的視点で求められる数学的活動の概念は，1960年代に既に指摘されていたのである。以降，実践や研究が積み重ねられ，1970年頃には，岡森博和らが空間教育の研究に取り組むなかで，子ども自らが教具を作り，それを使って作業することの重要性を指摘している。その意義として，「集中・葛藤しながら活動でき，思考が促されること」「子どもの生き方に意義を与えること」などを挙げている（岡森 1994）。さらに1980年頃からは，松宮哲夫・柳本哲らが「現実性をもつ課題の総合学習」の研究に取り組んでおり，数学的モデリング研究へと発展した（松宮他 1995，柳本 2011）（数学的モデリングやその意義については，守屋編著『教科力シリーズ　小学校算数』などを参照するとよい）。

　こうした数学教育学研究の動向を踏まえれば，意義ある数学的活動として「数学を適用し具体物を制作する活動」と「対象に働きかけ，数学概念をつかみ出す活動」が見いだされる。数学的活動の類型についてはさまざま議論があるが，ここでは前者を「制作的活動」，後者を「実践的活動」と呼ぶことにする。「実践的活動」はその対象によってさらに分類されるため，3つの活動（制作的活動，現実を対象とした実践的活動，数学を対象とした実践的活動）に分け，数学的活動の意義を具体的に述べる。

3. 制作的活動の意義

　「制作的活動」とは，そのままでは抽象的な数学を具体物の制作活動を通して扱おうとするものである。第7章第6節の「車や箱人形づくり」を例に，制作的活動の意義を3点述べよう。この活動では，多角形，平行線，対称，底面，側面，角柱，展開図，辺や面の位置関係といった数学が，子どもにとって身近な「車や箱人形づくり」を通して扱われている。この抽象的な数学が意味のある制作を通して扱われる点に1つ目の意義がある。2つ目の意義は，大学生や現場の教員に次の質問をするとよく分かる。それは「これまでの人生で，数学

を自分のために使ったことはあるか？」であり，質問の結果，多くの人が首を横に振る。制作的活動では，数学を使うことで，自分にとって価値ある具体物が完成される。この点に2つ目の意義がある。そして3つ目の意義は，活動の過程で子どもの創造性がかき立てられる点にある。「車や箱人形」のデザインは，底面が三角形，四角形などの凸多角形に留まらず，凹多角形などさまざまであり，曲線を含む図形であってもよい。また底面の形が同じであっても，平行線の幅によってさまざまな側面を持つ角柱が出来上がる。このように抽象化された数学が生み出す多様性が，子どもの創造力を刺激するのである。言い換えれば，子どもは制作的活動を通して，抽象化された数学が生みだす創造性を味わうのである。以上のおもな意義をまとめると次のようになる。

・抽象的な数学が，子どもにとって身近で意味ある制作の過程で扱われること
・数学を適用することで，子どもにとって価値ある具体物が完成されること
・抽象化された数学が生みだす創造性を味わうことができること

4.「現実」を対象とした実践的活動の意義

「現実を対象とした実践的活動」とは，現実に働きかけそこから数学概念をつかみ出し，さらに現実に適用しようとするものである。第7章第5節「みかんの表面積をはかろう」を例に，その意義を3点述べよう。1つ目の意義は，この活動を通して数学を現実にある自然や社会現象に根差したものと認識するようになる点にある。たとえば，みかんの皮は単なるみかんの皮であって，面積を調べるための1cm²のマス目はついていない。そのため，子どもがみかんの皮に働きかけ，そこから広さの概念をつかみ出してくる必要がある。このように現実から数学概念をつかみ出すことにより，子どもは数学を現実に根差したものとして把握するようになる。2つ目の意義は，現実からつかみ出す際の困難を克服する過程で，数学の応用力・活用力が培われる点である。みかんの皮の面積は「立体の表面積」であり，しかも皮をむいて広げてできた図形は「不定形」である。そのため，求積公式をそのまま適用できない難しさがある。しかし，こうした困難を乗り越えることで，子どもはみかん以外のさまざまな立体の表面積や不定形の面積を求めることができるようになっている。つまり，現実から数学概念をつかみ出す過程で，逆に現実へ適用していく過程で出会う困難の克服の仕方まで学びとっているのである。さらに3つ目の意義は，こうした一連の過程を通して子どもは数学を「現実の世界に生かすもの」と認識す

る点にある。以上のおもな意義をまとめると次のようになる。
・数学を「現実にある自然や社会現象に根差したもの」と認識すること
・現実から数学概念をつかみ出す際の困難を克服することで，数学の活用力・応用力が育成されること
・数学を「現実の世界に活用・応用するもの」と認識すること

5.「数学」を対象とした実践的活動の意義

　現実を対象とした実践的活動が十分に行われることで，その対象は次第に抽象的なものへと移行し，対象が数学自体となることも多い。そこで生まれるのが「数学を対象とした実践的活動」である。「分数×分数」を例に，この活動の意義について検討しよう。

　まず，$\frac{3}{7} \times \frac{2}{5}$の計算の仕方を，$\frac{分子 \times 分子}{分母 \times 分母}$を約束事として$\frac{3 \times 2}{7 \times 5}$と教え込むとどうなるのであろうか。子どもは理屈抜きに公式として暗記し，問題演習に取り組む。当然，計算技能は高まるであろう。しかし，「なぜ分母同士，分子同士を掛けるのですか？」と理屈を知りたがる子どもが現れる。子どもは本来理屈好きであり，論理的筋道抜きには存在を承認しないのである。

　では，理屈を分かりやすく扱うために，現実場面「時速$\frac{3}{7}$kmで$\frac{2}{5}$時間歩いたら何km進むか」を取り上げ，子どもに思考させる活動はどうであろうか。理屈を簡単に示すと次のようになる。「時速$\frac{3}{7}$kmで$\frac{1}{5}$時間」歩くと$(\frac{3}{7} \div 5)$km歩くことになるため，$\frac{3}{7} \div 5 = \frac{3}{7 \times 5}$kmとなる。ここで，$\frac{2}{5}$時間は$\frac{1}{5}$時間の2倍であるため，$\frac{3}{7 \times 5} \times 2 = \frac{3 \times 2}{7 \times 5}$kmとなる。おそらく，この指導を受けた子どもの多くが，「理屈はもういい」，「$\frac{分子 \times 分子}{分母 \times 分母}$を覚えてしまえばいい」と言い始め，論理を放棄してしまうのであろう。この原因は，「速さ×時間」という関係が成り立つとわざわざ「理屈」をつけ，$\frac{1}{5}$を$\frac{1}{5}$時間，さらに$\frac{1}{5}$時間は1時間の5分の1だから時速の÷5をすればよいと，「理屈」を重ねていったことにある。こうした「理屈」の重ね過ぎは，子どもに論理そのものを放棄させ，形式の押し付けになってしまう。

　そこで，「理屈」を重ね過ぎないで，しかも論理的筋道で「分数×分数」を扱うために「数学を対象とした実践的活動」が求められる。この活動の理屈を簡単に示すと次のようになる。まず，$\frac{3}{7}$の5分の1は，既習事項より$\frac{3}{7 \times 5}$となる。次に，その2倍だから$\frac{3 \times 2}{7 \times 5}$となる。よって，$\frac{3}{7} \times \frac{2}{5} = \frac{3 \times 2}{7 \times 5}$である。このように，数学自体を対象に働きかけ，論理的筋道で扱うのである。とりわけ高

学年は抽象思考への移行段階であり，この活動は中学校数学への橋渡しとしても有効である。以上のおもな意義をまとめると次のようになる。
・本来理屈好きであるという子どもの認識に見合った活動であること
・「理屈」を重ね過ぎないようにしながらも，論理的筋道で理解させること
・論理的思考力の育成につながり，中学校数学への橋渡しになること

第3節　数学的活動の授業実践例

1. 速さ調べ活動

　速さの学習を苦手とする子どもは多いが，その理由の一つに，速さの概念理解の難しさがある。そこで，概念理解に効果的な「現実を対象とした実践的活動」の実践例を紹介する。

(1)「速さ」を現実から探す活動

　速さ調べ活動を行うにあたって，まずは子どもに「速さ」を見つけさせることが重要となる。筆者の実践では，クラスで飼っているカメの歩く速さ，自動掃除ロボットの動く速さ，扇風機の風の速さを調べることとなった。この時子どもに自由に考えさせるのもよいが，教師の意図も加味したい。たとえば，カメの動きは等速ではないし直線的でもない。また，自動掃除ロボットは工業製品として人工的に作られた速さである。さらに，風の動きのような目に見えないものには，「速さがない」と考える子どもは一定数存在する。子どもの思いと教師の意図の両者を大切にしながら，調べる事象は選ぶとよい。このように現実から算数の問題「カメ，風，自動掃除ロボットの速さを調べましょう。」を見出すのである。

(2) カメの動きから「速さ」をつかみ出す活動

　速さ調べ活動は，グループで行われた。カメの速さを調べるグループでは，まず運動会での100m走の経験から，直線のコースを作り，カメを走らせ時間を測定しようとした。しかし現実のカメはコースの壁をよじ登ろうとしたり，甲羅に閉じこもったりして，上手く測定できなかった。そこで解決に向けた話

し合いが行われ、次の2つの方法が試された。まず、試されたのがカメの甲羅にメジャーをつけ一定時間にカメが進んだ道のりをメジャーの伸びで測定する方法である（図11-2）。しかし、飼っていたのが子ガメであったことから、メジャーをひっぱる推進力を持ち合わせておらず、上手く測定できなかった。そこで2つ目の方法として、教室の床に模造紙をはり、その上を自由に歩かせ、一定時間にカメが歩いた道のりをマジックでなぞる方法が試された（図11-3）。その結果、1分間でカメが歩く道のりが測定された。しかし、ここで新たな問いが生まれた。カメが動いていない時間を測定時間の1分間に加えてよいのだろうか。教師も加わり話し合いを進めた結果、2種類の速さ（カメが止まった時間を含めた平均の速さと、カメが動いている時間だけの区間の速さ）として扱うことになった。こうして、カメの動きから速さの概念がつかみ出され、次の算数の問題が見出された。

・カメは止まったり動いたりしながら紙の上を1分間で62cm進みました。この時のカメの平均の速さを秒速、分速、時速で求めましょう。
・カメは紙の上を18.7秒間止まらずに42cm進みました。この時のカメの区間の速さを、秒速、分速、時速を求めましょう。

図11-2 メジャーの伸びで調べる方法　　図11-3 歩いた道のりをマジックでなぞる方法

(3) 自動掃除ロボットの動きから「速さ」をつかみ出す活動

自動掃除ロボットの速さを調べるグループでは、まずロボットの動きを観察した。すると障害物がない空間では、等速かつ直線的に進むことを発見した。そのため、長さを固定し時間を測定する方法で速さが容易に測定された。時間的な余裕が生まれた子どもたちは、障害物にぶつかりながら進むロボットの速

さの測定に挑戦することになった。まずロボットにひもをつけ、一定時間に進む道のりをひもの伸びで測定する方法が試された。しかし、ロボットは障害物にぶつかると方向を変えるために回転するため、ひもが絡まってしまい上手く測定できなかった（図11-4）。そこで、教室の床に模造紙をはり、マジックペンを付けたロボットを走らせる方法が試された。その結果、障害物にぶつかりながら進むロボットの速さが測定された。しかし、ここで新たな問いが生まれた。ロボットが方向を変える際に回転した長さを移動した道のりとして扱ってよいのだろうか。教師も加わり話し合いを進めた結果、2種類の速さ（回転の動きを含めない距離速度と、回転の動きのみを取り出した角速度）として扱うこととなった（図11-5）。こうして、自動掃除ロボットの動きから速さの概念がつかみ出され、次の算数の問題が見出された。

・ロボットはまっすぐ3mを4.4秒間で進みました。このときのロボットの速さを秒速、分速、時速で求めましょう。
・ロボットは壁にぶつかって速さを変えながら5秒間で286cm進みました。このときのロボットの平均の速さを秒速、分速、時速で求めましょう。
・ロボットは壁にぶつかると、1.05秒間で約70°回転しました。このときのロボットの回転する速さ（角速度）を秒速、分速、時速で求めましょう。

図11-4　ひもの伸びで調べる方法

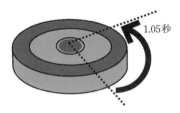
図11-5　角速度の測定

（4）風の動きから「速さ」をつかみ出す活動

　風の速さを調べるグループは、測定方法の考案に苦労しながらも、まずは扇風機に1mのひもをつけ、伸びきるまでの時間を測定する方法を試した。しかし、ひもはゆらゆらと舞っただけでまっすぐ伸びきらず、上手く測定できなかった。そこで、教師も加わり話し合いを進めた結果、風船を飛ばして一定の距離まで

到達する時間を測定する方法が試された（図11-6）。その結果，風の速さが測定された。こうして，風の動きから速さの概念がつかみ出され，次の算数の問題が見出された。

・扇風機を強にした時，扇風機の前から2m離れた場所まで風船を飛ばすのに1.54秒かかりました。このときの風の速さを秒速，分速，時速で求めましょう。

図11-6　風船を飛ばして調べる方法　　図11-7　算数の問題を発表・交流するようす

(5) 数学的活動の過程で育成する「思考力・判断力・表現力」

　カメやロボット，風などの現実を対象に速さを調べる過程で，子どもはさまざまな測定の困難と出会う。ここで大切なことは，それら困難を乗り越えさせるために試行錯誤をさせることである。その過程でさまざまな方略が考え出され，「思考力」の育成につながる。また，実験を繰り返しながらより適切な方略について議論させたい。この過程で「判断力」が育成される。加えて，「表現力」を高めるためには，各グループで見出した算数の問題を発表・交流する場を設定するとよい。この時，見出した算数の問題文だけでなく，測定の困難性や上手くいかなかった方法までを発表させたい。こうすることで数学的活動を言語化し，学びの過程として，振り返る必要性が生まれるのである（図11-7）。

　算数の学習において，説明や発表を苦手とする子どもは多いが，表現すること自体が苦手な子どもはそれほど多くはないことに注意したい。たとえば，算数の授業中に口数が少ない子どもであっても，給食の時間や休み時間になれば，好きなアニメやスマホゲームについてかなり詳細な説明を行っている。説明や発表ができないのは，授業で扱われる算数の問題が子どもの生きる現実と離れてしまっているからなのである。数学的活動を通して問題が見出されることで，

算数は子どもの生きる現実となり，子どもは自らの言葉で一生懸命説明しようとするのである。

2．公式をつくる活動

　速さの学習には概念理解の難しさに加え，公式理解の難しさがある。多くの子どもにとって公式は記憶の対象であり，算数嫌いになる要因でもある。そこで，公式理解に効果的な「数学を対象とした実践的活動」の実践例を紹介する。

(1) 3つの公式から「関係性」をつかみ出す活動

　現実から速さの概念をつかみ出した子どもであれば，公式の学習もそれほど躓くことなく理解が進むであろう。しかし，改めて3つの公式が並べられると，それらを混同したり，間違って適用したりするなどの難しさが生まれる。そこで，3つの公式の関係性を扱うことが重要となる。「3つの公式の似ている所と，違う所はどこだろう」と問うと，「乗法と除法が適用されていること」や，「速さ，時間，道のり，3変数で構成されていること」などに子どもは着目し始める。このように，公式（数学自体）に働きかけながら，算数の問題「速さの公式から，道のりの公式をつくろう」を見出すのである。

(2)「速さの公式」から「道のりの公式」をつくる活動

　速さの公式から，道のりの公式をつくる活動では，「主格変換」の考え方が必要となる。主格変換とは，たとえば，xとyによる組立量zが$z=x\div y$（zが主格の公式）で定義されているとすれば，等式変形を利用して，$x=z\times y$（xが主格の公式），$y=x\div z$（yが主格の公式）に変形することである。主格変換を用いて，公式をつくる活動の概要を示すと以下のようになる。

　準備として，既習事項を振り返りながら，次の3つを規則として設定する。たとえば，規則1は，3年生の割り算の学習（導入）を振り返るとよい。$6\div2$の答え□を求めるためには，$2\times\square=6$が成り立つような□を求めることであり，その逆も成り立つことを実際の数値を用いながら確かめるのである。

　　　規則1「$x\div y=\square$　⇔　$y\times\square=x$」
　　　規則2「$x\times y=\square$　⇔　$y\times x=\square$」
　　　規則3「$x\times y=\square$　⇔　$\square=x\times y$」

これら3つの規則を用いて，速さの公式から道のりの公式をつくる活動へと展開する。理屈は次のようである。まず「速さ＝道のり÷時間」は，規則3より「道のり÷時間＝速さ」となる。次に，規則1より「時間×速さ＝道のり」となる。さらに，規則3より「道のり＝時間×速さ」となる。このままでもよいが，教科書に登場する公式と同じ順序にするためには，規則2を適用し「道のり＝速さ×時間」とするとよい。この主格変換は，単なる等式変形の学習ではなく，関数の認識につながる学習である。そのため，次のように言語化させながら，主格に着目させることが大切である。元の公式は「速さは，道のりを時間で割ることで求めることができる」と言語化され，主格は速さであった。作り変えられた公式は「道のりは，速さに時間を掛けることで求めることができる」と言語化され，主格が道のりに作り変えられている。等式変形の操作を形式的に扱うのではなく，言語化を通して公式の主格が自分の手によってつくり変えられたことを意識させるのである。時間を求める公式への主格変換は自身の手でやってみてほしい。

　数学自体を対象とした実践的活動に慣れていない子どもは，こうした活動に最初は戸惑うことが予想される。しかし，高学年は抽象思考への移行段階であり，抽象的な一連の流れで理解させることが中学校数学への橋渡しにもなり有効なのである。加えてx, y, zなどの文字を導入し，速さだけでなく割合や密度などの公式も統合させることで，子どもの理解はより一層深まる。

3.「受け」と「出し」の数学的活動

　速さ調べや公式をつくる活動の目的は，速さの概念や公式の関係性を理解することにあった。そのため，活動の主体は子どもであるが，その「主導」はあくまで教師である。こうした活動は，子どもが受け取る側であることから，「受け」の数学的活動と呼ばれる。これに対し，子ども主導の活動を「出し」の数学的活動と呼ぶ。ここでの教師の役割は子どもの活動を確認するだけとなる。意義のある「受け」の活動が行われることで，子どもの知的欲求は刺激され，「出し」の活動へと発展する。最後に「出し」の数学的活動の実践例をいくつか簡単に示しておく。

例1「スピード違反は誰だ？」
　学校の正門前を通る車やバイク，自転車などの速度を測定し，スピード違反を調べさせる。また校外に出かけ，電車の速度も調べる活動を取り入れるのも

よい。その際，2チームに分かれ，最前車両に乗り電車の速度計を確認するチームと，外から速度を測定するチームに分かれ，自分たちの測定精度に目を向けさせるとよいであろう。

例2「スポーツの球速ランキングをつくろう」

　テレビでスポーツを観戦していると，球速や打速など画面にさまざまな速さに関するデータが表示される。これらは高精度なスピードガンにより測定されたものであるが，球場やコートの大きさは調べれば分かり，時間は，画面上でも測定可能であるため，子ども自らの手によって求めることができる。そこで，さまざまなスポーツを「速さ」を観点に解析させ，球速ランキングを作成させるのである。

例3「自分専用の時間マップを作ろう！」

　Googleマップなどのナビには，目的地に到着するまでの時間を見積もる機能がある。これは設定された平均速度から計算されたものであるが，小学生の歩く速さには対応していない。また小学生と言っても歩く速さは人それぞれである。そこで，自分専用の時間マップを作らせるのである。まず運動場で自分の歩く速さや自転車で進む速さを測定する。次に，そのデータを用いて，自宅から学校，友達の家や公園までの道のりを調べ，かかる時間を計算する。結果は，学区マップなどに記入し，まとめるとよいであろう。

　こうした「出し」の数学的活動は授業時間内に行うことが望ましいが，数学の自由研究として，自主学習や夏休みの宿題として取り組ませてもよいであろう。大切なことは，自立発展による「出し」の数学的活動まで見通し授業実践を行うことである。

第4節　子どもの生き方に意義のある活動を

　これまで述べてきたように，数学的活動は単なる算数の内容を教えるための方法ではなく，それ自体が内容でもあり，出しの数学的活動まで見通せば，それが目標ともなる。こうした幅広い概念ではあるが，だからと言って何でも数学的活動として解釈すればよいのではない。算数を教える教員がその本質を理解し，意義を正しく捉え，子どもの生き方に意義のある活動になるよう工夫す

ることが重要である。

「数学は何の役に立つのですか？」この手の質問を耳にすることは多いが，多くの人は「役立てようとしていない」あるいは「役立ててきた経験がない」だけなのである。そもそも数学は，子どもたちの現在の生き方および将来の生き方に役立つものである。したがって，子どもの生きるという現実のなかに必ず現れてくる。数学的活動のより一層の充実が求められる理由は，まさにこの点にある。

課　題

1. 数学的活動の定義と意義について具体例を挙げ，まとめなさい。
2. 「速さ調べ活動」を行いなさい。また，実際に子どもたちに活動させる際の留意点についてまとめなさい。
3. 割合の公式（割合＝比較量÷基準量）を用いて，「公式をつくる活動」を行いなさい。また，実際に子どもたちに活動させる際の留意点についてまとめなさい。
4. 本テキストの他章で紹介されているさまざまな実践例を，3つの数学的活動を視点に捉え直し，意義について考察しなさい。

引用・参考文献・より深く学ぶための参考文献

岡森博和「算数・数学教育における教具と作業」横地清監修『21世紀への学校数学の展望』誠文堂新光社，1994年

口分田政史ほか「小学校におけるRTMaC授業研究を活かした速さの教育に関する基礎的研究 その1―速さに関する子どもの認識の様相―」『数学教育学会誌』54（3，4），2013年，pp. 71-86

口分田政史ほか「小学校におけるRTMaC授業研究を活かした速さの教育に関する基礎的研究 その2―「速さの公式の主格変換」に関する教育実践―」『数学教育学会誌』55（1，2），2014年，pp. 21-32

成田達也「等式の仕組みと公式の主格変換」，横地清監修，菊池乙夫編『新教科書を補う中学校数学　発展学習教科書第1巻／第1学年編』明治図書出版，2005年

町田彰一郎「教具と作業を通じた認識論」，横地清ほか編『さんすう・すうがく授業の創造vol.2，No.3』近代新書，1978年

松宮哲夫・柳本哲編著「総合学習の実践と展開―現実性をもつ課題から―」明治図書出版，1995年

守屋誠司編著『教科力シリーズ　小学校算数』玉川大学出版部，2015年

文部科学省『小学校学習指導要領（平成29年告示）解説　算数編』日本文教出版，2018年

柳本哲編著『数学的モデリング　本当に役立つ数学の力』明治図書出版，2011年

横地清編『講座　算数授業の改造1　思考と学力』明治図書出版，1969年
横地清「子どもの思考を大切にした授業」，数学教育実践研究会『算数・数学の授業　第2号』一光社，1980年
横地清「子どもの製作と実験を考える」，数学教育実践研究会『算数・数学の授業　第3号』一光社，1981年
横地清，福田聖子「算数であそぼう19―立体のしくみ―」岩崎書店，1995年

第12章
授業づくりと指導の方法

　この章では，授業はどのようにつくるのか，どのように進めるのかを学習する。第1節「授業設計と学習指導案」では，教材研究の内容・方法，算数学習の基本と授業，評価と指導の内容・方法，指導案の書き方などについて述べる。第2節「授業方法」では，発問と指示，問題提示の仕方，個々の児童への指導，学び合いの指導，授業のまとめ方などについて述べ，第3節「ICTの活用とプログラミング教育」では，教育機器として進歩の著しいICT機器の紹介やプログラミングの実践例など，効果的な活用について述べる。

キーワード　教材研究　学習指導案　発問　指示　机間指導　ICT　プログラミング

第1節　授業設計と学習指導案

　算数科の授業は，子どもたちの探求心をくすぐり本時の課題を解決して行われるので，いわゆる問題解決学習が中心となることが多い。ただし，問題解決過程の手順を採用するのが目的となって，単に過程をまねるだけの授業となってしまう場合も多いため，注意が必要である。算数の授業では，現実の生活に数学を活用できる学力と創造する力や実践する力をどう育成するかが重要である。そのためには中学校・高校での数学へつなぐ教師の数学力も必要であり，十分な教材研究のなかで，つまずきや新たな数学への挑戦の準備が求められている。本節では教材研究を十分に行って適切な指導案をつくり，よい授業を行うにはどうしたらよいか考えていく。

1. 教材研究

(1) 教材と教材研究

　よい授業をするには指導技術と指導内容の知識が必要である。課題設定での関心・意欲をそそる提示の仕方など，子どもが授業に入り込んでいく指導技術が必要である。しかし指導技術だけでは算数科の授業は成り立たない。各単元で，何を学ばせ，何を習得させ，何を探求させていくのか，取り扱う教材を十分に勉強・研究し，体系的に理解していることが重要である。では，その「教材」とは何だろうか。

　教材の主たるものは教科書である。教科書に記された教材には，児童が身につける必要がある知識や技能に関する説明，授業で児童に解決させる課題や練習問題などが用意されている。知識や技能を習得させる問題は，授業時間だけでなく，家庭学習としてのものも用意されている。一方，教科書以外でも算数的な思考力・表現力の育成に効果的な問題が本やインターネット上に用意されている。

　算数科の場合，そうした問題だけを取り扱うのではなく，学習指導要領に示された内容について，その内容がどのような数学か，どのように関連しているものなのかなどを教師自身が理解していくことも教材研究にあたる。体系的な算数教育の教材について学習指導要領（とくに「解説　算数編」）を参考にしながら，ほかの専門書にも目を通すことで，自らの教材観を高めていく必要がある。

　算数科での教材とは，「指導内容」と「指導内容についての研究材料」の両者を指すことになる。教材研究では，まず指導すべき内容について研究することが必要となる。さらに教材研究においては，指導する児童の学習内容は，数学をバックグラウンドとしていることを十分に研究することが重要である。教師自身が体系的な算数・数学の指導内容の体系を習得し，それを応用した教材を使うには，現場に出てから数年はかかるので，校内研究だけでなく，各種研修会や学会にも積極的に参加していくことが望ましい。

(2) 教材の見方（教える視点）

　教材研究において心がけておきたいことは，これから指導する内容をどう見るかということである。そこには2つの視点がある。

①教える内容であるか。
②考えさせる内容であるか。
　そして，教材は「教える内容」，「考えさせる内容」のどちらにあたるのかを区別して指導していくことになる。
①教える内容
　教える内容とは，既習の定義ではなく「新たな定義」にあたるものである。子どもにもわかる言葉であれば「約束」である。低学年からそれぞれの学年で積み重ねてきた「約束」を，高学年では包含して一般化した約束にしていく。つまり高学年では約束を包括してもう一つレベルの高い定義を指導していくことが必要となる。
例1：「計算の意味」
　2学年で指導する乗法の問題である。乗法の意味を考えてみよう。
　（問）1さつのあつさが3cmの図かんがあります。7さつならべると，はばは
　　　　何cmになりますか。
という問題を与えると，既存の解き方（加法）を用いて
式：3＋3＋3＋3＋3＋3＋3＝21　　　こたえ　21cm
と解答する。この式が立てられたことは既習事項が定着していることであり，正しい式であることについて教師は子どもを称賛する。解答が正しいことを確かめたうえで，この計算のデメリットを考えさせると，3に3を6回加えることとなっているので，計算に時間がかかることや途中で間違えそうになることなど，不便さに気づかせる。そしてかけ算で「3×7＝21」と表記し，「3かける7は21」と読むことを教え，この式のよさと計算の利便性に気づかせ，「同じ数を足して全部の数を求める場合には，かけ算を使う」ことを教えていく。ここで既習の概念では不便さが出ていることに気づかせ，新たな計算方法で行うよさを知ることが「学ぶ」意味となっている。
例2：「図形の定義」
　2学年で図形の定義が登場してくる。「三角形」の場合は「3本の直線で囲まれた形を三角形といいます」，「四角形」の場合は「4本の直線で囲まれた形を四角形といいます」と約束し，どこでも通じる共通の約束を共有することが「教える」意味となっている。
　4学年の「長方形」の場合は，「4つの角がみんな直角になっている四角形」と，角に着目して四角形のなかでも特別な形であることに気づかせている。平行四

辺形，台形，ひし形などの四角形でそれぞれの特徴に気づかせ，それぞれの四角形で通じる共通の約束は，考えさせる内容で，それを定義として定着させる。さらに「長方形は平行四辺形であるといってもよいか？」との発問から長方形と平行四辺形の定義を再確認して，四角形の包摂関係を考えさせる授業もできる。

2. 算数の授業で高める習得・活用する力とは

算数の学習のなかで習得する力とは，「基礎的・基本的な知識や技能を身につける力」と捉えている。また算数の学習のなかで活用する力とは，「既習事項を思い出し，新たな知識・考え方をつくり出す力（算数科への活用），学習した既習事項を日常生活に生かす力（日常生活への活用），既習事項を他教科に生かす力（他教科への活用）」の3つである。そのようななか，問題解決を図る授業で子どもが既習事項を生かし，活用する力を育てることができる。下のピラミッド型の図12-1は，算数の授業で培っていきたい問題を解決していく授業の位置づけである。

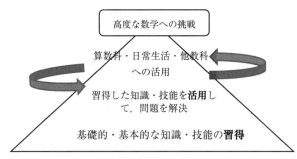

図12-1 「スパイラルに向上していく学力の育成を目指して」のモデル

具体的には，日々の授業のなかで行われる自力解決・集団思考の段階で，3年生では図や式や言葉を使って表現する姿，やがて6年生では言葉や数値を使って友達に説明する姿の表出を目指していく。自力解決した子の考えや数学的根拠を友達に説明するという授業を積み重ねることにより，「思考力」や「表現力」の育成へとつながっていくのである。

なお，授業でさまざまな解決方法や考察が出された場合には，既習事項を活用し，根拠を挙げて説明ができているかの視点で精査していく必要もある。こ

れは新たな課題に対し既習事項を活用していくという，「習得」から「活用」へのスパイラル的積み重ねを目指すものである。

3. 習得・活用する力を育てるために

授業を通して，既習事項を活用する力を育てるためには，問題解決の授業構成を「問題把握→自力解決→集団思考（比較・検討・解決）→まとめ（振り返り）」として日々の授業の中で行っていくことが大切である。ただし，子どもが自分の意見をもち，それを集団のなかで比較・検討し，数学的な思考としてお互いを高め合えるようにしていくことが新たな考え方を見いだす力とはならない。そこで，数式や図表や言葉による説明など「考察の表現方法」を授業のなかで多いに表出させる必要がある。

日々の授業では，教師が子どもの思考過程を把握し，多様な解法を学び合いに生かすことが大切である。自力解決や集団思考の場面を通して学び合っていくなかで，どのように思考が変化していくか見取っていくことは授業づくりにおいて指名順を決める材料にもなる。そのためには机間指導で子どもの実態を把握して授業を進めることが肝要である。

4. 学習指導案の書き方

学習指導案は，実施する授業の目標を立て，計画的に行うために手順を考えて作成する。まず，その授業の目標を明らかにし，児童の実態（どの子がどの程度既習事項を身につけているか把握しておく）に即した展開が行えるように，進める道筋を事前に想定して時系列に発問や応答を記載しておくことが，本番に生かすための計画である。教育実習などで目の前にした児童に学ばせるためにも指導案づくりは必要なことであり，自分自身が工夫したことや参考・引用文献を記載しておくと，指導案だけが一人歩きしたときでも，ほかの教師に役立ち，実践の積み重ねにつながる。

(1) 指導案に必要な項目

算数科の指導案はおおむね必要とされる項目が決まっている。指導案に必要な項目としては，「1. 授業の実施年月日，実施学級，児童数，授業者名」「2. 単元名」「3. 単元の目標」「4. 単元について（この単元の位置づけ，教材としての価値，取り扱い方など）」「5. 児童の実態」「6. 単元の指導計画」「7. 本

時の指導」などが一般的である。

(2) 本時の指導案の作成

　毎時間の指導案を書くとなると，作成するのに時間がかかる。そこで本時のみの指導案（略案）として，授業展開を事前に考えることで授業に臨むことが現場で多く行われている。

①本時の目標を設定する。→明確な目標にしていく。
②本時の展開を考える。→4段階（つかむ・考える・学び合う・まとめる）を基本とする。（つかむ（課題把握）→考える（自力解決）→学び合う（集団思考）→まとめる（振り返り））
③①の目標と②の展開を書く。

(3) 指導案の作成例

第4学年学習指導案

　　　　　　　　　　　　　　　　　〇〇年　〇月　〇日
　　　　　　　　　　　　　　　　　学習者　〇年〇組児童
　　　　　　　　　　　　　　　　　男子〇〇名女子〇〇名
　　　　　　　　　　　　　　　　　指導者　〇〇〇〇〇

1　単元名　広さを調べよう
2　単元の目標
〇【知識及び技能】
・面積の単位(平方センチメートル（cm^2），平方メートル（m^2），平方キロメートル（km^2）について，用語の意味を理解することができる。
・面積についての感覚を豊かにするとともに，面積の意味，面積の単位と測定，面積の求め方を理解することができる。
・正方形・長方形の面積を，公式を用いて求められる。
〇【思考力・判断力・表現力等】
・面積を調べたり表したりする数学的活動を通して，数学的な見方・考え方の基礎を身につけ，事象について見通しを持ち，筋道を立てて考えることができる。
〇【主体的に学習に取り組む態度】
・面積の大きさを数値化して表すことの良さに気付き，計算によって求められる便利さに気づき，生活や学習に生かそうとする。

・面積の比べ方を考え、面積の単位と求積公式に基づいて、長方形や正方形の面積を求めたり、複合図形の求積方法や面積の単位の相互関係について考察したりすることができる。

3　単元について
【教材観】
本単元で扱う面積の測り方と表し方は、学習指導要領には以下のように位置づけられている。
　B（4）平面図形の面積
（4）平面図形の面積に関わる数学的活動を通して、次の事項を身に付けることができるよう指導する。
ア　次のような知識及び技能を身に付けること。
　(ｱ)　面積の単位（平方センチメートル（cm^2），平方メートル（m^2），平方キロメートル（km^2））について知ること。
　(ｲ)　正方形及び長方形の面積の計算による求め方について理解すること。
イ　次のような思考力、判断力、表現力等を身に付けること。
　(ｱ)　面積の単位や図形を構成する要素に着目し、図形の面積の求め方を考えるとともに、面積の単位とこれまでに学習した単位との関係を考察すること。
(8)　内容の「B図形」の（4）のアの(ｱ)については、アール（a），ヘクタール（ha）の単位についても触れるものとする。

　本単元のねらいは、面積について単位と測定の意味を理解し、長方形および正方形の面積の求め方について考え、それらを用いて計算によって面積を求めることができるようにするとともに、面積についての量感を豊かにすることである。
　ここで学習した内容は、5学年の平行四辺形、三角形、台形、ひし形の面積、6学年の円の面積、不定形の概測、立体の表面積へとつながる内容である。また、単位による計測は5学年の体積にもつながる内容であるため、広さを数量化する過程と計算を公式化する過程を習熟しておくことは重要となる。
　第1小単元では、面積の意味を知るために、普遍単位を導入するまでの過程を大切にする。導入として、重ねて比べる（直接比較する）ことのできない4つの図形の広さ比べを取り入れ、広さを数値化する必要性を実感させる。
　第2小単元では、長方形や正方形の求積公式を導き、面積を計算で求めることがおもな活動である。さらに、複合図形を分解したり合成したりしながらさまざまな方法で求め、友達に説明する活動を通して、公式の意味の理解を深めていく。
【児童観】
　面積については、1学年「どちらがひろい」で面積の意味や直接比較、任意単位による測定を行い、面積を比較する活動を通して、面積についての基礎的な学習をしてきた。また、「長さ」「かさ」「重さ」など量の学習で、「直接比較」「間接比較」「任意単位による比較」「普遍単位による比較」という測定の4段階についても経験している。また、面積計算で多く使われる掛け算九九については全員が良くできている。

【指導観】

　第4学年では，長方形や正方形，およびそれらを組み合わせた図形の面積を求める際，単位となる正方形を敷き詰めるのではなく計算によって面積を求める方法について考えることができるようにすることが大切である。その際，正方形や長方形では，辺に沿って単位正方形が規則正しく並んでいるので，乗法を用いると，その個数を手際よく求めることができることに気づき，計算を用いて面積を求めたり，（長方形の面積）=（縦）×（横）という公式を見いだしたりすることで，これまでに学習してきた乗法の一層の理解を深めるといった既習事項を基に統合的・発展的に考察する態度も育成したい。

　長方形を組み合わせた図形とは，L字型，凹字型などの図形のことである。たとえば，L字型の図形の面積の求め方を考えるとは，既習の長方形・正方形の面積を組み合わせて，求積することである。また面積の単位として，$1cm^2$，$1m^2$，$1km^2$が長さの単位から導き出されていることにも気づかせ，これらの単位の相互関係を理解できるようにさせたいと考えている。

　電子黒板と黒板，プリント教材のそれぞれの利点を生かしながら，話し合い活動や発表活動を充実させた授業を行う。

4　単元の指導計画（全9時間，本時は第5時）

時	目　標	学習活動	おもな評価規準
(1) 広さの表し方【2時間】			
1	○面積の比べ方をいろいろな方法で考え，面積を比べることができる。	・陣取りゲームで得られた図形の面積の比べ方を考える。	・既習の量の場合を基に，いろいろな方法で面積の比べ方を考えようとしている。（主体的に学習に取り組む態度）
2	○面積の単位「平方センチメートル（cm^2）」を知り，面積の意味について理解する。	・陣取りゲームで得られた図形の面積の表し方を考える。 ・面積の単位「平方センチメートル（cm^2）」を知る。	・面積の意味や面積の単位「平方センチメートル（cm^2）」等について用語の意味を理解することができる。（知識及び理解）
(2) 長方形と正方形の面積【3時間】			
3	○長方形，正方形の面積を計算で求める方法を理解し，面積を求める公式をつくることができる。	・長方形，正方形の面積を計算で求める方法を考える。 ・「公式」の意味を知り，長方形，正方形の面積の公式をまとめる。	・面積は計器による測定でなく，縦横の辺の長さから計算で求められることの良さに気付き，計算によって生活や学習に生かそうとしている。（思考力・判断力・表現力等） ・長方形，正方形の面積を，公式を用いて求められる。（知識及び理解）
4		・公式を用いて，長方形や正方形の面積を求めたり，辺の長さを求めたりする。 ・周りの長さが等しい長方形や正方形の面積を調べ，周りの長さが等しくても面積が異なる図形があることをおさえる。	
5 本時	○既習の長方形や正方形の面積を求める学習を活用し，長方形を組み合わせた図形の求め	・長方形を組み合わせた図形の面積を，分割したり，補ったりするなどのいろいろな考え	・どの考えも既習の長方形や正方形の形を基にして求めていることに気づき，既習を活用

5 本時	方を考え，面積を求めることができる。	で求める。 ・他者の考えを読み取り，図や式などで説明する。	するよさを認めている。（関心） ・複合図形の求積方法や面積の単位の相互関係について考察したりすることができる。（主体的に学習に取り組む態度）
(3) 大きな面積の単位 【4時間】			
6	○面積の単位「平方メートル（m^2）」を知り，辺の長さがmの場合も，長方形や正方形の面積の公式が適用できることを理解する。	・長方形の形をした教室と正方形の形をした理科室の面積の求め方を考える。 ・面積の単位「平方メートル（m^2）」を知る。 ・辺の長さがmで表されていても，面積の公式が使えることを確認する。	・辺の長さがmで表された長方形や正方形の面積も，面積の公式を適用して求められることを理解している。（知識及び技能）
7	○面積の単位m^2とcm^2の関係を理解する。	・$1m^2$は何cm^2になるか調べる。 ・紙を使って，$1m^2$の正方形を作り面積の量感をつかむ活動に取り組む。	・面積の単位m^2とcm^2の関係を理解している。（知識及び技能）
8 9	○面積の単位「アール（a）」「ヘクタール（ha）」「平方キロメートル（km^2）」を知り，面積の単位の相互関係を理解する。	・1辺の長さを10mや100mにしたときの面積を考え，面積の単位「アール（a）」「ヘクタール（ha）」を知る。 ・町の面積を調べ，面積の単位「平方キロメートル（km^2）」を知る。 ・$1km^2$は何m^2になるか調べる。	・$1cm^2$，$100cm^2$，$1m^2$，$1a$，$1ha$，$1km^2$で表される正方形の1辺の長さと面積から，正方形の1辺の長さが10倍になると面積は100倍になる関係を見いだし，説明している。（主体的に学習に取り込む態度） ・面積の単位「a」「ha」「km^2」と，その相互関係を理解している。（知識及び技能）

5　本時の学習

(1) 日　時　〇〇年〇月〇〇日（〇）　（14：00～14：45）

(2) 場　所　〇〇市立〇〇小学校4年1組教室（1号館2F）

(3) 本時の目標
◎既習の長方形や正方形の面積を求める学習を活用し，長方形を組み合わせた図形の面積の求め方を考え，面積を求めることができる。

(4) 本時の指導意図
　本時の学習では，既習事項である長方形や正方形の面積を活用して，複合図形の面積を求めることができるようにする。その学習のなかで，自分の考えをわかりやすく説明したり，友達の考えを聞いたりする活動を通して，考える力の育成を図りたい。

第12章

(5) 本時の展開　　　　は主発問　　　　は板書・掲示

過程	学習活動と内容	予想される児童の反応	指導上の留意点
つかむ〈課題把握〉5分	1. 既習事項を確認する。	・長方形の面積の求め方　縦×横 ・正方形の面積の求め方　一辺×一辺 （　　　）の形の面積を求めよう。 この欄の主語は教師！	・長方形や正方形の面積を復習し、本時の学習の手立てとなるようにする。 ・図を提示し、本時の課題をつかませる。
	2. 課題をつかむ。 ・複合図形についてわかっていることを確認する。	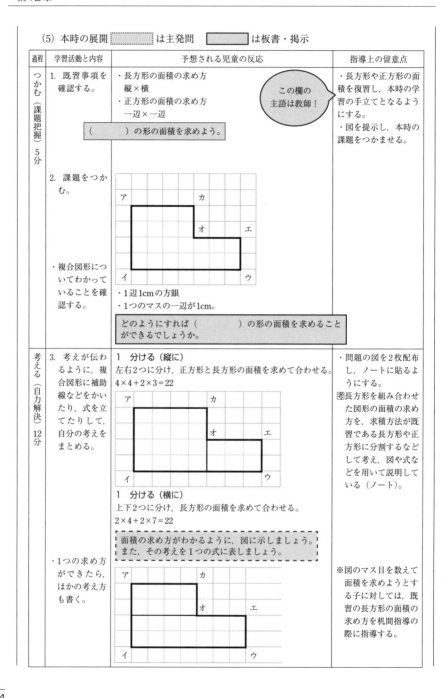・1辺1cmの方眼 ・1つのマスの一辺が1cm。 どのようにすれば（　　　）の形の面積を求めることができるでしょうか。	
考える〈自力解決〉12分	3. 考えが伝わるように、複合図形に補助線などをかいたり、式を立てたりして、自分の考えをまとめる。 ・1つの求め方ができたら、ほかの考え方も書く。	1 分ける（縦に） 左右2つに分け、正方形と長方形の面積を求めて合わせる。 4×4+2×3=22 1 分ける（横に） 上下2つに分け、長方形の面積を求めて合わせる。 2×4+2×7=22 面積の求め方がわかるように、図に示しましょう。また、その考えを1つの式に表しましょう。	・問題の図を2枚配布し、ノートに貼るようにする。 図長方形を組み合わせた図形の面積の求め方を、求積方法が既習である長方形や正方形に分割するなどして考え、図や式などを用いて説明している（ノート）。 ※図のマス目を数えて面積を求めようとする子に対しては、既習の長方形の面積の求め方を机間指導の際に指導する。

224

授業づくりと指導の方法

広げる（集団思考・比較検討）20分		2　足して引く

へこみの部分に図形を足して，大きな長方形にしてから，足した部分を引く。
$4 \times 7 - 2 \times 3 = 22$
3　形を変える（等積変形）

出ている上部分を切って，横につけて大きな長方形にする。
$2 \times (7 + 4) = 22$
3　形を変える（倍積変形）
形を逆さまにしてくっつけると大きな長方形になる。その面積を求め半分にする。
$4 \times (7 + 4) \div 2 = 22$

 | 1つの方法で求積した子にはほかの方法も考えさせていく（個別指導）

解法が間違っている子に対しては，どこが違うのか考えさせる。早くできた子に対しては，いくつかのやり方のなかでどの方法を紹介したいか，その理由を考えさせておく。 |
| ふかめる　まとめる　8分 | 4．問題を解決し，理解を深める。
○考えた式の説明をする。

・面積の求め方の共通点を見つける。 | 式を言いましょう。

その式の説明をしましょう。

・自分と同じ考えだ。
・自分の考えを発表する。
・友達の図は，どうやって考えたのだろう。
・考えを発表するなかで，答えが22cm²になることを確認しよう。
・自分が考えつかなかった図や式をどのようにして友達は考えたか，発表を聞きながら考える。
・長方形や正方形の面積を求めると，答えが出る。 | ・iPadで撮った児童の考えを提示して，児童に発表させる。
・発表は意図的指名をする。
・複数に分かれた式の場合には，1つの式にする。
・出ない考えがあった場合には，教師側から式のみを提示し，どのような図になるか考えさせる。 |

225

5. 本時のまとめをする。
・児童から出たことをまとめる。

6. 類似練習問題で定着を確かめる。

（　　）の形も長方形や正方形を使って求めることができる。

・学習したことを使えば，変わった形も面積を求めることができる。
・長方形に形を変えてから足した部分を引く方法は思いつかなかったから，チャレンジしてみたい。練習問題を解く。

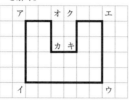

①左，真ん中，右の3つの長方形に分ける

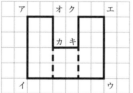

4×2＋2×2＋4×2＝20　　　20cm²

②上2つの正方形，下1つの長方形に分ける

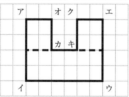

2×2×2＝8　2×6＝12　8＋12＝20　　20cm²

③大きい長方形の面積から中心の正方形の面積を引く

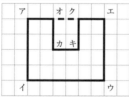

4×6−2×2＝20　　20cm²

※ほかの考えが出た場合は，立式と解答を発表する。

どの考えも既習の長方形や正方形の形を基にして求めていることに気づき，既習を活用するよさを認めている。（発言・観察から）【主体的に学習に取り組む態度】

①〜③以外の方法もあるが，授業時間にゆとりがなくなるので代表例を2〜3発表させる。

	7. 学習感想を書かせる。		新しい考え方に出合ったときは学習感想を書かせる。

(6) 本時の評価
  ・既習の長方形や正方形の面積を求める学習を活用して，長方形を組み合わせた図形の面積の求め方を考え，面積を求めることができたか。（発表・ノート）
  ・他者の考えを読み取り，図や式などで説明できたか。（ノート）

(7) 板書計画

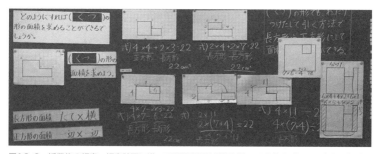

図12-2 授業後の板書。板書計画に沿って問題や図は黒板に貼って全体のバランスをみておくこと。板書は全体を3等分しておくとよい。

第2節　授業方法

　これまでは，教師から子どもへ「教え込む」授業が主流であったが，子どもたちが「既習事項を生かしながら新たな数学を見いだす」授業への転換が図られている。

　子どもたちの「考えよう」「やってみよう」という力を引き出すための教師の発問の工夫や教具のつかい方など，教師の力量に関わることは多い。また，授業の流れを方向づけるうえで，子どもたちの考えなどを発表する際の指名順なども教師の工夫を大いに必要とする。机間指導では，子どもの考えや活動意図の見取り方，子どもたちの意見の取り上げ方が問われる。まさに授業の展開を見据え，子どもたちの「自ら考えよう」「やってみよう」という意欲を引き出すための工夫・技術をさらに磨いていく必要がある。加えて，授業や家庭学習の時間を使って，ドリルや教科書の練習問題，自作の問題などを子どもたちに行わせることで，学習内容の定着と知識・技能・数学的な考え方が向上することに常に考え，1単元の授業の進め方に留意しておく必要がある。

1. 発問

　「発問」とは，指導のために教師から児童・生徒に向けてなされる問いであり，児童・生徒の応答を予想し，その応答を手がかりにして指導を展開する。「助言」とは，指導を展開するための指示や補足であり，学習を意味づけたり方向づけたり思考を深めさせたりする。

　「この問題は何を求めていますか」「答えはいくつですか」「どうやって求めたのですか」など一問一答方式の授業では，教師の発問に対して一人の子が正解を言い，ほかの児童が理解しているかわからぬままに授業を進めてしまう。児童に何を考えさせるのかを明確にしたものが「主発問」である。児童との応答をもとにタイミングを計りながら主発問を発する必要がある。

　どんな授業でも，全体をコントロールするのは教師であり，児童との応答をもとにタイミングを取りながら「授業の鍵」となる主発問をする必要がある。事前に決めておいた主発問により，授業を活性化させ，児童の考えを引き出すことができるのである。日々の授業では，児童一人ひとりが自力解決し，集団で判断する具体的な場面がある。その場面へのアプローチが教師の発問であり，

児童に葛藤場面をつくることになる。主発問と補助発問を連動させることで，児童からさまざまな考え方が生まれる。

　それぞれの発問は，→の右側で示した効果を引き出す意図がある。
① 「これは何に使うのでしょうか」→動機づけ，学習意欲を高める。
② 「知っていますか」→興味・能力や経験・知識などの情報を知る。
③ 発問は自信をもたせて，次への構えや思考の方向づけをする（簡単な質問など）。
④ 発問は思考や感情を引き出す。
⑤ 「これはいつでも正しいと言えますか」→疑問提起，思考を深化・拡充する。
⑥ 発問は学習の効果を高めたり明らかにしたりする。→評価，まとめ，課題
これらの発問などにより学習を意味づけていく。

　一方発問の種類のうち，思考的な発問はそれぞれの子どもの視点を新たに発見させる手立てになっていく。たとえば，
⑦ 「AとBの発想の違いを述べると，どう言えますか」→比較検討。
⑧ 「どの考えがよいと思いますか。理由はなんですか」→決定。
⑨ 「A，Bはどういう関係ですか」→関係や因果関係を捉えさせる。
⑩ 「そう考えたわけは言えますか。なぜ○○さんはそう考えたのでしょうか」
　→説明（根拠を明らかにする）や解説（分析して理由・意味を説明）をさせる。
⑪ 「短くまとめてみましょう」→要約。
⑫ 「書けますか」→記述や記録。
⑬ 「反対の人いますか」→批判や批評。
⑭ 「ほかにありませんか」「違う考えはありませんか」「見方を変えると……」
　→意見や感想を求める。拡散的な発問。
⑮ 「A，B，Cの考えをまとめると，1つの言葉になります。どんな言葉になるでしょうか」→組織化。収束的発問。
⑯ 「○○に注目して，どのように分けられますか」→分析，分類。
⑰ 「どうなると思いますか」→推測や推論。
⑱ 「たとえば○○○○」→例示して伝える。
⑲ 「よいところはどこですか，考えが変わりましたか」→評価（他者，自己）。
　なお，指名する際に留意する点もいくつかある。
①公平にあてる。
②みんなで確認する（とくにボーッとしている子に確認する）。

③教師と一人の児童・生徒に限られたピンポンのようにならないこと。
④繰り返したり，応答を強要したり，誘導したりしない。
⑤児童・生徒の心理，心情に配慮する。
⑥段階的に問いかける。優しい問いから難しい問いへ（まず苦手とする子を指名し正解に近い発言を得る。次に中間層の子どもたちにいろいろな意見を言ってもらう。最後に得意な子に，今までの意見をまとめ正解を答えさせる）。
⑦考える時間を十分取る（教師の自問自答はダメ！）。
⑧誤答やつまずきに留意し，迅速にその要因を察知する（もし子どもの発言内容を理解できなかったら，発言した子どもに説明してもらい，その意図をくみ取る）。
⑨個人差に応ずる。
⑩発問の内容や形式が適切だったかを反省し改善する（授業の録音や録画）。

　教師の発問には，学習をコントロールし，授業の流れをつくる役割がある。補助発問ともいわれるが，授業の導入部分で児童からいろいろな考えを引き出したいときは「拡散的な発問」を意図的に使う。

　さらに授業をまとめていきたいときや児童の考えを具体的にしたいときなどは，「収束的な発問」が必要となる。授業時間中には，自力解決の時間などに子どもが問題を解きながら自分の考えをノートに示している。教師は机間指導をしながら，教室の机配置に氏名を記載した「座席表」に，どの子がどのような考え方を示しているか記録し，どのような順番で指名すべきか考えておく。そして全体で考え合う場面では多くの子に挙手をさせ，そのなかで教師が座席表のメモをもとに誰を指名するか決めて発表させることで，授業展開が教師の意図に沿って進められる。さらに，「同じ考えの人はいませんか」「まとめるとどんな言葉（式）になりますか」など，考えが出たところで，状況を収束させる補助発問が有効となる。共通点や相違点から考えを類推させる発問を効果的に使うことで，児童の考えを収束させることができる。

2．指示

　授業を進めていくうえで，ノートを開かせたり，ブロックを出させたり，子どもたちに指示を出すことは頻繁にある。指示を出す際には1回で子どもに行動を起こさせる短い言葉を使うことが肝要である。たとえば，「教科書何ページを開きなさい。」など具体的に示す必要がある。指示を出したら全員の児童

ができたか確認してほしい。自力解決の場面では、「図や式・言葉を使って説明できるようにしましょう。」「1つ考えた人は2つ目・3つ目のやり方も考えましょう。」「○○時まで考えてください。」などの指示を出すことが有効である。しかし指示ばかり出していると児童の主体性が薄れるので、1時間の学習時間の中で多用しないよう留意したい。

3. 机間指導

　自力解決の時間などでは、教師が教室内の子どもの考え方などを把握する時間を取ることが多々ある。その際には十分な観察をし、子どもの考えを記録する机間指導となるようにしたいものである。

〈ねらい〉
①個人指導②作業状況の把握③個人観察④刺激を個別に与える（この発想はいいね。○を付けよう）⑤ノートなどの点検⑥健康状態、持ち物などの管理⑦グループ指導⑧評価（チェックリスト法など）⑨写真や標本、資料の提示⑩自発的学習の促進（「できそうな問題をやってごらん・続きを考えてごらん」）

4. 板書

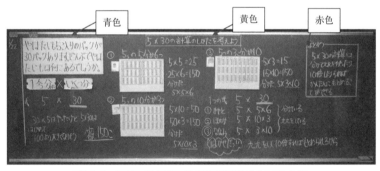

図12-3　板書例（3年算数「かけ算の筆算を考えよう」より）

　図12-3は3年「かけ算の筆算を考えよう（1位数×何十の計算）」での板書例である。「1位数×何十の計算の仕方について理解し、その計算ができる」ことが本時のねらいである。ねらい達成のために、事前に板書計画も立てておく。本時の課題（青色の囲み）・めあて（黄色の囲み）・まとめ（赤色の囲み）を色分けして提示する、子どもたちの考えの共有ポイントを書き出すなど、まとめ

に利用できる構造的な板書を事前に考えておく必要がある。授業者自身が子どもたちに何を伝えているのか，それは「課題」なのか「めあて」なのかを意識して伝えるうえで必要なサインでもある。

5．授業のまとめ

　授業のまとめは，それまで出された考え方・解き方を振り返りながら，子どもの言葉を使って行うことが肝要である。内容によっては類似問題を自力解決させることで定着を確かなものにすることもできると同時に，子どもにとって自分たちでつくり上げた新たな規則として位置づけられていく。最後に学習を振り返り，「友達の発言のどこがよかったのか」「自分の考えがどこで変わったのか」などの学習の振り返りを行い，次時に思いをつなげていかせることも必要である。

　そして，こうした学びを繰り返すことで，教師力を向上させ，子どもたちの算数・数学を考える好奇心を引き出し続けてほしい。

第3節　ICTの活用とプログラミング教育

　この節では，算数教育におけるICTの活用について検討する。とくに，近年普及の著しい電子黒板の活用や2020年度から導入される小学校でのプログラミング教育について考えることにする。

1．ICTの活用

　パソコンやインターネットの普及以来，学校現場でもさまざまなICTの活用が行われてきている。この節では，授業のなかで教師がPCを操作して児童にその結果を提示することを中心とした利用法を考える。かつてのOHPやビデオ機器などの延長上にある利用方法だが，PCの機能の多様さやインターネット上の膨大な教育資源の利用が可能なこと，薄くて大画面の液晶や有機ELパネルや高輝度のビデオプロジェクターが普及したこともあり，提示効果の向上や利用できる場面の拡大が図られている。

　なお近年注目されている電子黒板については，その構成に上記の大画面表示とPCが含まれているので，以下に述べる用途も必然的に持ち合わせているも

のと考えてよい。

以下にそのおもな用途を列挙する。
(1) 表計算ソフトやグラフ作成ソフトを使って統計的なデータや関数をグラフ化した結果を示す。図形作図ソフトなどを使って立体や展開図をPC画面上に示しそれらを自由に動かして示す。
(2) Microsoft社のPowerPointで計算の仕組みや手順を説明する。PowerPointの簡易的なアニメーション機能を使って計算や図形の概念などを動的に表現する。
(3) DVカメラやスマートフォンなどで撮影した動画やオンライン上の動画の再生を行う。また書画カメラを利用してリアルタイムに図や模型，作図操作を示したり，教科書や印刷資料の一部を拡大して表示したりする。

デジタル教科書も販売されており，授業でページの一部を拡大投影したりアニメーションとして表示する機能，さらにページの一部をマスクして表示する機能などを使って授業に役立てる工夫もなされている。教育用，授業用の動画クリップ集や授業用素材集なども増えている。
(4) インターネット上のWebコンテンツを提示する。オンライン上には算数に関連するさまざまなコンテンツがあり，教科書会社の提供するWebコンテンツやNHKが教育放送に関連して提供するコンテンツが充実している。
(5) 電子黒板の利用。

順に上記の (1)，(4)，(5) について検討・解説をする。

(1) グラフ・関数・図形の表示

Microsoft社のExcelに代表される表計算ソフトは，もっともよく利用されるソフトウェアの一つであり，小学校算数で扱う棒グラフ，折れ線グラフ，円グラフ，ヒストグラムについても，簡単な操作で表示することができる。統計的なデータの課題を与えて教師がグラフ化してもよいし，高学年であれば児童が各自PC演習室などでグラフ化する課題として実習することも

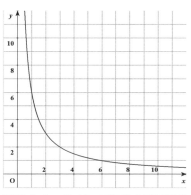

図12-4 FunctionViewで作成した反比例のグラフ

可能である。

このほかに，関数のグラフの描画に特化したソフトウェアもある。図12-4 はそうしたソフトウェアの一つである FunctionView で作成した反比例のグラフである。

同様のソフトとして GRAPES, GeoGebra などがある。GeoGebra は幾何学的図形の作図機能をもち，角の二等分線や線分の垂直二等分線，指定した角度の作図など幾何的図形を正確に描くために必要な機能を備えており，児童に配布するプリントの例題などに提示する図形を正確に作図したいときなどに非常に有用なソフトの一つでもある。

小学校算数で学習する立体図形は，立方体，直方体，角柱，円柱といった簡単な図形が中心で，紙工作で十分に展開図を作成しそこから立体を組み立てることもできるが，PC画面上でヴァーチャルな立体画像を作成したり表示したりできる3D-CGソフトを使えば立体図形を観察するのに役立つ。3D-CGソフトは本格的なものは非常に高価で扱いも難しいが，基本的な立体図形の表示程度であれば比較的容易に扱うことができるソフトが無償で提供されている。

① 3D Builder

Windows 10になってからOSに標準で添付されるようになった3D-CGの作成ソフト。Windowsのスタートメニューからアクセスできる Windows アクセサリのなかに含まれている。

② ペイント3D

こちらも Windows10 の標準添付ソフト。3D Builder と似たような機能をもつソフトである。基本的な立体図形をつくるうえではどちらのソフトも十分な機能をもっている。

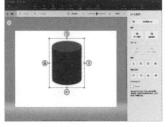

図12-5　ペイント3Dで描いた円柱

図12-6　Tinkercadで描いた立体図形

今後は，従来の2D用の画像ソフト「ペイント」も含めてこれらは1つに統合される可能性があるが，当面はそれぞれ標準で利用ができる。
③Tinkercad
　Autodesk社が提供するオンライン3Dモデリングソフトウェア。Webブラウザ上で作動するソフトウェアなので，コンピュータの機種によらず使える。

(2) インターネット上のコンテンツ
　最近では算数に限ってもインターネット上にさまざまなコンテンツが掲載されている。教科書会社が提供しているデジタル・コンテンツや各地区の教育委員会や教員研修センターが提供するものなどがある。
　とくに充実しているのは，NHKがおもに教育テレビ（Eテレ）での放映番組を中心に構成したNHK for Schoolであり，これは放送動画だけでなく，授業での利用を前提として部分ごとに細分化したビデオクリップや指導案，板書計画，ワークシートなども掲載されている。また，年間を通じたすべての放送回が掲載されている。
　教科書会社の公開しているコンテンツは自社の教科書の内容に合わせて作られており，内容も充実している。図12-7に示すのは東京書籍の平行四辺形の面積の求め方についてのオンライン教材の例である。この教材では，図形をはさみで切ったり，一部を移動・回転させたりする機能や，作図のためのツール，

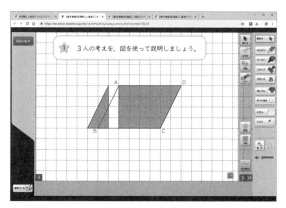

図12-7　平行四辺形の面積の求め方（東京書籍デジタルコンテンツ）

授業で提示や書き込みをするためのツールが揃っており，この後で説明する電子黒板としても利用できるさまざまな機能をもっている。

（3）電子黒板

従来からPCの画面をプロジェクタでホワイトボードやスクリーンに拡大して映し，そこに画像やPowerPointのスライド，教科書会社がWebで提供しているデジタルコンテンツやNHKの放送動画のクリップなどを映し出すことは行われてきた。この場合教員は映写される画面の操作はPCから行わなければならない。

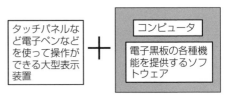

図12-8　電子黒板の構成

近年はそうした使い方を進化させた電子黒板が学校現場に普及しつつある。一般的には電子黒板という一体化した製品として考えられているが，実際の電子黒板の構成は，図12-8のようなものである。

これまでのPC＋プロジェクタの利用と異なるのは，映し出された画面に電子ペンなどを使って直接書き込みやマウス的な操作ができる大型表示装置の部分だけで，これをどのようにして実現するかで製造各社がそれぞれ特徴をもつ製品を提案している。大型の液晶や有機ELパネルなどにタッチ機能をもたせたものや通常のホワイトボードにプロジェクタで拡大画面を表示し，そこに書き込むホワイトボードマーカーの位置や動きをレーザーや赤外線などのセンサーで感知してタッチ機能を実現させたものなどが多い。

電子黒板ソフトウェアは，以下の機能を提供するものである。
・白紙や方眼の背景の上に文字，図形，画像，動画などを表示する。これらはライブラリに保存しておいて随時呼び出して使うことができる。
・ペンで画面上に書き込みができ，マーキングや補足説明を書き込めるようにする。
・画面の一部を拡大表示する。
・表示した画面をページとして保存し記録することができる。あらかじめ用意した文字，画像，動画のあるページを呼び出すことができる。
・定規やコンパス，画面の一部を隠すための付箋など授業で用いる部品が用意

されている。
・画面上にWebページなどを直接表示することができる。

　授業での利用を考えると，これまで多く用いられてきたPowerPointの場合は授業者があらかじめ用意したスライドを順次提示して説明を行ったりすることが主となるソフトであるのに対して，電子黒板は授業をしながら画面に直接ペンなどで書き込みをしたり，図形や画像をその場で自由に描き加えたり移動・回転などしながら授業や討論をすることが主になる。こうしたリアルタイムな操作を積極的に使うことが電子黒板を使いこなす要点であり，従来の黒板の機能を発展させたものであることを理解しておくことが大切である。

　市販の個々の電子黒板の操作方法について述べることは製品間の差異もありここでは行わないが，タッチパネルつきのPCやペンタブレットを接続してペンでの操作を可能にした汎用の電子黒板ソフトを用いて，電子黒板に準ずる環境として利用法を検討したり授業に利用することもできる。

　こうした汎用の電子黒板ソフトとしては本稿の執筆時点では次のソフトウェアが入手しやすく機能も十分である。いずれもWindows, Macともに利用可能である。

① OpenBoard

　OpenBoard（https://openboard.ch）はスイスのローザンヌ大学で開発された電子黒板ソフトをもとに，現在は無償のソフトとして配布されている。電子黒板として標準的な機能をもち，定規・コンパス・グラフツールなどアクセサリも豊富である。メニューなども日本語化されているが現状では漢字フォントの扱いにやや難がある。

② 白板ソフト

　「白板ソフト」（マイクロブレイン社）は，国産の電子黒板ソフトである。

（4）電子黒板の活用のしかた

　従来の黒板にとって代わって，授業のすべてを電子黒板で行うことは適切ではない。あくまでも通常の黒板と併用して，それぞれ得意な部分を補完しながら利用することが望ましい。

　また単なる映像モニターとして，接続したコンピュータのコンテンツや書画

カメラの映像を再生するだけでは，電子黒板の機能を生かしたとは言えない。電子黒板を使うのであれば，その場で電子ペンでの書き込みができ，授業後には最終的な板書の状態を保存できる，などの機能を活用していきたい。そのためには個々の教員が十分な時間専有できる電子黒板があり，使い方に慣れ，授業のための教材を準備し効果的な提示方法を検討できることが望ましい。しかし現実的にはそこまでの普及に達するのはまだ難しい。そこでOpenBoardや白板ソフトなどで，電子黒板に準じた環境で使い方を理解することから始めるとよいだろう。が電子黒板のメリットである。児童の反応によって，書き込みをしたり図形を動かしたりすることができ，児童の理解を助ける。

ほかにも電子黒板にはさまざまな機能があるが，通常の黒板と同様に，その場で書き込みながら柔軟な利用ができる点がとくに重要である。児童と双方向に活動していくために使うことが，もっとも望ましい。

2. プログラミング教育

(1) プログラミング教育の目的

2020年度より必修化されるプログラミング教育であるが，学習指導要領では総則において，主体的・対話的で深い学びの実現にむけた授業改善のため各教科の指導にあたって配慮すべきこととして，情報活用能力の育成を図るため，各教科の特質に応じて，「児童がプログラミングを体験しながら，コンピュータに意図した処理を行わせるために必要な論理的思考力を身に付けるための学習活動を計画的に実施すること」としている。

利用するプログラミング言語や実施形態，授業時間数などはとくに定められておらず，それらは各学校の裁量に任されている。重視されているのは次の考え方である。

①プログラミング的思考

自分が意図する一連の活動を実現するために，どのような動きの組み合わせが必要であり，一つひとつの動きに対応した記号を，どのように組み合わせたらいいのか，記号の組み合わせをどのように改善していけば，より意図した活動に近づくのか，といったことを論理的に考えていく力。

②身近な生活でのコンピュータの活用への気づき

身近な生活でコンピュータが活用されていることや問題の解決には必要な手順があることに気づく。

コーディングを覚えることが目的ではないとしているが，実際には実施の段階で何らかのコーディングは必要となるので，それは，目的としてではなく，教育活動の手段の一つとして捉えることとなる。

(2) プログラミング言語

小学校教育での利用を前提としたプログラミング言語も，いくつか提案されているが，おもに教育用に特化した次の2つのタイプのプログラミング言語に分けられるであろう。それは

A：Scratchに代表されるビジュアルプログラミング言語を用いた実践

B：レゴ社のMINDSTORMSやWeDo，SONY社のMESH，BBCの開発したmicro:bitなどの光，位置，傾きなどのセンサーをもつロボットやワンボード・コンピュータを用いた実践

の2つである。

上記のBの場合は，おもに理科と関連した実践に有効な例が多いため，算数との関連を中心に考えてAの場合について説明する。

ビジュアルプログラミング言語とは，これまでのプログラミング言語のように文字列でプログラムの元になるソースコードを書いて実行するのではなく，それぞれの命令文や関数に対応する2次元的なブロックを組み合わせてプログラムを行うもので，児童にとって障壁となる文字列の入力を最小限に抑え，また，プログラムの流れがわかりやすく表現されるメリットがある。一方で大規模で本格的なアプリケーションの開発には向かないが，その基本となる考え方は十分に学ぶことができる。

(3) ビジュアルプログラミング言語　Scratch 3.0

教育用ビジュアルプログラミング言語Scratch 3.0（2019.8現在）は，マサチューセッツ工科大学（MIT）のメディアラボが開発している教育用ビジュアル・プログラミング言語であり，8歳から16歳の児童・生徒を対象に設計されており，現在，教育用プログラミング言語として世界中でもっとも普及している。

最大の特徴は命令や制御，関数，演算などのすべての動作を，それぞれの機能を視覚的に表現したブロックで表し，そのブロックを組み合わせてプログラムをつくっていくもので，これがビジュアルプログラミング言語と呼ばれている理由である。キーボードから数や文字列を入力するのは，計算のデータとし

ての数値や画面に表示するための文字列だけで，プログラムの動きを制御する部分はすべてブロックの操作だけでできてしまい，キーボードが不慣れな児童にとっても問題なくプログラムを組むことができる。

Scratchはスプライトと呼ばれる絵のキャラクタ（オブジェクト）を複数作成し，それぞれのスプライトについて，マウスでクリックしたり特定のキーを押したりするなどのイベント（操作）に対して，その結果生じる動きや計算などをプログラムしていく。また，スプライトは互いに触れ合ったり，別のスプライトが発したメッセージを受け取ったりしたときにも何らかの動きや計算などを行う。こうしたプログラミング言語は，オブジェクト指向言語，イベント駆動言語と呼ばれ，現代的な特徴をもつものである。

ScratchはWebプログラムなので，PCにソフトウェアをインストールする必要がなく，インターネット環境とブラウザがあれば利用できる。

限られたページ数のなかでScratchの多くの機能を紹介することはとてもできず，また，Scratchの起動方法や基本的な使い方については多くの情報が書籍，ネットで得られるので，ここではおもに算数での利用例に絞って紹介をする。

(4) 正多角形の学習に対する応用

スプライトに多角形の動きをさせ，その軌跡を描く方法である。この軌跡を描く機能は，Scratch 3.0では，拡張機能扱いになっているので，ブロックのグループの切り替えボタンの一番下にある拡張機能の追加ボタンをクリックして，切り替わった画面から「ペン スプライトで絵を描く。」をクリックしてペンの機能を追加する。

もっとも簡単な正多角形を描くコード（図12-9）の動きを解説する。使うスプライトは「猫」のみである。

①ステージの左上にある緑の旗

図12-9　正方形を描くコードと実行結果

マーク▶をクリックし，ペンの色を決めてペンを下ろす（スプライトの軌跡を画面に描ける状態にする）。
②猫が100歩動いて90°右に回る→これを4回繰り返して，正方形の軌跡を描く。
③スペースキーを押すと軌跡を消すことができる。
④辺の長さは進む歩数で調整する。

0.5秒待っているのは，スプライトの動きを確かめながら実行させるためで，これをしなくても図形は描けるが，一つの辺上を猫がどのように動いているかがわかり，プログラムの仕組みがわかりやすい。

練習として，次のことをさせるとよい。
1) 正三角形を描くには，どこを変更したらよいか考えて実行してみよう。
2) 正六角形を描くには，どこを変更したらよいか考えて実行してみよう。
3) 辺の端で回す角度はどうやって決めるのか考えてみよう

1) の問いについては，繰り返しを3回，回す角度を120°に変更すればよい。

2) の問いについては，繰り返しを6回，回す角度を60°，図形がはみ出す場合は描画エラーを起こすことがあるので，歩数を少なめに調整するとよい。

3) の問いについては，その角度が正多角形の外角（正n角形の場合は$360°÷n$）であることに児童が気づくことが期待される。多角形の外角は中学校数学の範囲であるが，ここではこうした気づきを大切にしたい。

このプログラムでは，編集中のコードの数字を直接変更して正多角形の描画を実現させていたが，変数を使ったより汎用的な多角形描画プログラムのコードを図12-10に示す。最初に①猫が何角形を描くか，②一辺の長さを尋ねて，その結果にしたがって多角形を描

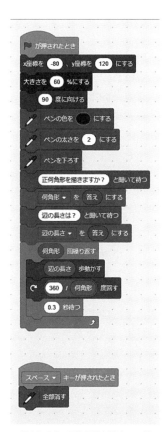

図12-10 正多角形を描くコード

き，スペースキーを押すと描いた図を消去する。ここでは，
・多角形の角数（何角形か）を決める変数→「何角形」
・一辺の長さ→「辺の長さ」
という2つの変数を使っている。

(5) 2つのスプライトを使った追跡曲線の描画

次に2つのスプライトを使った例として，追跡曲線の描画について考える。問題の設定としては，画面上に
・一定の速度で直線移動をするボールがある。
・一定の距離で離れたところにいる猫はそのボールを見つけ，常にそのボールの方向に向きながら一定の速度で追跡する。その速度はボールの速度を上回るものとする。
・猫はボールの未来の到達点を予測して先回りするのではなく，常にボールの現時点の位置に向かって進むものとする。

この条件でプログラミングをする。

最初に，新規スプライトとしてライブラリから「ball」「Cat 2」を選ぶ（デフォルトの猫は使わないので削除してよい）。

それぞれのスプライトのコードと実行結果を図12-11～図12-13に示す。どのようにして上記の条件で描画をしているのかは，これを見れば明らかであろう。

この曲線については，数学的にはトラクトリックス（追跡線，追跡曲線）と呼ばれる曲線の変形で，基本の追跡曲線の場合はボールと猫の距離が常に一定の条件で動くものとしている。簡単な条件に比して数学的に解くには微分方程式を立てて解かなければならない問題であるが，このように簡単なプログラミングで曲線を描くことができる。小学生は，この条件から描かれる線は直線を想像するはずであるが，実際に描いてみると曲線になることを知ることになる。

以上，プログラミング言語 Scratch の例を取り上げたが，Scratch はさらに多くの機能やアルゴリズムをもち複雑なプログラムの作成も可能な言語であり，また，教育用プログラミング言語にはScratch 以外にも多くのものがある。それぞれの特徴を生かした実例を考えてみることが今後さらに必要となるだろう。

授業づくりと指導の方法

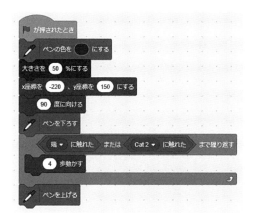

図12-11　ballのコード

図12-12　Cat2のコード

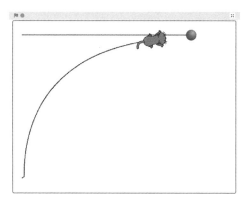

図12-13　追跡曲線の実行結果

243

第12章

課 題

1. 6学年の分数のかけ算の単元で，「1mの値段が240円のリボンを____m買いました。代金はいくらですか」を導入課題とする授業の学習指導案をつくりなさい。
2. 5学年の合同な図形の単元で，3つの頂点が決まれば，合同な三角形がかけることに気づく授業の学習指導案をつくりなさい。
3. 3D Builder，ペイント3D，Tinkercadのいずれかを使って，直方体，正五角錐，円柱，球の4種類の立体を作図しなさい。
4. 本文中に列挙した電子黒板ソフトのいずれかを使って，小学校1年生の算数の「くり下がりのあるひき算」の導入の授業で減加法による計算のやり方を説明する一連の電子黒板画面を作成しなさい（おはじきの動きを再現するとよい）。
5. Scratchを使って，簡単な電卓プログラムをつくりなさい。

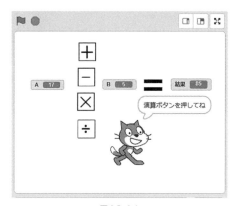

図12-14

ただし，通常の電卓のようにテンキーのボタンをつくってそれを使って計算するのは難しいので，図12-14にあるように
　　変数：A，B，結果
　　スプライト：猫，たす，ひく，かける，わる，イコール
をつくりそれぞれにコードを作成する。
　猫は変数Aの値や変数Bの値を入力して，計算の実行を促す役割。
　＋，－，×，÷の記号のスプライトは，それぞれAとBの演算を行い，結果を「結果」という変数に入れて表示するボタンの役割である。

引用・参考文献・より深く学ぶための参考文献

片桐重男『間違いだらけの算数指導―正しい・楽しい授業を創る秘訣―（算数科・新しい授業づくり）』明治図書出版，2002年

片桐重男『新版　数学的な考え方とその指導　第1巻数学的な考え方の具体化と指導―算数・数学科の真の学力向上を目指して―』明治図書出版，2004年

菊池乙夫『算数科「問題解決学習」に対する批判と提言―科学的数学教育の視点からその非論理性を告発する―』明治図書出版，2006年

三枝源一郎・他編著『教職技術―信頼される教師となるために―教育・指導編』日本教育新聞社，1980年

杉山吉茂『初等科数学科教育学序説』東洋館出版社，2008年

山梨甲斐市立竜王小学校『平成26～29年度 研究紀要』2015年～2018年

文部科学省「小学校プログラミング教育の手引」http://www.mext.go.jp/a_menu/shotou/zyouhou/detail/1403162.htm（2018年12月27日確認）

索引

■アルファベット
and（論理語） 145-147
BASIC 33，35
Excel 100，102，124，233
ICT 5，6，36，232
LOGO 35
micro:bit 239
NHK for School 235
not（論理語） 145-147
or（論理語） 145-147
PISA（型） 34，177
PowerPoint 233
PPDACサイクル 190
Scratch 3.0 239
Society5.0 34
STEM教育 40，41
TIMSS 34

■あ
アクティブ・ラーニング 35
アラビア数字 74
ある（論理語） 147
生きる力 33
いくつ分 82，83
位相（的な考え方） 22，30，31
一次変換 31
1対1対応 71，73，181
一般数学 28
異分母分数 89
（学習内容の）受け 156，211
裏 144
運動 131，134
演繹的推論 112，141
遠隔協同学習 41，135
円グラフ 20，233
演算構造 173
落ちこぼれ 31
帯グラフ 189
帯模様 25，137
オブジェクト指向言語 240
重さ 153，156，157
重さの加法性・保存性 157

およその数（概数） 70，85
折れ線グラフ 20，187，233

■か
外延的定義 116
解析幾何 108，109
回転模様 134，135
概念 116
科学化運動 31
加加法 79
学習指導案 215，219
学習障害（LD） 54，55
学制頒布 17
確率（概念） 31，186，195-197
確率・統計教育 184，187，196
学力低下 28
かけ算 81，83
かさ（3次元の広がり） 127
加数 17，79
数の分解と合成 11，51，52，76，77
数の保存 71
カズノホン 22
数え主義 18
数え足し 11，79
数え引き 80
課題学習 33
かつ（論理語） 145
学校数学 3
合併 17，71，72
活用 218，219
カバリエリの原理 124
仮分数 88
加法 52，71，76，79，80
簡易物差し 155
換算 164，167-169
関数（的な見方） 159，179
漢数字 74
間接比較 155
幾何学 18，105
机間指導 228，230，231
菊池大麓（きくち・だいろく） 18
記号化 148
記述統計 186
記述・論述能力 175

247

基準量　165，169，171-173
帰納的推論　112，141，143
逆　144
逆演算　84
逆思考　100
求差　70，72
求残　72
旧制中学校　16
教育実験　6
教育実践　6
教材観　221
教材研究　36，216
教授要目　21，23
行列　31
曲面体　133，134
曲率（曲がり方）　33，134
九九　19，21，31，32，34，82，83
空間認識　113，114
組み合わせ　193-196
繰り上がり　11，52，76，79，81
繰り下がり　11，52，76，80，81
黒表紙（教科書）　19
群論　135
計算力　65
形式陶冶　19
形式不易の原理　81，89
計数　73-75
系統性　66
結合法則　79，91
減加法　13，19，80
減減法　13，80
減少関数　179
減数　73
現代化（運動）　30，187
検定教科書　17，23
減法　11，52，71，76，79，80
交換法則　79，91
公式　119，210-212
高次認知スキル　38
剛体　131，133
高等女学校　16，21
合同変換　53
公理　18，105，112，141
国際協力機構（JICA）　47

国際単位系（SI）　163
国際バカロレア　45，46
国定教科書　19，24
国民学校　16，22
誤算　80，81
五二進法　79
誤認識　90
個物の認識　73
根元事象　196，197
コンピテンシー　38-40
コンピュータの活用　238

■さ
最小公倍数　89
最頻値　192
作図（技能）　54，136
サビタイジング　52
算術　18，19
算数的活動　35
三段論法　141
ザンビアの数学教育　47
時間　154
式　98-103
思考力・判断力・表現力　35，201，209
時刻　154
事後テスト　11，13
指示　230，231
自然数　73，74
事前テスト　10，11
時速　164，167-169
実験研究　5
実質性　99，100，103
十進位取り記数法　12，58，78，90
十進位取りの原理　96
十進構造　12，58，65，75-78
実数　74
実践研究　11
実践的活動　203-205
実践的広さ　118，119
実測活動　166
指導観　221
児童観　221
自分物差し　170，171
しみ遊び　122

248

社会スキル　38
集合　31
従属変数　179
集団思考　218, 219
主格変換　210, 211
授業設計　215
樹形図　194, 195
主体的・対話的で深い学び　35
瞬間の速さ　164
循環無限小数　75
順列　193, 194
乗除数量関係図　177
乗数　82
小数の概念　90, 93, 94
小数表記　74
商分数　88, 89
乗法　81-83, 85
証明　112
除去　71, 72
除数（割る数）　84
除法　81, 83-85
自力解決　218, 219
『塵劫記』　17
『新主義數學』　20
尋常小学校　16, 21
真分数　88
推計統計　186
推論過程　148
推論規則　141, 148
数　74
数学教育改造（改良）運動　20
数学教育学　3, 4
数学教育学会　3, 5
数学教育協議会　30
数学教育国際会議（ICME）　4
数学教育再構成運動　23
数学教育実践研究会　30
数学的確率　186, 196
数学的活動　8, 33, 35, 94, 200-203
数学的体系　105, 111
数学的な見方・考え方　7, 8, 35
数学的モデリング（モデル）　7, 42, 202
数学的（数量化）リテラシー　7
数学博物館（Mathematikum）　9

数詞　74
数字　74
数唱　74
数直線　85, 86, 91
数理思想　21
数理資本主義　35
図形の構成要素　117
スパイラル（方式）　66, 218, 219
スプライト　239
すべて（論理語）　147
「墨塗り教科書」　24
制作（的）活動　115, 203, 204
性質　111
整数　74
正多角形の学習　240
全国師範学校中学校高等女学校数学科教員協議会　20
線対称模様　135
全体の集合　145
選択教科　33
線分　137
線分図　86
増加関数　179
総合幾何　107
総合教育・総合学習　32
相似　139

■た
対偶　142, 143
代数的思考　91, 101
体積（概念）　118, 127-130
代表値　190-193
帯分数　88
ダウン症　59
（学習内容の）出し　156, 211, 212
足し算　11, 79
多層指導モデル MIM-PM 算数版　58
単位換算　19, 169, 173
単一閉曲線　118, 119
単位分数　88
単位量当たりの大きさ　164, 166
知的障害者　58
知能検査法　57
中央値　192

249

調査研究　6
直接比較　155
直線　137
直感的な幾何　106
散らばり　193
追跡曲線　241
通分　89
定義　18, 105, 111, 112
定数関数　179
定理　18, 105, 111, 112, 141
定量化　163
でない（論理語）　145, 146
デジタル教科書　233
点　137
添加　17, 71, 72
展開図　20, 54, 135, 136-140
電子黒板　232, 236, 237
電卓　58, 65
頭位計算　81
統計　186
統計グラフ　189
統計的確率　186, 196
統計的問題解決　189
同数累加　19, 32, 83
等積変形　126
等分除　83, 84
同分母分数　89
同様に確からしい　196
特別支援学級・学校　54, 55
特別支援教育　54-56, 58, 61
独立変数　179
度数分布　193
ドットプロット　190, 191

■な
内包的定義　116
長さ　153-156
ならば（論理語）　146
日本教職員組合　28
日本数学教育学会　5
2本数直線　169, 177
2面角　113
任意単位　155
認識調査　10

■は
倍（概念）　29, 31, 34, 91, 169, 172
倍積変形　126
背理法　144, 148
発達障害　54
発問　228, 229, 230
速さ（概念）　154, 206-209
林鶴一（はやし・つるいち）　20
ばらつき具合　191
板書　231, 232
半直線　137
反比例　165, 166, 180, 181
反比例のグラフ　181, 182
ピアジェ（Piaget, J）　113
比較　70, 72
比較研究　6
比較数学教育学　10
比較量　165, 169-173
被加数　17, 79
引き算　11, 80
被減数　73, 81
被乗数　82
被除数（割られる数）　84
非循環無限小数　75
ヒストグラム　193, 233
筆算　17, 80, 85
筆算形式の原理　80
日時計　9, 154
非認知能力　51
比の3用法　170, 171
秒速　164, 167-169
比例　165, 166, 180, 181
比例のグラフ　181, 182
広さ（2次元の広がり）（概念）　118, 119, 127, 220
複合図形　221, 223
複合量　94, 163
藤澤利喜太郎（ふじさわ・りきたろう）　18
物的広さ　118, 119
不定形の面積　122, 124
部分積　85
普遍単位　89, 155
振り返り　219
プログラミング（教育）　33, 35, 238

プログラミング言語　239
プログラミング的思考　238
分割分数　88，89
文献・理論研究　5
文章題　70，89，94-98，100，171，173，174
分数の概念　88，91
分数表記　74
分速　164，167-169
分配法則　91
分布　191-193
分類　117
平均値　192
平均の速さ　164，207
平面幾何　115
平面図形　115
弁別　117
包含除　83，84
棒グラフ　20，189，233
方程式　99，100
保幼小連携　51

■ま
または（論理語）　145
水色表紙（教科書）　22
密度　154，211
見積もり　85
緑表紙（教科書）　21
無理数　75
命題　141
メビウスの帯　23
面積（形の広さ）　118-127
面積の概念　122
文字（記号）　98
文字式　98-103
問題解決学習　215

■や
ユークリッド（原論）　18
ユークリッド空間　113
有限群のモデル　135
有限小数　75
有理数　74
ゆとり教育　31，32

容器性　99，102
洋算　17
幼児教育　10，50，113
余事象　195
吉田光由（よしだ・みつよし）　17

■ら
離散量　163，164，166
理数科離れ　15
立体図形　115
立体（空間）の幾何　112，115
量（概念）　90，96，151，154，155
量感　96，153
量の抽出　179
量の4段階指導　155
量分数　88，89
類推　141，143，144
連続量　163，164，166
連立方程式　100，103
ローマ数字　74
論証　109
論理　112，131，141
論理教育　148
論理語　145

■わ
和算　16，17
割合　34，90，159，165，169，171，172
割合分数　88，89
割り算　70，83，84
割り算の性質　84

執筆者および執筆分担

守屋誠司（もりや・せいじ）　編者，第1章，第2章，第5章，第7章第1～4節，第6, 7節
京都教育大学名誉教授，博士（情報科学）

高阪将人（こうさか・まさと）　第3章
福井大学学術研究院教育・人文社会系部門准教授，博士（教育学）

太田直樹（おおた・なおき）　第4章，第6章
福山市立大学教育学部准教授，修士（教育学）

丹　洋一（たん・よういち）　第7章第5節
東京福祉大学教育学部准教授，修士（教育学）

詫摩京未（たくま・きょうみ）　第8章
滋賀大学大学院教育学研究科特任講師，博士（情報科学）

加藤　卓（かとう・たかし）　第9章
東北学院大学文学部教授，修士（教育学）

岡部恭幸（おかべ・やすゆき）　第10章
神戸大学大学院人間発達環境学研究科教授，博士（学術）

口分田政史（くもで・まさふみ）　第11章
福井大学教育学部准教授，博士（学術）

奥山賢一（おくやま・けんいち）　第12章第1, 2節
山梨学院短期大学特任教授

富永順一（とみなが・じゅんいち）　第12章第3節
元玉川大学教育学部教授，工学博士

教科指導法シリーズ　改訂第2版

小学校指導法　算数

2011年2月25日　初版第1刷発行
2019年9月25日　改訂第2版第1刷発行
2024年3月10日　改訂第2版第4刷発行

編著者────守屋誠司
発行者────小原芳明
発行所────玉川大学出版部
　　　　　〒194-8610　東京都町田市玉川学園6-1-1
　　　　　TEL 042-739-8935　FAX 042-739-8940
　　　　　www.tamagawa-up.jp
　　　　　振替　00180-7-26665
装幀────しまうまデザイン
印刷・製本──株式会社クイックス

乱丁・落丁本はお取り替えいたします。
© Seiji Moriya 2019　Printed in Japan
ISBN978-4-472-40576-1 C3337 / NDC375